beck**I**sche_{reihe}

b^{sr}

Rupert
Neudeck

Es gibt
ein Leben
nach Assad

Syrisches Tagebuch

C.H.Beck

Für Bernd Blechschmidt, Simon Sauer und Ziad Nouri,
die in finsterer Geiselhaft die Solidarität und Menschlichkeit
hochgehalten haben.

Mit 15 Abbildungen (Seite 13, 19, 21, 23, 25, 30, 39, 53, 67, 87, 133, 137
© Rupert Neudeck; Seite 78, 101, 119 © Jochen Knauf) und 2 Karten
(Seite 46, 47 © Peter Palm, Berlin; Seite 162, 163 © cartomedia, Karlsruhe)

Originalausgabe

© Verlag C.H. Beck, München 2013
Gesetzt aus der SwiftEF light
Druck und Bindung: Pustet, Regensburg
Umschlagentwurf: malsyteufel, Willich
Umschlagabbildung: © Rupert Neudeck
Printed in Germany
ISBN 978 3 406 65444 2

www.beck.de

Inhalt

Vorwort

Es hatte mich umgetrieben, das Leiden des syrischen Volkes. Friedlich hatten die Proteste im März 2011 begonnen, zu einem Zeitpunkt, als der arabische Frühling die ganze Region mit Hoffnung auf Freiheit, Mitsprache und soziale Gerechtigkeit erfüllte. Wie in den anderen Ländern zumeist auch war es ein kleiner Tropfen, der das Fass zum Überlaufen brachte. In Daraa im Süden Syriens an der Grenze zum Libanon waren einige Schulkinder verhaftet worden, die regimekritische Parolen an Häuserwände geschmiert hatten. Die örtlichen Behörden schenkten den Protesten kein Gehör und am 17. März 2011 kam es dort zu einer großen Demonstration der Bevölkerung gegen das Regime Baschar al-Assads. Dieser Tag gilt seitdem als Beginn der syrischen Rebellion.

Es hätte friedlich bleiben können. Doch das Regime reagierte auf die bald nahezu im ganzen Land aufflammenden Proteste mit brutaler Gewalt. Den Demonstranten ging es um ein Ende der Unterdrückung durch die allgegenwärtigen syrischen Geheimdienste, es ging um Würde und Freiheit und es ging um die schlechte wirtschaftliche Lage vieler Syrer, der ein wachsender Reichtum weniger Profiteure von Assads wirtschaftlicher Modernisierungspolitik gegenüberstand. Doch der Präsident ließ seine Sicherheitskräfte scharf schießen. Demonstranten und Regimekritiker wurden verhaftet und gefoltert. Dabei hatten sich mit Baschar al-Assad, der seinem Vater Hafiz im Jahr 2000 nachgefolgt war, nicht nur im Westen einst große Hoffnungen auf allmähliche Reformen im politisch erstarrten Syrien verbunden.

Die Revolution konnte schließlich nichts anderes tun, als sich selbst zu bewaffnen. Seitdem versinkt das Land in einem blutigen Bürgerkrieg. Noch im Juli 2011 gründete sich die Freie Syrische Armee (FSA), die seit Sommer 2012 gewisse Teile des Landes kontrolliert. Bis heute besitzt sie kein Oberkommando, das in der Lage wäre, die versprengten Einheiten und Brigaden wirksam zu koordinieren. Ihren Kern machen übergelaufene Deserteure der offiziellen syrischen Armee aus. In ihren Reihen finden sich aber ebenso einfache syrische Bürger wie, in letzter Zeit in immer größerer Zahl, ausländische Dschihadisten oder schlicht Kriminelle.

Leidtragende der Kämpfe ist vor allem die Zivilbevölkerung. Seit Sommer 2012 führt das Regime in einigen Teilen des Landes, insbesondere im Norden, den Bürgerkrieg hauptsächlich aus der Luft, zerstört Krankenhäuser, Schulen und Wohngebäude. Doch zur Einrichtung einer Flugverbotszone wie in Libyen, die maßgeblich zum Sturz des Diktators Muammar al-Ghaddafi beigetragen hat, konnte sich die internationale Staatengemeinschaft vor allem aus geopolitischen Gründen bisher nicht durchringen.

So sterben und leiden die Syrer weiter, und da Handykameras und Youtube ihre Bilder und Filme bis in unsere Wohnzimmer tragen, tun sie das gewissermaßen vor unseren Augen. «Wenn hinten weit in der Türkei die Völker aufeinander schlagen», wie es in Goethes Faust heißt, so kann heute keiner mehr reden. Menschen aus der Türkei sind in Millionenzahl unsere Nachbarn geworden. Kurden aus Anatolien unsere Berufsgenossen. Und wenn man sich in ein Krankenhaus aufmacht, stehen die Chancen gar nicht schlecht, dass man auf einen syrischen Arzt trifft. So ging es mir, als ich mich in der Kardiologischen Gemeinschaftspraxis in Siegburg wegen eines Vorhofflimmerns einfand und mir mein behandelnder Arzt eröffnete, er sei Syrer. Er stammt aus Homs, wo damals mit die heftigsten Kämpfe tobten.

Ich fragte mich, wie ich den syrischen Revolutionstraum humanitär begleiten könnte. Offiziell waren Mitte 2012 keine humanitären Hilfsorganisationen im Land zugelassen. Im August zog selbst die 300 Mann starke UN-Blauhelmtruppe wieder ab, die im Rahmen der Beobachtermission UNSMIS seit April 2012 im Land gewesen war. Die syrische Bevölkerung wurde von der internationalen Gemeinschaft im Stich gelassen. Schon verlässliche Informationen zu bekommen, war ausgesprochen schwierig, da auch westliche Journalisten nur unter erschwerten Bedingungen ins Land gelangen konnten.

Ich versuchte zunächst, etwas von Deutschland aus zu tun. Um es vom Ende her zu sagen: Es war ein Scheitern auf der ganzen Linie. Mir schwebte vor, alle ethnischen und religiösen Parteien des syrischen Konflikts an einen Tisch zu bringen. Und wenn es schon nicht gelänge, alle Parteien und Teile der Gesellschaft aus Syrien selbst zu versammeln, dann doch wenigstens die wichtigsten Vertreter des syrischen Exils in Deutschland. Sed frustra. Es gab niemanden, der mich dabei unterstützen wollte. Also beschloss ich, mit den Grünhelmen selber nach Syrien zu gehen und direkt vor Ort zu helfen. Denn das Einzige, was unter Menschen, die verfolgt, bedroht oder zur Flucht gezwungen werden, wirklich zählt, ist das menschliche Mitgefühl, die Sympathie und die konkrete Hilfe, die wir mit unseren Spenden und den Händen der Helfer leisten wollen und können.

Im Juni 2012 begannen wir mit den konkreten Vorbereitungen. Wir planten, gleich nach dem Ende der Kampfhandlungen über die Türkei nach Syrien zu gehen, um beim Wiederaufbau der zerstörten Infrastruktur zu helfen. Wir wollten dazu beitragen, dass es ein Leben nach Assad geben würde. Als sich abzeichnete, dass die Rebellen größere Teile des türkisch-syrischen Grenzgebiets dauerhaft behaupten könnten, witterten wir die Chance, auch schon vorher helfen zu können. Mitte Juli brach ich daher zu einer ersten Reise ins Grenzgebiet auf, um die Möglichkeiten vor Ort zu erkunden. Entweder würden wir einen Weg nach Syrien hinein finden oder zumindest die syrischen Flüchtlinge in der Türkei unterstützen können. Bei diesem Besuch gelangte ich noch nicht nach Syrien, doch in den folgenden Wochen festigte sich die Position der Rebellen. Aus der Stadt Azaz, die etwa 70000 Einwohner zählt, wurden die Regierungstruppen vertrieben. Die Rebellen hofften, dort einen Rückzugsraum schaffen zu können, wie es Bengasi für die libysche Revolution war. Azaz liegt kurz hinter der türkisch-syrischen Grenze, gegenüber von Kilis, in fast gerader Linie südlich des türkischen Gaziantep, wo es einen Flughafen gibt. Wir wählten daher Azaz zu unserem Anlaufpunkt und brachen Anfang September zu einer ersten Reise nach Syrien auf. Seitdem bin ich immer wieder dort gewesen, um unsere Arbeiten voranzubringen und neue Projekte zu beginnen. Ich habe die Menschen bewundern gelernt, die versuchen einen Alltag im Bürgerkrieg zu leben, und ich habe viel über Syrien, seine Vergangenheit, Gegenwart und die Zukunft nach Assad nachgedacht. Mein Tagebuch legt davon Zeugnis ab.

Nach fast zehn Monaten Arbeit in Syrien, in denen wir Grünhelme inmitten der betroffenen Zivilbevölkerung gelebt haben, erst in Azaz, dann in Tal Rifaat, schließlich in Harim, geschah das, wovor humanitäre Hilfsorganisationen in Krisengebieten sich am meisten fürchten: Drei unserer Mitarbeiter wurden entführt. Wir hatten uns lange Zeit sicher gefühlt in den Rebellengebieten des Nordens, geborgen im Schoß der Bevölkerung. Doch dann gewannen radikale Gruppen, oftmals islamistisch auftretende «Gotteskrieger» aus dem Ausland, immer mehr an Einfluss und die Atmosphäre veränderte sich. Wir hatten uns daher schon zum Rückzug entschlossen, als das Unglück passierte. Inzwischen sind, nach 50 Tagen entwürdigender Geiselhaft, zwei unserer Mitarbeiter wieder frei. Um den dritten kämpfen wir noch und wir beten, dass er beim Erscheinen dieses Buches ebenfalls in Deutschland zurück sein wird. Die Entführung war für mich persönlich das Schlimmste, was ich in 34 Jahren humanitärer Arbeit erlebt habe. Sie hat mich im Innersten erschüttert. Auch dies spiegelt sich in diesem Tagebuch.

War es gerechtfertigt, als humanitäre Hilfsorganisation auf Seiten der Rebellen in den schwelenden Konflikt einzugreifen? Tatsächlich wurden inzwischen auch von Seiten der Aufständischen Gräueltaten begangen und es ist zu Kriegsverbrechen gekommen. Auch haben die oftmals aus dem Ausland stammenden, von Saudi-Arabien und Katar unterstützten Extremisten, deren stärkster Arm die Al Qaida nahestehende Al Nusra Front ist, den Konflikt verändert. Nicht selten terrorisieren diese Gruppen die Zivilbevölkerung ebenso wie das Assad-Regime. Ein Bürgerkrieg im Bürgerkrieg zeichnet sich ab und Syrien versinkt in einer Spirale der Gewalt.

Es darf aber nicht vergessen werden, dass die Gewalt zuallererst vom Regime ausgegangen ist, das auf die berechtigten Proteste eines nach Freiheit strebenden Volkes nur mit Waffengewalt reagieren zu können glaubte. Überhaupt war die Reise nach Syrien eine aus rein humanitären Gründen. Ich wollte nicht weiter reden. Alle Welt redete, dass das Leiden der Syrer beendet werden, dass man der Regierungsarmee in den Arm fallen müsse, aber niemand tat etwas. Wir wollten wenigstens unsere Ängstlichkeit, die verfluchte, überwinden und losgehen, ohne um Erlaubnis zu fragen.

Erkundungsreise ins Grenzgebiet

Güveçci Köyü, 14. Juli 2012

Es ist uralt biblisches Gebiet, in das wir uns aufmachen, das Gebiet des kleinen Fingers, der als türkisches Territorium in das Staatsgebiet von Syrien hineinragt: Hatay, Antakya. Das ist das Antiochien, das in den Briefen des Apostels Paulus eine so große Rolle spielt und in der Apostelgeschichte. Ich nehme Hidir mit, einen Deutsch-Kurden, der für die Grünhelme in Ruanda gearbeitet hat. Hidir Simsek, der für uns beide ein Quartier besorgt und, wenn möglich, auch über die Grenze nach Syrien mit mir gehen will. Wir haben kurz vorher den großen Artikel von Wolfgang Bauer gelesen: «Es gibt ein Leben nach Assad», der am 12. Juli in der ZEIT erschienen ist. Er hat geschrieben, dass die Revolution in Azaz schon fast gesiegt hat. Wir wollen sehen, ob wir vielleicht dorthin gelangen können.

Gestern Abend sind wir losgeflogen nach Hatay und dort nach Mitternacht angekommen, Hidir hat für mich gedolmetscht, wir haben ein Taxi genommen und für eine Nacht in einem kleinen Hotel eingecheckt. Dann haben wir uns erst einmal dem Schlaf der Gerechten hingegeben. Heute gehen wir herunter zum Frühstück und haben die üblichen Gewürze des Nahen Ostens schon am frühen Morgen in der Nase. Danach machen wir uns auf, erst einmal in Richtung Süden nach Güveçci Köyü, an die türkisch-syrische Grenze. Das Dorf liegt im südlichsten Zipfel der Türkei, in gerader Linie westlich der syrischen Provinzhauptstadt Idlib. Auf syrischer Seite befindet sich ein Gebiet, das, wie das Umland von Azaz, weitgehend in der Hand der syrischen Rebellen sein soll. Wir wollen herausfinden, ob es schon einen Weg hinüber gibt und ob es jenseits der Grenze einigermaßen sicher ist.

In Güveçci Köyü fällt uns sofort auf, wie freundlich und hilfsbereit die türkische Bevölkerung mit den syrischen Flüchtlingen umgeht. In den großen Städten Antiochiens gibt es viele Aleviten, die es nicht selten mit Baschar al-Assad halten. Aber hier in den Dörfern im Süden leben vor allem sunnitische Stämme, die den

Schutz suchenden Syrern sehr gewogen sind. Sie kommen in großer Zahl aus den grenznahen Gebieten, aber auch von weiter her. Offenbar wird die Grenze von syrischer Seite nur noch lückenhaft überwacht. In Göveçci Köyü sind bereits 150 Syrer untergekommen. Eine Familie allein hat in ihrem Haus drei Frauen mit sieben Kindern aufgenommen, zu denen es keine Verwandtschaftsbande gibt. Die Männer sind meist im Feld geblieben. Sie schicken ihre Familien in die Türkei, um sie in Sicherheit zu bringen. Wir sitzen nur drei Stunden beim Bürgermeister des Dorfes, einem tatkräftigen Vertreter seiner Gemeinde. In dieser Zeit kommen wieder zwei syrische Familien an. Ich vermute, dass die offizielle Zahl der von der türkischen Regierung aufgenommenen registrierten Flüchtlinge eher verdoppelt werden muss. In der letzten Woche wurde die Zahl von 38 914 Flüchtlingen aus dem syrischen Bürgerkriegsgebiet genannt.

Die Stimmung hier ist positiv diesen Syrern gegenüber. Die Wut der Menschen auf der türkischen Seite der Grenze richtet sich auf Russland, China und den Iran, die weiterhin das alte abgehalfterte Regime von Baschar al-Assad unterstützen. Ansonsten wäre dieses schon gefallen, meinen sie. Sie halten auch den ehemaligen UN-Generalsekretär Kofi Annan, der als UN-Sondergesandter für Syrien amtiert, für einen Verräter an der Sache der syrischen Brüder und Schwestern. Man muss ihn in Ihrem Beisein in Schutz nehmen, denn er bemüht sich, hat aber kaum Macht.

Erschreckend ist die Angststarre der geflohenen Syrer, die sich auch in der Türkei noch von Assads Geheimdiensten verfolgt wähnen. Einer will nicht einmal zur Behandlung seines zerschossenen Beines nach Antakya, weil er gehört hat, dass dort Geheimdienstagenten eine menschenwürdige Behandlung verhindern. Mindestens 15 Geheimdienste mit insgesamt 250 000 Mitarbeitern haben Vater Hafiz und Sohn Baschar aufgebaut. Angst legt sich über alles, was die Menschen sagen und erklären wollen.

Güveçci Köyü, 15. Juli 2012

Der Bürgermeister von Guveçci Köyü findet unsere Idee hervorragend, in den befreiten Gebieten jetzt schon etwas mit Ärzten und Handwerkern von den Grünhelmen vorzubereiten. Dann käme

Syrische Flüchtlinge und Einheimische in Güveçci Köyü, im Vordergrund neben Rupert Neudeck der Bürgermeister des Ortes.

man aus dem unendlichen Gerede der Politik heraus. Er bot uns ein Depot und ein Quartier an, wenn wir hier schon anfangen wollten zu arbeiten, bevor die Grenze aufgeht.

Heute Vormittag trafen im Dorf Vertreter der türkischen Organisation IHH (International Humanitarian Help) ein, die eine große Ladung überlebensnotwendiger Hilfsgüter verteilen. Der Bürgermeister selbst führt die Liste, wer was bekommen soll. Die IHH hat ihn zu ihrem Vertreter ernannt. Gleichzeitig taucht eine geheimnisvolle hohe Delegation von Scheichs aus Kuwait in einem klimatisierten schwarzen Wagen auf und wird vom Bürgermeister in die Topographie und Geopolitik des Krieges hinter der nur wenige Steinwürfe weit entfernten Grenze eingeführt.

Heute Nachmittag haben Hidir und ich uns im Grenzgebiet umgesehen. Von Güveçci Köyü aus führt ein Pfad bis nach Syrien hinein. Wir wollen erkunden, ob man illegal über die Grenze gelangen kann und wie die Sicherheitslage ist. Offiziell ist der Übertritt für humanitäre Hilfsorganisationen von türkischer Seite nicht gestattet. Aber das Grenzgebiet bei Güveçci Köyü ist bergig und einsam, so dass wir von den türkischen Polizisten wenig zu befürchten haben. Als wir den letzten Berg hochsteigen und auf der Grenze sind, sehen wir eine befreite Ortschaft. Es gibt unterhalb des Berges ein Rebellencamp, das wir aber nicht besuchen wollen, weil wir als Humanitäre nicht zur Versorgung mit Waffen beitragen können und auch nicht wollen. Sicher ist, dass die Grenze nicht mehr ganz von den syrischen Regierungstruppen beherrscht wird. Sonst hätten wir nicht so problemlos zu ihr vordringen können. Auch gibt es befreite Zonen. Aber was wir von den Menschen hören, die uns begegnen, legt nahe, dass die Lage in diesem Gebiet noch instabil ist. Wir gehen daher nicht nach Syrien hinein. Die syrischen Regierungstruppen kämpfen um ihr Leben, weil sie nicht sicher sein können, ob eine Desertion jetzt noch akzeptiert wird von der Bevölkerung. Zudem gibt es weiter Terror aus der Luft. In der letzten Nacht haben wir Schusswechsel von jenseits der Grenze gehört und die Explosionen von Bombenangriffen der syrischen Luftwaffe. Assad hat noch nicht aufgegeben.

Antakya, 17. Juli 2012

Der Held meiner Erlebnisse an der türkisch-syrischen Grenze ist ein Arzt: Dr. Hassan Naggar. Er ist Jahrgang 1935, aber das sieht man ihm nicht an. Er hat in Antakya, wo wir seit gestern sind, eine Klinik eröffnet, die ganz aus eigenen Mitteln bestückt wurde, mit kleiner Chirurgie und Notfallmedizin. Dr. Hassan hat die Tür offen für alle syrischen Kriegsverletzten. Er ist ein Syrer, der hervorragend Deutsch spricht, so gut, dass man zwischendurch badische und niedersächsische Elemente erkennt. 30 Jahre hat er in Deutschland gearbeitet. Und ist heute noch kein bisschen müde oder im Ruhestand. Er hat bestimmt schon 300 syrische Kriegsopfer behandelt. Einen jungen verletzten Syrer traf ich an der Grenze bei Güveçci Köyü, der begeistert von diesem Dr. Hassan erzählte, und dass er seine Wunde versorgt hätte. Er widmet sich voll und ganz den «syrischen Revolutionären», wie er in seiner jung-alten Sprache begeistert sagt. Er setzt darauf, dass in Syrien eine neue Zeit ohne Baschar al-Assad beginnt.

Die türkische Gesellschaft und die türkische Regierung leisten Hervorragendes bei der Versorgung der syrischen Flüchtlinge. Die Bereitwilligkeit, mit der die Bevölkerung hilft, kann man nur bewundern. Sie leistet aus eigenem Antrieb vielleicht sogar mehr, als ihre Regierung eigentlich will. Zumindest ist diese eifrig bemüht, die türkische und internationale Öffentlichkeit von den

Flüchtlingen fernzuhalten. Wir hatten bereits vor Beginn unserer Reise beim türkischen Botschafter in Berlin und über die deutsche Botschaft in Ankara um Erlaubnis gebeten, die Flüchtlingslager besuchen zu dürfen – vergeblich. Nur ab und an erhalten ausgewählte Journalisten eine solche Genehmigung. Nun hatten wir gestern in dem Ort Yayladagi vor der Abfahrt unseres Busses nach Antakya noch Zeit und deshalb wollten wir versuchen, uns ein in der Nähe gelegenes Lager wenigstens von außen anzusehen.

Hidir fragte einen türkischen Polizisten nach dem Weg und erhielt die Auskunft, es seien gerade einmal 600 Meter. Wir hatten allerdings erst 300 davon zurückgelegt, als schon ein Wagen scharf neben uns bremste und drei Polizisten heraussprangen. Sie hielten uns an und fragten nach unseren Pässen. Hidir erstarrte zur Salzsäure, musste aber weiter für mich übersetzen. Ich fragte betont harmlos, was denn sei. Wir wären Touristen und gingen spazieren. Ob das verboten wäre? Doch die Beamten nahmen ungerührt unsere Personalien auf. Da griff ich zu meinem alten Trick und begann, eifrig alles in ein kleines Buch zu schreiben, was mir so auffiel, auch die Nummer des Polizeiwagens. Dies beunruhigte die Vertreter der Staatsmacht so sehr dass sie gleich mein Notizbuch konfiszieren wollten. Ich musste mit der deutschen Botschaft drohen, um das zu verhindern. An das Lager kamen wir dennoch nicht näher heran. Als einer der drei, offenbar der Vorgesetzte, mir bedeutete, alles diene nur unserer eigenen Sicherheit, bedankte ich mich höflich und wir gingen zurück zu unserem Bus nach Antakya. Hidir war bass erstaunt, welchen Ton ich angeschlagen hätte. Einem türkischen Polizisten gehorcht und folgt man, aber man gibt keine Widerworte.

Warum die türkischen Behörden so darum bemüht sind, die Lager abzuschotten, erschließt sich mir nicht. Vielleicht hat es etwas mit dem Kurdenproblem zu tun. Seit die Revolution ausgebrochen ist, hat in den syrischen Kurdengebieten die PYD, die Partei der Demokratischen Union, an Einfluss gewonnen, die für die staatliche Einheit aller Kurden eintritt. Sie ist ein Ableger der PKK und wird deswegen in Ankara misstrauisch beäugt. Seit Assad seine Truppen aus dem Norden und Osten des Landes zurückzieht, um sein Kerngebiet zu sichern, sollen weite Teile der Kurdengebiete in der Hand der PYD sein – mit Billigung aus Damaskus, wie es heißt.

Waffen allerdings kommen jetzt wohl über die türkische Grenze nach Syrien, alte libysche Bestände, wie uns erzählt wird, es gibt aber keine Bilder und wir finden auch keine Augenzeugen. Die türkische Seite sollte von der deutschen Regierung gebeten werden, die Grenze nicht nur für Waffen, sondern auch für humanitäre Helfer, Ärzte, Aufbauhelfer zu öffnen. Das würde den Prozess der Erosion des Regimes beschleunigen, es würde Flüchtlingen die Rückkehr ermöglichen und den Menschen in den befreiten Zonen die Möglichkeit geben, wieder ein einigermaßen ruhiges Leben zu führen. Wir haben mit vielen hier über den Aufbau eines solchen deutschen humanitären Versorgungspunktes für maximal zwölf Monate gesprochen. Wir bekommen viel Zustimmung. Aber die Türkei spielt die Schlüsselrolle, um diese Form von Grenzen überschreitender Hilfe zu ermöglichen. Solange es dazu nicht kommt, wollen wir als Grünhelme versuchen, illegal Hilfe zu leisten. Die Region um Idlib, die wir von Güveçci Köyü aus hätten erreichen können, erscheint uns dafür allerdings noch zu unsicher. Wie wir hören, ist das Rebellendorf an der Grenze, das wir bei unserem Ausflug gesehen haben, von den Truppen Assads nach einem schweren Bombenangriff wieder zurückerobert worden. Wir wollen daher morgen unser Glück weiter im Nordosten versuchen und sehen, ob wir über die Grenze nach Azaz kommen.

Hatay, 18. Juli 2012

Nun werden wir zurückfliegen müssen, ohne einen Fuß in das befreite Syrien gesetzt zu haben. Nach Azaz muss man von Kilis, das auf der türkischen Seite liegt, geschmuggelt werden, da die Grenze für humanitäre Organisationen und westliche Beobachter noch nicht offen ist. Wolfgang Bauer hatte uns erzählt, wie er hinüber gelangt war, und uns seine Kontaktpersonen genannt. Wir waren daher guter Dinge, dass es uns ebenfalls gelingen würde. Es war auch alles vereinbart und wir hatten einen guten Preis ausgehandelt. Aber dann wollten unsere Kumpane auf türkischer Seite nicht mehr so recht. Wir sind noch nicht einmal in die Nähe der Grenze gekommen, da unsere Mittelsmänner alles unvermittelt abbliesen. Es seien am Morgen plötzlich Polizisten aufgetaucht, die einen Grenzübertritt unmöglich machten, lautete die etwas merkwürdige Begründung. Am Nachmittag könne man es eventuell versuchen. «Dann schlafen die Polizisten.» Das erschien uns dann aber doch zu windig und wenig Vertrauen erweckend, so dass wir nun unsererseits absagten. Wir vermuten, dass unsere Geschäftspartner für den ursprünglich vereinbarten Termin schlicht ein lukrativeres Angebot erhalten haben und deshalb jemand anderen hinüberbringen wollten.

Wie wir hörten, blüht im syrisch-türkischen Grenzgebiet inzwischen das Flüchtlingsschlepper- und Schleusergeschäft. Clevere Autobesitzer können viel Geld verdienen: Der Krieg ernährt den Krieg. Würde die Grenze geöffnet, wäre ihnen allen das Geschäft entzogen. Aber ganz sicher wird das Treiben genauso weiter gehen wie der Krieg selber. Es kann sogar sein, dass er erst jetzt in die schlimmstmögliche Phase tritt. Denn immer mehr Funktionsträger und einfache Soldaten lassen den Herrscher in Damaskus im Stich. Der syrische Botschafter in Bagdad, der General, der sich nach Frankreich abgesetzt hat, die vielen Deserteure, die das Morden an der eigenen Bevölkerung nicht mehr aushalten. Der Zusammenhalt unter den Flüchtlingen scheint demgegenüber zuzunehmen. Die Parole gilt, von der uns die Flüchtlinge erzählen, dass sie bei den Demonstrationen hochgehalten wird: «Keine Sunniten, keine Alawiten, keine Drusen, keine Kurden, keine Ismaeliten. Wir sind alle Syrer!»

Im befreiten Syrien

Nach einem ereignisreichen Tag sitzen wir alle vier zusammen auf dem Dach des Hospitals in Azaz und arbeiten an unseren Computern. Bernd Blechschmidt ist bei mir, Mechaniker und Ingenieur aus Berlin, Dr. Saru Murad, ein Deutsch-Syrer mit Erfahrungen im Baugewerbe, und Frank Nordhausen, Korrespondent für die Berliner Zeitung und die Frankfurter Rundschau, der morgen weiter fahren will nach Afrin, um von dort über die Lage der Kurden zu berichten.

Das Leiden der Syrer hat mir keine Ruhe gelassen, seit ich aus der Türkei zurückgekehrt bin. In den letzten Wochen haben wir Pläne geschmiedet und versucht, uns ein Bild der Lage zu machen. Am Ende ging alles sehr schnell. Ayman Mazyek vom Zentralrat der Muslime, mein Stellvertreter im Vorstand der Grünhelme, hat mich am 22. August auf einen Artikel von Heribert Prantl in der Süddeutschen Zeitung hingewiesen, in dem Syrien zum Vietnam unserer Tage erklärt wurde. Mazyek war der Meinung, man müsse nun endlich eine große Hilfsaktion starten für das syrische Volk, und sprach mir damit aus der Seele. Zugleich hörten wir über Wolfgang Bauer von der ZEIT, der im August wieder in Azaz gewesen war und uns Kontakte dorthin vermittelt hatte, die Türkei habe jetzt für Humanitäre die Grenze aufgemacht. Man könne einfach hinüber und müsse sich nicht mehr schmuggeln lassen. Nun waren wir uns sicher, dass wir es in Azaz versuchen wollten, zumal es so nahe an der türkischen Grenze liegt, dass wir im Notfall schnell zurückweichen können.

Aber dass ich heute schon im befreiten Syrien sein würde, hätte ich nicht gedacht. Vor einer Woche erst haben wir Grünhelme unseren Aufruf für eine große Hilfsaktion in Syrien veröffentlicht und um Unterstützung für unseren Einsatz in Azaz gebeten. Gestern saßen Bernd, Saru und ich schon im Flugzeug nach Gaziantep, wohin im Sommer von Deutschland aus Direktflüge gehen. Heute Morgen haben wir uns von dort aus auf den Weg gemacht.

Wish you Safty:
Der Grenzübergang
bei Kilis.

Frank Nordhausen, auch einer, den ich schon seit Jahren kenne, stößt in Gaziantep zu uns. Wir haben kaum Zeit, noch SIM Cards für unsere Handys zu kaufen und Geld umzutauschen, dann ist Frank Nordhausen auch schon da und wir können losfahren in einem Kleinbus vom Typ Dolmuş. Meine Spannung steigt, denn ich hatte ja nur gehört, dass die Grenze nach Syrien jetzt offen sein soll. Wir fahren an einem großen Stausee vorbei und kommen nach Kilis und dann an den Grenzübergang. Ich habe einen so langen Grenzübergang und ein so weites Niemandsland noch nie erlebt. An der Grenze winken uns zwei türkische Polizisten durch. Wir müssen nun zu Fuß weiter und gehen einen Kilometer durch die Stacheldrahtverhaue, rechts von uns ist ein Flüchtlingslager aufgebaut, was eigentlich den Regeln des UNHCR widerspricht, denn Flüchtlinge müssen zu ihrer eigenen Sicherheit in gebührender Entfernung zur Grenze untergebracht werden. Es kommt noch eine Zwischenkontrolle, dann nach weiteren 250 Metern die wirkliche Passkontrolle und der Stempel der türkischen Seite. Nun geht es weiter auf die syrische Seite zu. Herrlich, die Revolution hat den ersten Grenzposten übernommen!

«Free Syria» steht da in großen Lettern. Und es steht auch da «Syrian Arab Repablik». Das A sticht mir sympathisch ins Auge. Immer wenn große Dinge auf dieser Welt passieren, geht es nicht mehr um Rechtschreibung, sondern um das größere Ganze. Auf demselben Plakat in lateinischen Lettern, die in dem arabischsprachigen Syrien nicht die Regel sind, steht auch noch «Wish you Safty». Der neue Staat muss so schnell entstehen, dass man keine Zeit hat, Leute aus der Etappe zu besorgen, die ordentlich Englisch gelernt haben in einem Land, in dem lange Zeit Französisch bevorzugt wurde. Denn zwischen den Weltkriegen war Syrien französisches Mandatsgebiet.

Es ist eine berührend freundliche Atmosphäre, die uns, den seltenen Besuchern, hier entgegenschlägt an dem ersten Übergang, der von der FSA erobert wurde. Die Spuren der Kämpfe um dieses weitläufige und als Übergang zum wohl wichtigsten unmittelbaren Nachbarland Syriens strategisch bedeutsame Areal sind noch überall zu besichtigen. Von der Wartehalle mit den beiden Korridoren für Ein- und Ausreise dringt emsige Betriebsamkeit zu uns hinüber, so dass man sich schon denken kann: Wir müssen uns für eine Weile in die Reihe derer stellen, die den Stempel für die Einreise bekommen wollen. Hier herrscht der Wind, ja der Sturmbote einer ganz neuen Zeit, der uns erst einmal an der Grenze festhält. Und als wir schließlich im Land sind, stellt sich heraus, dass man uns den falschen Stempel in den Pass gedrückt hat, nämlich den für die Ausreise. Es ist alles noch ziemlich improvisiert in der ‹Free Syria Republic›.

Nach Azaz ist es von der Grenze nicht weit. Wir sind erschrocken, wie viel hier während der Kämpfe und durch die Bombardierungen der syrischen Luftwaffe zerstört worden ist. Ganze Viertel sind so gut wie dem Erdboden gleich gemacht worden. An den am schlimmsten getroffenen Stellen ist von den Gebäuden nicht mehr übrig als Halden von Betonresten und Schutt, aus denen die Stahlträger ragen. Ab und an steht ein abgeschossener Panzer mitten auf der Straße. Wer hält es aus, hier zu leben, fragen wir uns? Werden nicht die meisten Bewohner geflohen sein? Können wir hier überhaupt schon arbeiten? Wird es genug Hilfskräfte und Baumaterialien geben, um mit dem Wiederaufbau zu beginnen?

Wir gehen direkt ins Hospital, zu dem wir im Vorfeld über die Beziehungen von Wolfgang Bauer Kontakt aufgenommen hatten. Dort ist alles improvisiert und spontan. Wir werden enthusiastisch begrüßt durch den Helden der Revolution, den Chefarzt Dr Anaz Hiraki. Dr. Anaz ist eigentlich weder Chef noch Arzt, son-

Die Pioniere (von links nach rechts): Bernd Blechschmidt, Saru Murad, ein syrischer Mitarbeiter, Rupert Neudeck, Frank Nordhausen.

dern Anästhesie-Krankenpfleger, und er kann auch kein Englisch, aber durch sein persönliches Vorbild gibt er allen ein Beispiel und hat durch seinen Mut und seine Ausdauer eine Autorität gewonnen, die einem Chefarzt gleichkommt. Zwei 400-Kilogramm-Vakuumbomben, die im Juni/Juli mitten in Azaz nieder gegangen sind, haben fast alle Fensterscheiben im Ort zerstört, auch die im Hospital. Die OP-Säle sind deshalb praktisch nicht zu benutzen. Dies wieder in Ordnung zu bringen und das Hospital nach Kräften zu unterstützen, soll unsere erste Aufgabe im befreiten Syrien sein.

Um uns willkommen zu heißen, wird erst einmal ein Essen aufgetragen. Nach arabischer Art weist uns Dr. Anaz die besten Stücke zu und wir können uns gleich akklimatisieren an das Leben in der Revolution. Denn es gibt weder Tisch noch Kantine, wie wir Mitteleuropäer es gewöhnt sind. Gegessen wird im Flur des Krankenhauses. Wir hocken mit dem Rücken zur Wand einander gegenüber und haben das Essen vor uns auf dem Boden – ein kommunikationsförderndes Arrangement, das schnell die Distanz zwischen uns schwinden lässt.

Ein weiteres Detail fällt dem Mitteleuropäer sofort auf: Es wird hier überall geraucht. Rauchverbote, wie sie bei uns bald flächendeckend herrschen, gelten in der Revolution nicht. Auch nicht im OP, frage ich mich? Vielleicht gehört das Rauchen zu Revolutionen dazu. Es ist, wie ich am eigenen Leib merke, ein gutes Mittel um mit der dauerhaften Bedrohung zurechtzukommen, unter der man hier lebt. Alle leiden unter permanenter Nervosität, die mit Zigaretten bekämpft wird. Ein leichter Schock ist für mich, dass auch im Hospital fast alle Waffen tragen. Die Genfer Konvention, die ich als Grundlage für meine Arbeit betrachte, verbietet Waffen in Krankenhäusern. Auch Soldaten müssten sie dort eigentlich ablegen. Mal sehen, ob wir das auch hier durchsetzen können. Ich fühle mich unwohl unter all den Bewaffneten.

Dr. Anaz ist ein Tausendsassa, einer, den man zum Präsidenten der Freien Republik Syrien wählen könnte, wenn er sich aufstellen lassen würde. Er ist nicht nur trotz der Luftangriffe in Azaz geblieben, er schläft jede Nacht im Krankenhaus, seine Familie lebt und überlebt in Daraa, der Stadt, von der die Revolution am 17. März 2011 ausgegangen ist. Gläubig, aber nicht extremistisch will er übermorgen für den Sieg in Aleppo fasten, wie er uns erzählt. Wir fragen ihn, ob wir auch im Hospital leben können während unserer Arbeit in Azaz. Er weist uns ohne Zögern ein Zimmer zu, in das wir sofort mit Sack und Pack einziehen. Morgen wollen wir uns genauer im Ort umsehen und prüfen, ob wir mit der Arbeit beginnen können.

Azaz, 5. September 2012

Wir sitzen auf dem Dach des Hospitals und erholen uns. Heute sind wir vier Stunden beim Kommandeur Abu Ibrahim von der FSA gewesen. Ein sehr eindrucksvoller Mann, mit dem man über alles reden kann. Im zivilen Leben vor der Revolution war er ein Gemüsehändler. Wie viele Soldaten hat er bisher verloren? 41 – sagt er ganz traurig, und alle 41 habe er vor seinen Augen fallen sehen. Bereitwillig antwortet er auf die Frage, wie gefährlich für ihn das Leben sei: Auf seinen Kopf sei die Summe von umgerechnet drei Millionen Euro ausgesetzt worden.

Ja, sagt er, es gebe unter den Aufständischen Dschihadisten, die seien aber eine kleine Minderheit von fünf Prozent. Man versuche sie einzubinden, obwohl man mit ihren Positionen nicht einver-

Haus ohne Fensterscheiben: Schäden am Krankenhaus von Azaz.

standen sei. Die FSA habe ein Islamisches Gericht, ein Schariagericht, eingerichtet in der Hoffnung, dass damit den Heißspornen unter den Fundamentalisten eine Grenze gesetzt wird.

Gegenüber den Kurden zieht der Kommandeur ebenfalls eine klare Linie, sie seien beim Befreiungskampf willkommen, aber nur, wenn sie syrienbestimmt seien, nicht, wenn sie eine türkische Agenda hätten. Mit der PKK wolle man nichts zu tun haben, die werde von Assad ausgerüstet als letzte Reserve des Regimes. Und sie störe auch die ansonsten guten Beziehungen zur Türkei. Deshalb sei das künftige Verhältnis zu den Kurden noch offen. Unter ihnen gebe es elf verschiedene Gruppierungen, nach Meinung von Abu Ibrahim sollten sie sich erst einmal selbst einigen.

Wie es scheint, ist der syrische Widerstand mittlerweile dabei, eine Kommandostruktur der FSA-Einheiten zu bilden, um die Operationen in und von Aleppo aus zu leiten. Die Opposition versuche parallel, so Abu Ibrahim, auch einen zivilen Widerstand und eine Übergangsverwaltung aufzubauen. Ausdrücklich zivile Personen leiteten das politische Büro der FSA in Azaz und den Zoll- und Passübergang nach Kilis in der Türkei. Nach meinem Eindruck von dem Gespräch mit dem Kommandeur ist die FSA eine nur aus Not und auf Zeit bewaffnete, gut organisierte und disziplinierte Truppe, die für die Freiheit des syrischen Volkes und die Interessen der Zivilbevölkerung kämpft. Aber natürlich habe ich nur einen kleinen Ausschnitt gesehen und weiß nicht, wie es sich in den anderen Regionen verhält.

Es könnte sein, dass die Assad-Propaganda gleich zwei Nachrichten bis in unsere Medien hat streuen können, die bei uns bereitwillig aufgegriffen wurden, ohne viel Entsprechung in der Realität zu besitzen. Die ausländischen Kämpfer, die sich in Syrien befinden sollen, suchen wir hier vergebens, wir finden nicht einen ausländischen Soldaten. Und der Kommandeur der FSA-Einheiten hat keine der schweren Waffen, die ihm aus der Türkei, Saudi-Arabien, Katar oder von der CIA bereitwillig gegeben worden sein sollen. Abu Ibrahim lebt mit seinen 1500 Kämpfern, davon 85 Prozent aus den zivilen Rängen der Bevölkerung, von den Waffen, die die FSA der Regierungsarmee abgenommen hat.

Azaz, 6. September 2012

Heute Morgen sind wir nicht durch den Muezzin-Ruf wach geworden, sondern durch einen noch lauteren, schrillen Klagelaut über eine Frau, die gestorben ist. Wir sahen die Trauergemeinde losziehen über die Straße am von der Bevölkerung zerstörten Gebäude der syrischen Geheimdienste vorbei. Wir schlossen uns an und folgten dem Zug an der großen durch die Bombardierungen schwer beschädigten Moschee vorbei, an der die Namen von ca. 90 gefallenen Widerstandskämpfern gegen das Regime hängen, wie Saru Murad gezählt hat.

Wie sicher ist es gegenwärtig in Azaz? Die Stadt scheint fest in der Hand der Revolution zu sein. Am Boden kann Assad hier offenbar nichts mehr ausrichten, es bleiben ihm nur die Schläge aus der Luft, wodurch der Hass auf ihn immer größer wird. Gefahr geht nur noch von einem Militärflughafen aus, der sich etwa sieben Kilometer von Azaz entfernt befindet und noch in der Hand der Regierungstruppen ist. Er ist umzingelt von Kämpfern der FSA und kann nur noch aus der Luft versorgt werden. Die Assad-Truppen können den Ring nicht mehr sprengen. Umgekehrt kann aber auch die FSA den Flugplatz nicht erobern. Dafür fehlen ihr schwere Waffen. «Ich kann den Flughafen nicht einnehmen, dann verliere ich zu viele meiner jungen Leute», hat uns der Kommandeur Abu Ibrahim gesagt. Daher beschränkt er sich auf gelegentliche Angriffe. Wenn diese erfolgen, sucht die Bevölkerung Schutz, denn dann können Granaten bis nach Azaz fliegen oder Gegenan-

Überreste der Kämpfe: ein abgeschossener Panzer vor der schwer beschädigten Moschee von Azaz.

griffe aus der Luft erfolgen. Ansonsten fallen im Moment aber wohl nur vereinzelt Bomben. Die Lage ist also eine ganz andere als etwa in Deutschland im Zweiten Weltkrieg. Es gibt hier zwar schwere Zerstörungen, aber kein systematisches, tägliches Flächenbombardement. Ich hoffe, dass wir ohne Bombenangriffe in den nächsten Tagen und Wochen durchkommen.

Ein sehr ermutigendes Ergebnis brachten unsere Erkundigungen, wie es mit Baumaterialien und Hilfskräften für die geplanten Arbeiten im Hospital aussieht. Beides wird zu bekommen sein. Alle Geschäfte und Firmen sind noch in der Stadt. Gewiss hat Azaz etwa 40 Prozent an Einwohnern verloren, aber der Rest ist geblieben und viele werden froh sein, wenn ihnen jemand bezahlte Arbeit gibt. Wir können daher damit beginnen, die Fenster im Hospital zu reparieren, die OP-Säle wieder einsatzbereit zu machen und das Kellergewölbe auszubauen.

Die Stimmung in der Stadt ist einzigartig. Jeder zeigt sich freundlich, jeder ist Redner, es herrscht Revolution und Befreiungsstimmung. Jeder von denen, die geblieben sind, hält sich zu Recht für einen Teilhaber an der Gründung von Free Syria. Noch ist hier nichts entschieden, wie im Lande nichts entschieden ist, aber alle nehmen diese Entscheidung schon vorweg. Geschäftsbesitzer rühren den Zement an, um ihr zerstörtes Geschäftshaus wiederaufzubauen. Auf der Straße werden Fotos von dem strahlenden jungen Baschar al-Assad voller Wut zertrampelt. Es ist noch alles in der Schwebe, aber es hat eine richtige Stehauf-Mentalität die Stadt ergriffen.

Azaz, 7. September 2012

Heute haben wir das Flüchtlingslager an der Grenze besucht, an dem wir bei unserer Einreise vorbeigekommen sind. Diesmal sind wir problemlos heran und hinein gekommen. Die Flüchtlinge sind in einem vergleichsweise sehr guten Zustand und sehr diszipliniert. Das übliche Bild, dass die Menschen sich alle über das schlechte Essen und die mangelhafte Versorgung beklagen, bietet sich uns hier nicht. Das Essen wird von der IHH geliefert, die auch ein mobiles Hospital an der Grenze betreibt. Wir sprechen mit Menschen aus Aleppo und aus Homs. Die Türkei tut viel für diese Flüchtlinge, ohne die Türkei wäre es nicht möglich, das alles aufrechtzuerhalten.

Die Situation erinnerte mich an das Jahr 1991, als wir uns in der Türkei und im Nordirak für die Kurden einsetzten, die während des ersten Golfkriegs vor dem Regime Saddam Husseins flohen. Wir waren mit den Kurden zusammen aus den Quartieren in der Türkei sicher in den Nordirak zurückgekehrt – nach einem entscheidenden Wort des damaligen britischen Ministerpräsidenten John Major. Das entscheidende Wort war «safe haven», sicherer Hafen. Einen solchen bekamen die Kurden damals durch die Einrichtung einer UN-Schutzzone nördlich des 36. Breitengrades. Wenig später wurde diese durch eine Flugverbotszone ergänzt. Ich denke, der Westen sollte John Majors Idee des «safe-haven» wiederaufnehmen und eine Schutz- und Flugverbotszone im nördlichen Syrien einrichten. Dann könnten viele dieser Flüchtlinge in ihre Städte und Häuser zurückkehren und dort mit dem Wiederaufbau beginnen. Aber wahrscheinlich wird es nicht dazu kommen, da die westlichen Staaten es sich nicht mit Russland und China verderben wollen. Das Elend der Flüchtlinge ist dasselbe wie bei den irakischen Kurden oder jüngst in Libyen. Doch in Syrien kreuzen sich so viele geopolitische Interessen, dass die westlichen Großmächte lieber die Finger von dem Konflikt lassen und eifrig bemüht sind, sich nicht in ihn hineinziehen zu lassen.

Zurück in Azaz haben wir uns einen Überblick verschafft über den Zustand der vier Schulen, bei deren Wiederaufbau wir eventuell helfen wollen. Drei liegen in der Nähe des noch vor Kurzem heftig umkämpften und total zusammengeschossenen Gebäudes des militärischen Abschirmdienstes. Sie sind verwüstet, geplündert, völlig verdreckt und haben an verschiedenen Außenwänden kleinere Einschüsse. Diese drei Schulen werden wir uns zunächst vornehmen. Ob wir auch die große Hauptschule für tausend Schülerinnen und Schüler in unser Programm aufnehmen können, ist noch nicht klar. Zum einen sind die Zerstörungen an dieser Schule so massiv, dass wir einen erfahrenen Statiker bei der Wiederherstellung einbeziehen müssen. Es wird also zumindest ein bisschen dauern, bis wir mit den Arbeiten beginnen können. Zum anderen erholen sich hier in der Etappe von Azaz FSA-Kämpfer aus Aleppo, so dass wir im Moment nur begrenzt in die Schule hinein können und auch nicht klar ist, wann sie wieder voll für den Schulbetrieb zur Verfügung steht. Dass die FSA ihre Kämpfer aus Aleppo zur Erholung so weit zurückziehen muss, zeigt aber auch, wie lückenhaft sie das Gebiet zwischen Aleppo und Azaz kontrolliert und wie unsicher ihre Herrschaft noch ist. Sie ist wohl noch zu schwach, um in Aleppo eine Entscheidung herbeizuzwingen.

Azaz, 8. September 2012

Der heutige Tag, ein Samstag, beginnt mit einer Nachricht, die alle in Azaz glücklich macht: Die FSA hat in Aleppo die größte Kaserne eingenommen mit einem riesigen Arsenal an Waffen, heißt es. Bernd Blechschmidt meint, der Westen solle den Aufständischen keine Waffen liefern. Denn wenn sie es aus eigener Kraft schafften, würde das ihren Stolz noch weiter heben und ihnen Selbstbewusstsein geben. Vielleicht kann es ja wirklich so gelingen. Auf jeden Fall wächst hier die Hoffnung, dass Aleppo bald in die Hand der Revolution fällt.

Für uns ist es ein Glücksfall, dass wir uns im Hospital bei

Dr. Anaz einquartiert haben. Das Krankenhaus dient als Kommunikationszentrum des ganzen Ortes. Abends kommen dort alle zusammen, insbesondere die jungen Leute, um zu erfahren, was am Tag passiert ist. Es gibt einen Raum, wo geredet und geraucht werden kann. Jeden Abend haben wir uns dort mit allen, die Englisch können, so lange es ging unterhalten. Es sind eindrucksvolle Leute, die anders sind, als man sich Rebellen vorstellt. Nie treten sie fordernd auf. Wir mussten keinerlei Begehrlichkeiten abwehren, wie es sonst bei unseren Einsätzen häufig vorkommt. Materiell scheinen alle hier sehr bescheiden zu sein. Und sie sind zufrieden, ihre Arbeit zu tun. Gleichzeitig sind sie sehr aufnahmebereit und offen. Wir erfahren eine Herzlichkeit, wie es sie in Deutschland nicht gibt. Hier herrschen noch die alten Regeln der Gastfreundschaft. Man hat uns ohne viel Federlesens aufgenommen und eine Unterkunft gegeben. Die Syrer lassen es zu, dass wir mit ihnen leben und wir verstehen uns sehr gut mit ihnen. Das größte Faszinosum für sie ist unser Bernd Blechschmidt, der am ganzen Körper tätowiert ist.

Die Menschen hier sind religiös. Sie beten regelmäßig und sind in ihrer Lebensführung nicht übertrieben modern. Aber die Islamisten sind hier kein Thema. Die Menschen sind auch viel zu beschäftigt mit dem täglichen Überleben, um sich um solche ideologischen Fragen groß zu kümmern. Geredet haben wir mit ihnen über den Stand der Dinge in Syrien, über Israel und Palästina, auch über das Leben in Deutschland. Wenn wir gefragt haben, ob es stimme, dass allen Christen nach dem Sieg der Revolution die Hälse durchgeschnitten würden, haben alle gelacht: warum denn? Auch die Alawiten werde man ungeschoren lassen. Selbst alawitische Deserteure würde man aufnehmen. Wir müssen uns aber immer wieder vor Augen halten, dass unser Beobachterblick auf Azaz begrenzt ist und dass unsere Erlebnisse auch nur für diese Region gelten. Wir haben keine Gewähr, dass die Verhältnisse in anderen Regionen des Landes nicht ganz andere sind.

Für die Syrer, mit denen wir sprechen, ist klar, dass Assad gehen muss. In Deutschland trifft man immer wieder auf die Prognose, dass, wenn Assad stürzt, sich hier alle die Köpfe einschlagen. Für unsere Gesprächspartner sind das völlig realitätsferne Überlegungen. Ein Überleben Assads im Amt ist für sie völlig undenkbar. Entweder Assad geht oder «we will kill the killer», wie einer der abendlichen Stammgäste im Hospital immer sagt. Mich erinnert das an Sartres Satz: «Das Unmenschliche ist menschlich», womit er ja auch die Rache meinte. Wenn man so viel erlitten hat durch das Regime, dann ist Rache erst einmal das Natürliche. Die syrische Gesellschaft muss nach dem Ende des Assad-Regimes erst wieder zusammenwachsen. Ob das gelingt und wie lange das dauert, ist offen. Das Einzige, was wir tun können, ist ein Stück Weg mit den Menschen zu gehen, um ihnen das Gefühl zu geben, dass sie nicht von der Welt verlassen sind.

Was uns bei unseren Beobachtungen in Azaz ganz deutlich wird: Es ist eine Revolution der jungen Leute in einer Gesellschaft, in der immer noch die Alten das Sagen haben, die Großväter. Und der Traum dieser jungen Leute ist die Freiheit, die sie nie erlebt haben. Sich frei bewegen, frei denken, frei reden können. Sie wollen sich nicht mehr verbiegen lassen und die Angststarre überwinden, in der die syrische Gesellschaft in dem Geheimdienststaat des Assad-Clans gelebt hat. Als wir an einem der Abende einmal im Freien vor dem Hospital saßen, hörten wir den Oberpfleger Ido ein Freiheitslied singen und der Refrain wurde von allen Anwesenden besonders laut mitgesungen:

«Frei Frei Frei

Wir wollen die FREIHEIT.

Oh Baschar, die FREIHEIT werden wir erzwingen.

Die FREIHEIT werden wir bekommen...»

Azaz, 9. September 2012

Heute Nacht ist Azaz bombardiert worden. Wir sind durch einen lauten Knall wach geworden, haben uns aber im Dunkeln nicht aus dem Hospital getraut. Am Morgen haben wir festgestellt, dass eine Bombe etwa 200 Meter entfernt direkt auf der Hauptstraße eingeschlagen ist. Die Menschen hier leben jetzt schon seit geraumer Zeit mit dieser permanenten Bedrohung. Was macht das mit ihnen? Für uns ist es ein ungewohntes und belastendes Gefühl zu wissen, dass das eigene Leben von wenigen hundert Metern abhängen kann.

Ganze Straßenzüge ausradiert: Überreste von Häusern in Azaz.

Wir haben beschlossen, dass ich übermorgen nach Deutschland zurückgehe. Wir brauchen Geld. Ich hatte eine gewisse Summe in meinen Hosentaschen mitgenommen, die aber nicht lange reichen wird. Daher will ich auf dieselbe Weise über die Türkei für Nachschub sorgen. Dr. Anaz hat uns zudem gesagt, er brauche weitere Ärzte für das Hospital, nach Möglichkeit einen Chirurgen, eine Gynäkologin und einen Pädiater. Einfach wird es nicht werden, Personal für Azaz zu rekrutieren. Die Erfahrungen der beiden von mir gegründeten Organisationen, Cap Anamur und Grünhelme, gehen dahin: Die Bereitschaft, ein kleines Risiko zu tragen, sinkt mit zunehmender Perfektion der tarif- und versicherungsrechtlichen Ordnungen. Dass es über Azaz MiGs gibt und geben wird bis zum Sturz des Diktators, wird die meisten abhalten, die sich ansonsten gerne auf ein humanitäres Abenteuer einlassen würden.

Warum, frage ich mich schon die ganze Woche in Azaz, macht sich 2012 nicht das junge Europa auf den Weg nach Syrien, wie es das 1936 nach Spanien tat, um dort den Faschismus zu bekämpfen? Unter den heutigen Bedingungen der Mobilität, in Zeiten von Facebook und Billigflügen, müsste das alles viel leichter sein als zu Zeiten von George Orwell und Willy Brandt. Sind wir alle Waschlappen geworden? Haben wir keine Phantasie mehr? Was, wenn morgen 200, übermorgen 300, dann nächste Woche 4000 junge Europäer mit jungen Vertretern der Gewerkschaften und der Parteien, der Pfadfinder und der Kirchen, der Moschee- und Kirchengemeinden nach Syrien gingen, um das Land für die Freiheit und die Zukunft der hier lebenden Menschen zu retten? Wenn man heute in Azaz George Orwell und Arthur Koestler liest, wird einem klar, dass daraus nichts wird. Es ist ihre Versicherungs- und Rückversicherungsmentalität, die den Jungen Europäern den Weg versperrt.

Troisdorf, 15. September 2012

Heute erreicht mich eine beunruhigende Nachricht von Bernd Blechschmidt aus Azaz: Die Stadt ist gestern wieder einmal beschossen und bombardiert worden. Zwei Granaten sind wohl knapp über das Hospital hinweg geflogen. Offenbar hatte die FSA den von den Regierungstruppen gehaltenen Flughafen angegriffen, worauf Assads Armee mit Granaten und Luftangriffen antwortete. Eine MiG 23 soll die Stadt angegriffen und insgesamt 15 Bomben abgeworfen haben. Es gab aber wohl keine Opfer in der Stadt und die Stimmung im Hospital sei unverändert gut, schreibt Bernd. Die Menschen in der Stadt sind sich sicher, dass Armee und Luftwaffe des Regimes in Aleppo genug zu tun hätten, um in Azaz stärker aktiv zu werden. Nachts hat Bernd offenbar das Gefechtsfeuer aus Richtung Homs und Aleppo sehen können. Dieser Krieg, so wünscht man sich als humanitärer Arbeiter, möge doch der letzte in der Menschheitsgeschichte bleiben. Der, der ihn gegen sein eigenes Volk führt, sollte einen Prozess vor dem Internationalen Strafgerichtshof in Den Haag bekommen. Mindestens das.

Troisdorf, 1. Oktober 2012

Übermorgen gehe ich wieder los nach Syrien, über Gaziantep und Kilis und dann zu Fuß über die Grenze nach Azaz. Dort geht alles gut voran, wie Bernd Blechschmidt berichtet. Die Arbeiten an der ersten Schule haben begonnen. Im Hospital sind Fenster und Zubehör weitgehend repariert. Wenn noch mehr Verletzte aufgenommen werden müssen, können auch die restlichen Zimmer fertig gemacht werden. Ab jetzt sollen sich unsere Arbeiten auf ein abseits gelegenes Gebäude konzentrieren, in dem eine Ambulanz eingerichtet wird. Dort müssen acht Zimmer und zwanzig Fenster saniert werden. So soll das eigentliche Hospital entlastet werden. Medizinisches Personal für die neue Ambulanz ist offenbar vorhanden, da ein Dr. Amin aus Saudi-Arabien inzwischen mit drei Kollegen vor Ort ist.

Das Geld wird nun knapp. Aber nicht nur deshalb ist es gut, dass ich wieder hinfahre. Der Einsatz in Syrien ist ein Grenzfall. Normalerweise gehen wir nicht in Regionen, in denen noch gekämpft wird. Da ist es gerade zu Beginn unerlässlich, immer wieder zu prüfen, ob es den Mitarbeitern gut geht, ob der Einsatz noch möglich ist oder ob es zu gefährlich wird. Auch müssen wir überlegen, wie es weitergehen soll und welche weiteren Aufgaben in der Region für die Grünhelme infrage kommen könnten.

Heute haben wir einen Aufruf veröffentlicht, in dem wir die Bundesregierung um eine Quote für die Aufnahme von 10 000 syrischen Flüchtlingen bitten. Es sind neue Zahlen bekannt geworden, die zeigen, in was für einer kollektiven Notlage sich das syrische Volk befindet. 300 000 Menschen sollen bereits aus Syrien geflohen sein und im Land noch einmal 300 000 bis 500 000 herumirren, um den brutalen Luftangriffen von Assads Luftwaffe und den Bodenkämpfen in Aleppo, Damaskus, Homs und Hama zu entkommen. Als Akt der Menschlichkeit sollte die Bundesregierung zumindest den in Deutschland lebenden Syrern erlauben, ihre Angehörigen zu sich zu holen und sie hier zu versorgen.

Seit bekannt geworden ist, dass die Grünhelme sich in Syrien engagieren, erhalten wir immer wieder Zuschriften und Anrufe von in Deutschland lebenden Syrern, die genau das versuchen. Eine Syrerin, die im Münsterland in einem Kindergarten arbeitet, hat bei dem Untergang eines Flüchtlingsbootes vor der türkischen Küste einen Großteil ihrer Familie verloren. Nur ihr 16-jähriger Neffe hat überlebt. Die Kindergärtnerin ist sofort nach Syrien gereist, um ihn nach Deutschland zu holen. Bisher ohne Chance. Wie soll er hier hereinkommen? Zweiter Fall: Ein Deutsch-Syrer aus Aachen will seine Schwester nach Deutschland holen. Durch seine Einladung und die Verpflichtungserklärung, dass er für eine gewisse Zeit für alles aufkommen wird, konnte sie unter großer Gefahr die Grenze nach Jordanien überwinden und ein Visum bei der deutschen Botschaft in Amman beantragen. Der Antrag wurde jedoch abgelehnt mit einer Begründung, bei der man sich angesichts der Bilder, die täglich in der Tagesschau und der heute– Sendung zu sehen sind, an den Kopf fasst. Es sei kein ausreichender Nachweis vorhanden, dass sie «nach Syrien zurückkehren» wolle. Nun sitzt die Schwester in Amman fest. Nach Syrien kann sie ja schlecht zurück! Gnädigerweise teilte ihr das deutsche Konsulat aber mit, sie habe «das Recht auf Widerspruch innerhalb von vier Wochen». Da kann ich nur sagen: Bravo, deutsche Diplomatie und deutsche Außenpolitik. Wenn wir den Krieg schon nicht stoppen können, sollten wir wenigstens einige der syrischen Menschen aufnehmen, die im Moment so Entsetzliches durchmachen.

Azaz, 5. Oktober 2012

Nachdem ich gestern in Azaz angekommen bin, wurde ich heute zum Aufwachen von der mir schon bekannten syrischen Netzwerkmeldung begrüßt: «Ministry of Tourism of Syria welcomes you in Syria. Call 156 for tourism information and complaints.» Ein skurriles Überbleibsel aus der Zeit der Normalität.

An Freitagen ist der humanitäre Arbeiter in muslimischen Ländern zunächst immer zur Untätigkeit verurteilt, denn bis zum Mittag oder genauer bis zum Freitagsgebet ruht das öffentliche Leben. Wenn man wie ich nur wenige Tage Zeit hat, ist das gelegentlich schwer zu ertragen. Doch heute wäre ich froh gewesen, wenn es ruhig geblieben wäre. Denn wie aus heiterem Himmel passiert etwas, das uns klarmacht, wie explosiv die Lage hier ist und wie schnell sie eskalieren kann. Wir stehen vor dem Eingang des Krankenhauses und plötzlich gerät unser Mitarbeiter Saru Murad in einen Streit mit einem Syrer. Die beiden gehen aufeinander zu und prügeln sich fast. Sarus Hemd wird zerrissen. Da ich kein Arabisch verstehe, ist mir zunächst nicht klar, worum es geht. In meiner Naivität dachte ich erst, es ginge dabei im Grunde um unseren Mitarbeiter Bernd, weil immer alle so von seinen Armen und seinen Tätowierungen fasziniert waren. Doch so kann man sich vertun, wenn man in einem Land ist, dessen Sprache man nicht beherrscht. Denn es wird schnell klar: Da ist einer oder sind gleich beide beleidigt worden und nicht zu trennen. Saru wird noch wütender, weil er sich im Recht wähnt, und will deswegen gleich zum Imam oder zum Schariagericht. Er geht auch los und sein Gegner, der militärische Hosen trägt und eine Handschelle am Gürtel – er ist ein Soldat der FSA, wie sich später herausstellt –, fährt mit dem Motorrad hinterher. Wenig später sind beide wieder zurück, weil der Imam nicht da war – es ist halt Freitag.

Zum Glück ist inzwischen der Krankenpfleger Ido zu uns gestoßen, auch er trägt sichtbar eine Pistole am Gürtel, und versucht mit milder Schärfe die Wogen zu glätten. Einem Verwandten gelingt schließlich die Versöhnung, der Soldat umarmt Saru und küsst ihn auf beide Wangen. Doch es ist noch nicht zu Ende, wir sollen uns noch aussprechen, sitzen in dem kleinen Salon, einer Art Wartezimmer des Krankenhauses, mit vier Sesseln, die sehr verschlissen sind. Der Soldat hat seiner Wut darüber Ausdruck gegeben, dass wir Ausländer hier seien, denn von den Ausländern komme alles Unglück, nie irgendwelche wirkliche Hilfe, sondern Unglück. Daraufhin ist Saru wohl auf ihn losgegangen. Ausländer hätten einmal einen Angriff auf einen Ort gelenkt, in dem er gewesen sei. Dieser sei bombardiert worden, nur weil ihn vorher ausländische Journalisten besucht hätten.

Er erzählt uns, wie ihn ein Scheich in Aleppo mit fünf anderen rekrutiert hat, um in den Irak zu gehen. Und wie er verwundet wurde in dem Krieg des George W. Bush gegen Saddam Hussein. Er glaubt, dass er als Kanonenfutter missbraucht wurde, dass man den Amerikanern gesagt habe, wo die Syrer seien, damit diese abgeschlachtet würden. Sie seien dann zurückgegangen – zwischendurch zeigt er uns seinen Ausweis der Free Syria Army und seinen Personalausweis – und in Syrien gleich verhaftet worden. Er sei dann aus dem Gefängnis entflohen und untergetaucht, auch, weil er sich keiner Schuld bewusst gewesen sei. Der Mann tischt uns noch andere Räuberpistolen auf, die aber in so einer Situation auch alle wahr sein können. Hassan Nasrallah, der Führer der libanesischen Hisbollah, so erzählt er, wolle eine Armee von 30 000 Mann nach Syrien schicken, um das Land für Assad und den Iran zu bewahren. Jedenfalls beruhigte sich das Ganze nun und ich bereue heftig, dass ich mir nicht schon vor zwei Jahrzehnten einmal einen oder zwei Monate Zeit genommen habe, um Arabisch zu lernen. Ob sich das noch nachholen lässt?

Sehr gute Erfahrungen machen wir hier mit dem Imam und dem Schariagericht. Während meiner Abwesenheit hatten die Arbeiter, die erst so bescheiden wirkten, ihre Forderungen immer weiter nach oben geschraubt. Erst 10000 Syrische Lira pro Tag, dann 15000, dann 25000 schließlich 30000. Bernd und Saru sind deswegen zum Imam gegangen und haben ihm erklärt, dass wir unter diesen Umständen mit dem vorhandenen Geld nur ganz wenig machen könnten. Daraufhin ist auf den freundlichen Befehl des Imam und mit Zustimmung der Arbeiter ein Lohn von 8000 Lira pro Tag vereinbart worden. Gestern besuchten wir noch ganz kurz den Imam. Wir wurden herzlich empfangen. Er machte auf mich einen sehr guten, gebildeten, milden Eindruck. Es wurde ein Jugendlicher hereingeführt, der in Aleppo ein Motorrad geklaut hatte. Der Vater in Azaz war sehr wütend darüber und hatte ihn zusammen mit dem Besitzer zum Imam geschleppt.

Heute Nachmittag habe ich einen jungen Mann kennen gelernt, der aus Afrin ist und Englisch unterrichtet. Er will von mir wissen, wer uns geschickt hat, und kann gar nicht glauben, dass wir ganz aus freien Stücken hier sind. Das ist eine Erfahrung, die wir immer wieder machen: Man kann sich hier nicht vorstellen, dass wir ohne den Auftrag irgendeiner Regierung gekommen sind, dass man etwas aus eigenem Antrieb macht, mit den Spenden aus der Bevölkerung, mit der Zustimmung nur der eigenen Organisation, und ohne jemanden um Erlaubnis zu fragen. Der Assad-Clan mit seiner Unbarmherzigkeit und der eisernen Kontrolle seiner Geheimdienste hat aus dem Land ein Gefängnis gemacht, in dem alle zivile Eigeninitiative erstickt wurde. Ich spreche sehr lange mit dem jungen Mann, der bedauert, dass er so wenig Gelegenheit hat, sein Englisch anzuwenden. In Afrin sei die PKK, glaubt er, aber die Stadt sei ruhig und wenn wir sagen würden, dass wir aus Deutschland kommen, könnten wir bedenkenlos hingehen.

Die letzte Ordnung, die uns bleibt, ist die militärische. Und man kann sich über das Funktionieren dieser Ordnung nur bedingt freuen, denn es ist wirklich die letzte Ordnung, in dem Sinne, dass alle anderen verloren gegangen sind. So gibt es hier eine Militärordnung, die penibel eingehalten wird, während die meisten anderen nicht mehr gelten. Es gibt keine Schulordnung, es gibt keine Verkehrsordnung, es gibt keine Berufsordnung. Alle warten darauf, dass die Kinder wieder in die Schule gehen können, dass sie selber wieder ihren Geschäften nachgehen können, dass sie wieder Rechtsanwalt und Arzt und Krankenschwester mit einer Perspektive sein können.

Ohne diese ersten Ordnungen verwahrlost eine Gesellschaft. Deshalb muss dieser Krieg der Regierung gegen ihre eigene Bevölkerung bald ein Ende haben. Die Weltgemeinschaft zögert nicht nur damit, hier militärisch einzugreifen. Sie zögert auch damit, sich klar in diesem Konflikt zu positionieren. Warum ist Baschar al-Assad noch nicht wegen seiner Kriegs- und Menschheitsverbrechen in Den Haag angeklagt? Warum hofiert der UN-Sondergesandte Lakhdar Brahimi, der Kofi Annan Anfang September in diesem Amt nachgefolgt ist, ihn immer noch mit einem protokollgerechten Besuch in seinem Palast und plant schon den nächsten, anstatt zu den Menschen in Azaz oder Afrin zu gehen, die weiter bei Tag oder bei Nacht die MiGs des Henkers von Damaskus über sich hinweg donnern hören und sich jedes Mal vor diesem Geräusch zu Tode erschrecken?

Wir hatten hier ein Erlebnis, das mit zu den furchtbarsten gehört, weil es so unscheinbar ist. Bernd und ich – Saru war gerade woanders – kommen von der Schule, die wir wieder aufbauen, und sehen plötzlich auf der Straße vor dem Hospital etwas ganz Schreckliches. Ein Pulk von sieben, acht kleinen Kindern, ich vermute von zweieinhalb Jahren bis elf Jahren, ist dabei mit großer Freude ein ganz junges niedliches Kätzchen mit Steinen so gewaltsam zu bewerfen und mit den Füßen zu treten, dass wir näherkommend sofort schreiend Einhalt gebieten wollen, aber zu spät. Diese Kinder sind nicht in der Lage einzusehen, dass sie nicht mit dem Kätzchen gespielt, sondern dieses ermordet haben. Ein älterer Mann kommt hinzu und vertreibt sie, er zuckt irgendwie mit den Schultern und scheint zu sagen: So ist das im Krieg.

Heute Morgen haben wir beide, Bernd und ich, unabhängig voneinander uns sagen müssen, dass uns dieses Bild – neben allen schrecklichen Bombentrichtern, Leichen, ausgeweideten Häusern und Autos – als das Schrecklichste erscheint. Diese Kinder wachsen unter verstörten Erwachsenen und Eltern auf, die alle nur ohnmächtig mit der Faust gen Himmel weisen können, wenn wieder eine MiG oder ein Hubschrauber auftaucht und das Schreckliche ankündigt, nämlich den Abwurf einer Bombe. Das Regime begeht Taten, die von der Haager Landkriegsordnung und den Konventionen des Roten Kreuzes ausdrücklich verboten sind.

Wir waren heute – nachdem der erste und der zweite Tag und die beiden Nächte ruhig geblieben sind und wir schon witzelten, die syrische Luftwaffe würde offenbar während meines Besuches extra auf Angriffe verzichten – in der näheren Umgebung. Gestern Abend hatten wir eine lange Debatte mit dem Chef der Zivilverwaltung von Azaz, der uns sagen wollte: Wir müssten heute nach Aleppo fahren, um den Menschen in seinem unmittelbaren Bekannten- und Familienkreis etwas zu essen oder einfach Geld zu geben. Wir sind darauf nicht eingegangen. Ich hatte dann noch alternativ vor, nach Afrin zu gehen, wie es mir der junge Englischlehrer empfohlen hatte. Aber das hätten unsere jetzigen Freunde und Gastgeber nicht gut gefunden, die misstrauisch sind gegenüber dem syrischen Ableger der PKK. Denn dieser bekommt sowohl von Assad Waffen als auch von der türkischen PKK und liegt daher sowohl mit der Türkei wie mit den Rebellen über Kreuz. Also haben wir uns auf den Weg in vier von der FSA beherrschte Orte gemacht, die südlich von Azaz in Richtung Aleppo liegen.

Wie aufwendig es ist, die militärische Ordnung in dieser Gegend aufrechtzuerhalten, wurde uns bei dieser Exkursion noch einmal sehr deutlich. Wir wurden in zwei Orten bei aller Sympathie, die uns entgegengebracht wird, sehr genau befragt, was wir dort eigentlich wollten. Unsere Pässe wurden gründlich geprüft und man erlaubte uns an einem Ort nicht, alleine die Schulen zu untersuchen, von deren Zustand wir uns ein Bild machen wollten. Das zeigt, wie groß die Angst und die Unsicherheit hier noch sind.

Mit zwei Motorrädern waren wir unterwegs, um auch den Dolmetscher und Krankenpfleger Musa mitnehmen zu können. Musa ist der einzige im Hospital, der so viel Englisch kann, dass wir ihn auch für das Übersetzen brauchen können. Saru war damit beschäftigt, die Firma einzuweisen, der wir das Verputzen der Wände in unserer ersten Schule in Azaz übertragen haben. So kamen wir in den Ort, der zufällig auch der Lebens- und Geburtsort von Musa ist: Kafar Kalbin. In der Schule leben 30 Flüchtlinge aus Aleppo, die sich vor einem Monat aufgemacht haben, weil sie es nicht mehr erträglich fanden. Die Bedingungen sind für jemanden, der afrikanische oder balkanische Lager kennt, eher gut. Denn die Menschen haben ein Dach über dem Kopf und sie haben auch Wasser und Strom und ein freundlich-sympathisches Umfeld. Natürlich leben sie beengt, aber das größte Problem teilen alle Menschen in Syrien: Sie möchten gerne wissen, wann die internationale Staatengemeinschaft nun die Flugverbotszone einrichtet und damit das Regime von Assad zum Stürzen bringt.

In Kafar Kalbin mussten wir natürlich auch in das Geburtshaus von Musa, um dort einen Kaffee zu trinken. Und die arabische Gastfreundschaft gebot mir, zuzusagen, dass ich beim nächsten Besuch einen Abend reserviere. Denn die Eltern von Musa wollen mich dann zum Abendessen einladen. Musas Vater war syrischer Polizist und hat 15 Jahre in dem Hafen Tartus gearbeitet, der durch die russische Mittelmeerbasis dort und das durch diese begründete ständige russische Veto im UN-Sicherheitsrat bei allen gegen Assad gerichteten Resolutionsentwürfen traurige Berühmtheit erlangt hat.

Anschließend fuhren wir in die 10 000-Einwohner-Stadt Kaljibrin, wo eine Bombe vor etwa zwei Wochen eine Schule getroffen hat. Es ist eine Schule für insgesamt tausend Schülerinnen und Schüler. Dann ging es weiter nach Tal Rifaat (Rifaat ist einer der Könige aus aramäischer Zeit, Tal bedeutet Hügel). Von hier, nicht von Azaz ging der größte Widerstand aus. Kaum waren wir in die Stadt gekommen, wurden wir auch schon von Soldaten umzingelt, die uns in ein zivil-militärisches Rathaus brachten. Dort herrschte erst Misstrauen uns gegenüber, denn auch hier

Beim Schreiben des Tagebuchs: Rupert Neudeck auf dem Dach des Krankenhauses von Azaz.

hatte man Angst vor Ausländern, weil angeblich in einem Ort, den westliche Journalisten besucht hatten, gleich danach Bomben fielen. Wir sollten uns ausweisen, was wir taten. Man war dann wie immer freundlich und bot uns einen Kaffee an. Ein gewisses Misstrauen aber blieb, denn man ließ uns nicht alleine mit unseren Motorrädern durch die Stadt fahren. Stattdessen wurden wir in einem Wagen der Militärverwaltung herumgefahren. Wir sahen uns eine Schule an, eine Mädchenschule, die man nur abreißen und wiederaufbauen kann. Eine zweite Schule wäre eventuell mit weniger Aufwand wiederherzustellen.

Danach fuhren wir weiter nach Marea. Dort wurden wir am Ortseingang schon angehalten und mussten warten, bis jemand von der Militärverwaltung kam und uns zu einem Checkpoint brachte. Dort folgte ein langes Palaver, bis wir mit dem Kommandeur sprechen konnten, der uns bat, noch zehn Minuten zu warten, dann wäre er da. Er war ungehalten, dass wir einfach losgefahren sind und uns nicht vorher bei ihm angemeldet haben. Ein scheinbar gut organisierter Kommandeur, der gut Englisch sprach und sich mir gegenüber damit brüstete, dass er die Korrespondenten von Spiegel und Zeit gesprochen habe. Später erfuhren wir, dass er den Kommandeur nur gespielt hatte.

Schließlich ging es zurück nach Azaz. Für heute Abend haben wir den Imam und neun weitere Mitarbeiter des Islamischen Gerichts zum Abendessen eingeladen.

Azaz, 7. Oktober 2012

Heute sind wir zu einem weiteren Hospital gefahren, dem National Hospital, das etwas außerhalb der Stadt an der Straße nach Aleppo liegt. Das Gebäude ist noch weitgehend intakt, aber man hat Teile der Geräte wegen der größeren Bedrohung durch Artillerie und Luftangriffe in unser Hospital in der Stadtmitte ausgelagert. Später – aber wann? –, nach dem Sturz Assads, wenn es in Syrien wieder eine funktionierende staatliche Ordnung gibt, soll alles wieder zurückkommen. Auf dem Dach des Hospitals sehen wir ganze Berge von leeren Patronenhülsen. Offenbar hatten sich Scharfschützen des Regimes hierhin zurückgezogen in den letzten Tagen der Kämpfe um Azaz. Denn von hier hat man eine gute Sicht und ein freies Schussfeld bis in die Eingeweide der Stadt. Auf jeden Fall haben Soldaten der Regierungsarmee hier gehaust, bevor sie im Juli aus Azaz vertrieben wurden.

Der Chef der Zivilverwaltung führt uns durch die Dialyseabteilung, die hier verblieben ist. Sie ist ebenfalls nur leicht beschädigt. Wenn man dort die Fenster wieder verglast, den Boden aufräumt und die zwei Stromgeneratoren des Krankenhauses repariert, kann sie wieder in Betrieb gehen. Man bittet uns als Grünhelme, diese Abteilung wieder herzurichten, denn es gebe Dialysepatienten in der Region, die auf sie angewiesen sind. Vor dem Krankenhaus liegt eine Sammlung der Waffen, die Assads Soldaten im Gebäude gelassen haben, Gewehre, Pistolen, Handgranaten, die man auf dem Rasen in einer Art Ausstellung für die einzigen Ausländer aufbereitet hat, die außer uns hierher kommen: die Journalisten.

Azaz, 8. Oktober 2012

Wir Grünhelme sind dabei, hier bekannt und berühmt zu werden. Denn bisher hat sich noch keine andere Organisation nach Azaz und damit nach Syrien hineingetraut. Ich muss mich daher heute, bei meinem vorerst letzten Gang durch die Stadt, schon von vielen verabschieden. Bis zum Termin, da ich dieses schreibe, war das Zeichen unserer persönlichen Anwesenheit wichtiger als das Geld, das wir in den Wiederaufbau investieren. Deswegen bleiben wir in der Stadt und im Hospital, auch wenn nicht klar ist, wie es weiter geht und ob die Rebellen die Stadt dauerhaft behaupten können. Denn wir wollen als Helfer keine Sonderbedingungen und keine Sonderlebensformen, wir wollen so essen, schlafen und arbeiten wie die Rebellenbürger von Azaz.

Ich finde es bewundernswert, wie die Menschen hier ihr Alltagsleben wieder in Gang bringen und aufrechtzuerhalten versuchen. Was man die Tankstelle nennt, ist eine Ansammlung von Plastikflaschen, in denen Diesel und Benzin zum jeweiligen Tageskurs angeboten werden. Unser syrischer Deutscher Saru Murad macht uns immer wieder darauf aufmerksam, dass man in diesen Gegenden handeln muss, weil es die Menschen so gewöhnt sind. So geht er immer zwischen den zwei «Wechselstuben» hin und her, in denen wir Euro in Syrische Lira umwandeln können, und feilscht um den besten Kurs. Die Hauptmasse des Geldes müssen wir am eigenen Leib tragen. Es gibt keine Bank, es gibt keinen Tresor, wo man etwas sicher verwahren könnte. Man kann keine Kreditkarten verwenden, es gibt keine Geldautomaten. Alles ist durch die Anarchie des Landes ins Schlingern geraten.

Auf der Hauptstraße steht noch immer der russische T34-Panzer, der in den Kämpfen um Azaz abgeschossen wurde. Auf ihm sitzen jetzt Kinder und versuchen das Kanonenrohr nach oben oder nach unten zu bewegen. Es gibt auch schon wieder einen Laden, wo man eine Falafel bekommen kann, und sogar einen, der das Essen in Plastik und Papier verpackt mit einem Motorrad liefern lässt. Im Krankenhaus wird davon gerne Gebrauch gemacht. Wir wurden die ersten drei Wochen eingeladen, inzwischen übernehmen die Grünhelme einmal in der Woche das Mittag- und das Abendessen. Nicht gern und etwas beschämt ob meiner Privilegien als deutscher Bürger, Passträger und Inhaber eines Tickets der Turkish Airlines verlasse ich heute Azaz und lasse unsere beiden wunderbaren Mitarbeiter dort zurück, Bernd Blechschmidt und Saru Murad.

Warten auf den Sturz Assads

Die syrische Tragödie geht in ihre entscheidende Phase. Der Kollege Wolfgang Bauer hat erfahren, dass in Aleppo so intensiv gekämpft werde wie nie zuvor. Die MiGs fliegen jetzt höher, weil es den Rebellen gelungen sein soll, zwei oder drei über der Stadt abzuschießen. Sie haben nun offenbar tragbare Flugabwehrraketen, wie wir sie aus dem Krieg der afghanischen Mudschaheddin gegen die sowjetische Armee kennen und die möglicherweise damals entscheidend gewesen sind. Freunde von Wolfgang Bauer haben diese Waffen gesehen. Vermutlich rächt sich die Türkei damit an Assad. Sie lässt einfach mehr Waffen über die Grenze.

Die Rebellen versuchen, Aleppo von der Versorgung aus Damaskus abzuschneiden. Heftige Kämpfe toben deshalb wohl in Marat al-Numan, einem Umschlagplatz auf dem Weg von Damaskus nach Aleppo. Diese Stadt, in der christliche Kreuzfahrer 1098 ein grässliches Massaker verübt haben, soll die FSA eingenommen haben. Ein großes Problem wird aber erst auf die Rebellen, auf die Bevölkerung, die Helfer zukommen: die Kälte. Die Menschen sorgen sich, wie sie die Winterzeit überstehen können. In Azaz kann es richtig frostig werden, es kann sogar schneien.

Nach meiner Abreise hat sich herausgestellt, dass hinter Dr. Amin und seinen Kollegen eine eigene saudische Organisation steht: die YfS, Youth for Syria. Diese Organisation hat auch eine medizinische Abteilung, die jetzt anscheinend die Krankenhausverwaltung und die Personalkosten übernehmen will. Die YfS will sich auch an den Renovierungskosten beteiligen. Weitere saudische Ärzte werden wohl am 1. November eintreffen. Somit werden für dieses Hospital erst einmal keine Ärzte von den Grünhelmen und Cap Anamur benötigt. Und wer kommt? Die Saudis haben Geld: ein Chirurg, zwei Gynäkologinnen, ein Internist, ein Pädiater, ein Orthopäde, ein Radiologe. Mieter des Hospitals bleibt weiter die FSA. Zu Beginn soll die Behandlung umsonst sein, dann muss ein einheitlicher Mindestbetrag gezahlt werden.

Wir sind gefragt worden, ob wir uns an der Finanzierung von zwei Autoklaven beteiligen können, die zum Sterilisieren benötigt werden. Auch sind wir um Geld für zehn bis zwölf Klimaanlagen oder Heizungen gebeten worden, um der Kälte der nächsten Wochen trotzen zu können. Diese Heizungs- oder Klimaanlagen sollen zumindest die Patientenzimmer im ersten Obergeschoss beheizen. Diese Anlagen wären in der Türkei zu besorgen, aber das könnte auch die saudische YfS übernehmen. Pro Gerät 300 Euro. Die Grünhelme sollen außerdem wie bisher das Krankenhaus beim Umbau unterstützen. Man würde für diesen Umbau das Krankenhaus für vier bis fünf Tage schließen, wie man uns mitteilt. Wir werden also unsere Schulen weiter instand setzen, für die Saru zuständig ist, und Bernd wird sich um den Umbau und die Reparaturarbeiten im Krankenhaus kümmern.

Ich ertappe mich andauernd bei einem Gedanken, der vielleicht ein bisschen zu spielerisch ist angesichts der Tragödie in Syrien: Wetten, dass Baschar al-Assad sich nicht länger als heute noch zwei Wochen hält? Ich habe Bernd gemailt, ich hätte es im Urin, dass der vor Weihnachten weg ist. Heute habe ich mit ihm ganz offiziell gewettet: Ich sage noch zwei Wochen, also Anfang November. Er sagt, Ende Dezember. On verra, man wird sehen. Auf jeden Fall ist Damaskus noch so fest in den Händen des Regimes, dass der Flughafen weiter offen ist. Das ist schon erstaunlich. Und gestern war auch der UN-Sondervermittler Brahimi wieder bei Baschar al-Assad in dessen Palast in Damaskus. Er bot ihm damit erneut eine Plattform, um sich als der Herrscher des Landes darzustellen. Jemand, der eigentlich zu nichts mehr in der Lage ist und kurz vor der Entscheidung steht, abzudanken und in irgendein Exil zu verschwinden, wird also durch Brahimi immer noch aufgewertet, ganz gleich welches Massaker gerade geschehen ist, welche Kinder vor den Augen der UNO krepiert sind.

Troisdorf, 23. Oktober 2012

Vor einiger Zeit habe ich Nahla Osman kennen gelernt, eine syrisch-deutsche Rechtsanwältin, die mir viel über ihr Land und insbesondere über die syrischen Emigranten in Deutschland erzählt hat. Sie ermöglichte mir einen vorurteilsfreien Blick auf die

Menschen, die voller Ängste und Schmerzen dem Gemetzel in ihrem Land zusehen müssen. Und sie gab mir das Gefühl, dass die verschiedenen syrischen Gruppen einander nicht nur in grenzenlosem Hass gegenüberstehen. Sie hat eine Organisation mit aufgebaut, in der alle vertreten sind. Also auch die drei bedrohten Minderheiten, die Alawiten, Kurden und Christen. Alle drei haben sich unter den Schutz der Dynastie al-Assad begeben. Nach seinem Sturz, so fürchten sie, könnten sie von der sunnitischen Mehrheit verfolgt werden. Unsere bisherigen Erfahrungen in Azaz bestätigen Nahla Osmans Hoffnung, dass ein friedlicher Übergang möglich ist, in der Zeit nach Assad. Doch es gibt auch die andere Option, dass Syrien wird wie der Libanon, in dem sich die verschiedenen Bevölkerungsgruppen über viele Jahre erbittert bekämpften.

Der Libanon kommt auch deswegen nicht zur Ruhe, weil sich dort die strategischen Interessen verschiedener Mächte überkreuzen, vor allem natürlich die der unmittelbaren Nachbarn, Syrien und Israel, aber, wegen der schiitischen Hisbollah, auch des Iran. Vor ein paar Tagen wurde der libanesische Geheimdienstchef Wissam Hassan ermordet und alle Welt vermutet, dass Assad dahinter steckt. Denn Hassan soll zuletzt Beweise zusammengetragen haben, die belegen, dass Assad 2005 in den Mord am sunnitischen Premierminister Rafiq al-Hariri verwickelt war. Damals soll es darum gegangen sein, die konfessionellen Spannungen im Libanon zu schüren, damit der Einfluss Syriens erhalten blieb. In der Folge musste Syrien jedoch seine Truppen aus dem Libanon zurückziehen und nahm seinen Einfluss nun vor allem über die Hisbollah wahr. Gegen diese wiederum richtete sich der israelische Angriff auf den Libanon im Jahr 2006, vor dem viele Libanesen in Syrien Schutz suchten und der beide Länder wieder näher zusammenrücken ließ. Der syrische Bürgerkrieg droht nun auch den Libanon erneut zu spalten. Während Alawiten und Schiiten zu Assad halten, unterstützen Sunniten in der Regel die Revolution. Dies zeigt, wie eng die einzelnen Konfliktherde miteinander verbunden sind und wie schnell der Funke aus Syrien die ganze Region in Brand setzen könnte. Rami Machluf, der raffgierige Cousin Baschars, der einen Großteil der syrischen Wirtschaft dominierte und in Syrien zum Inbegriff der Korruption geworden ist, soll, so schreibt Rainer Hermann in der FAZ, bereits im Mai 2011 getönt haben, die Nachbarstaaten Syriens würden nicht stabil bleiben, wenn Syrien nicht stabil bliebe, also unter der Herrschaft Assads.

Ebenso wie im Libanon bündeln sich in Syrien die Interessen verschiedener Mächte, die bei einigen klar zutage liegen, mir bei anderen dagegen deutlich undurchsichtiger erscheinen. Russland, mit Syrien noch aus den Zeiten des Kalten Krieges eng verbunden, will seinen letzten Verbündeten in der Region nicht verlieren und dem Westen nicht völlig das Terrain überlassen. Der Iran sieht das alawitische Assad-Regime als wichtiges Bindeglied im sogenannten «schiitischen Halbmond», der sich von Teheran über den Irak bis in den Libanon zieht. Fällt Assad, muss sich der Iran eine neue Route für seine Waffenlieferungen an die Hisbollah suchen. Eindeutig ist die Interessenlage auch im Fall des sunnitisch dominierten Saudi-Arabien. Riad betrachtet den schiitischen Iran als schärfsten Konkurrenten um die Vormacht in der Region und bemüht sich, dessen Einfluss zurückzudrängen. Da käme ein sunnitisches Regime in Syrien gerade recht. Das Königshaus unterstützt somit einen Aufstand, den es im eigenen Einflussbereich gewaltsam unterdrücken würde. Im nur mühsam stabilisierten und äußerst fragilen Irak hält der schiitische Premier al-Maliki es eher mit dem Regime von Baschar al-Assad, fürchtet aber das Übergreifen eines konfessionellen Konfliktes zwischen Sunniten und Schiiten. Deswegen lässt der Irak offenbar sowohl Lieferungen des Iran passieren als auch neuerdings solche an die Aufständischen über den von diesen eroberten Grenzübergang Abu Kamal.

Für Israel, das seit dem Sechstagekrieg von 1967 die syrischen Golanhöhen besetzt hält, geht es vor allem um die eigene Sicherheit. Auf der einen Seite zählt das Assad-Regime zusammen mit dem Iran zu den wichtigsten strategischen Gegnern. Es unterstützt die Hisbollah, beherbergte bis zum Ausbruch der Revolution Teile der Führung der sunnitischen Hamas und fordert seit langem die Rückgabe der Golanhöhen. Auf der anderen Seite war Baschar al-Assad trotz allem ein relativ verlässlicher Gegner. Ob ein auf ihn folgendes revolutionäres Regime aus israelischer Sicht eine Verbesserung darstellen würde, ist zumindest offen. Auch

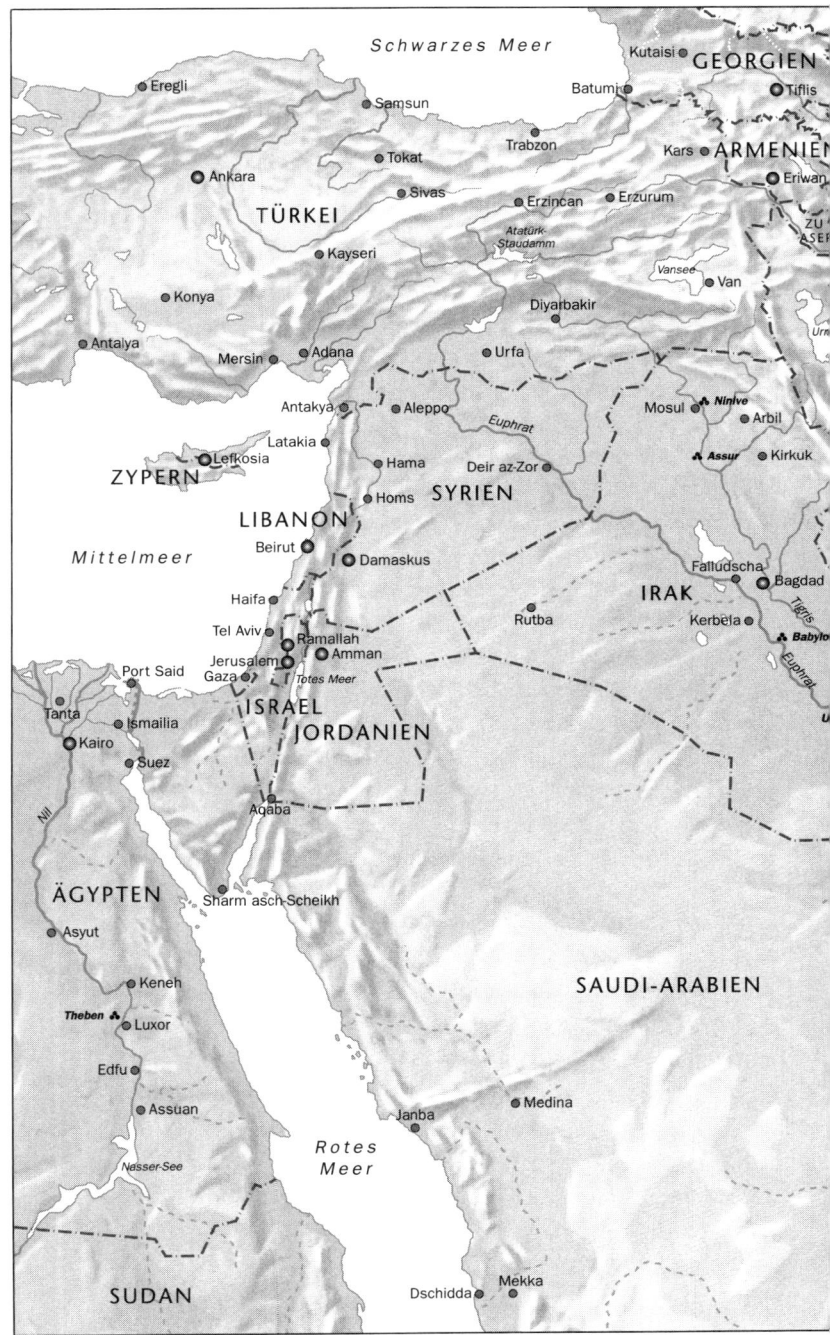

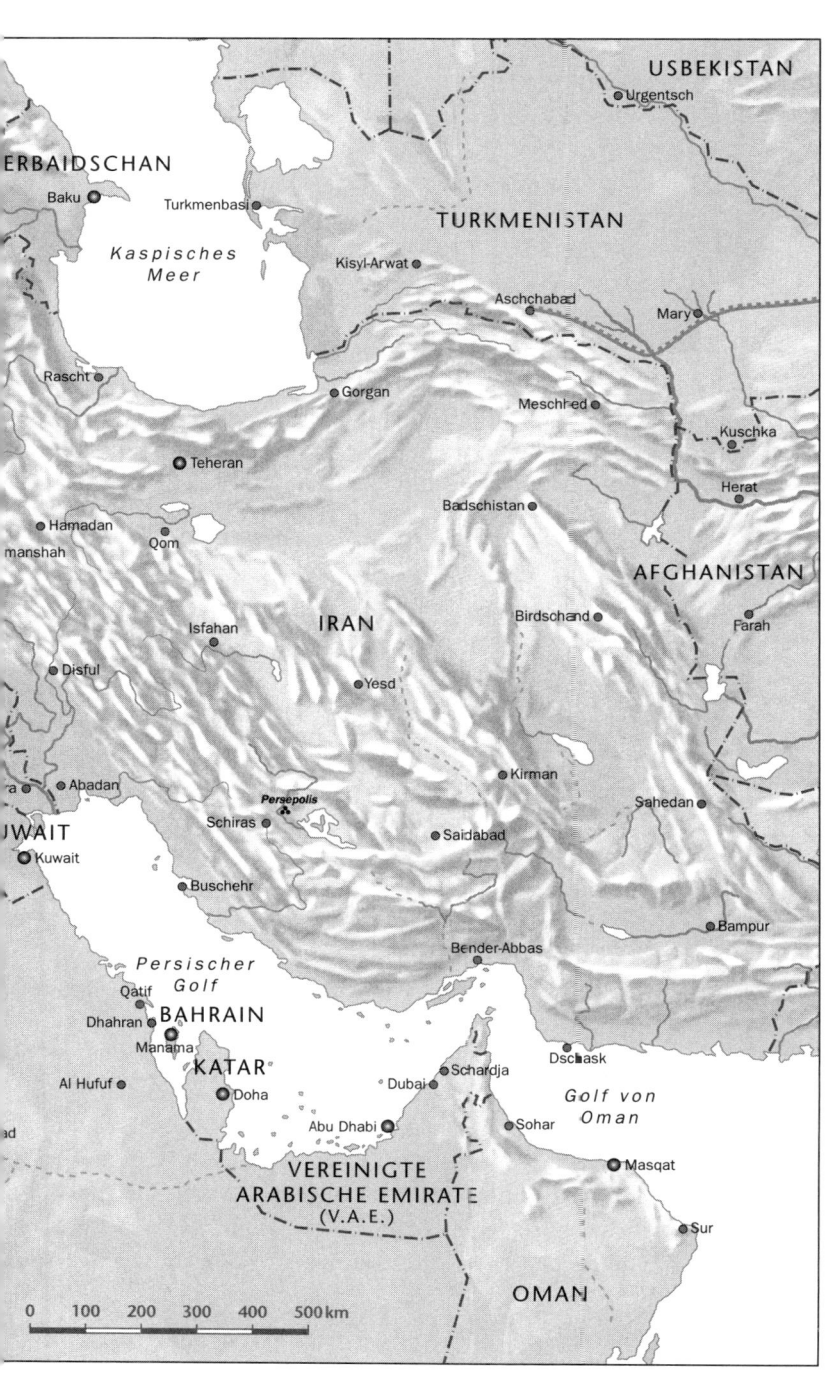

wenn Tel Aviv seit Jahren einen Regimewechsel in Damaskus für wünschenswert hält, geht es jetzt wohl vor allem darum zu verhindern, dass die Hisbollah aus der syrischen Konkursmasse gefährliche Waffen erhält.

Die USA und Europa können sich zu keiner konsistenten Politik gegenüber Syrien durchringen. George W. Bush setzte Syrien auf die Achse des Bösen. Unter Obama entspannte sich das Verhältnis etwas, über die Verteilung der Sympathien kann aber kein Zweifel bestehen. Sicher sähe Washington gerne eine andere, den eigenen Interessen aufgeschlossenere Regierung in Damaskus. Obama scheut jedoch das Risiko, sich in einen Krieg hineinziehen zu lassen. Ähnlich sieht es bei den Europäern aus, bei denen jedoch, wie schon in Libyen, Frankreich und Großbritannien die Revolutionäre eher offensiver unterstützen wollen als die übrigen Länder. Für Europa geht es, wie in den anderen Ländern Nordafrikas, nicht zuletzt darum, eine Flüchtlingswelle über das Mittelmeer in die Wohlstandsoase namens EU zu verhindern. Da Russland und China weitergehende Maßnahmen im UN-Sicherheitsrat blockieren und der Westen die Konfrontation scheut, ist die internationale Staatengemeinschaft gelähmt. Wirksame Hilfe für die leidenden Syrer bleibt daher aus. Wieder einmal lässt der Westen seiner Menschenrechtsrhetorik keine Taten folgen. Es ist skandalös, wie wir die Syrer allein lassen.

Helfen tut dagegen die Türkei. Dies ist umso erstaunlicher, als Ankara und Damaskus bis zum Ausbruch der Revolution Partner waren. Im Kalten Krieg standen sich die beiden Länder noch waffenstarrend gegenüber. Eine gewisse Zeit schwelte auch der territoriale Konflikt um die ehemals syrische Provinz Hatay, mit der die französische Mandatsmacht 1939 die Türkei für ihre Unterstützung gegen Hitlerdeutschland belohnte. Anders als die Golanhöhen haben die Syrer dieses Gebiet aber inzwischen abgeschrieben. Seitdem der Irakkrieg von 2003 ein autonomes Kurdengebiet im Irak ermöglichte, hatten sich allerdings die Türkei und Syrien angesichts ihrer gemeinsamen Furcht vor einer kurdischen Unabhängigkeitsbewegung einander angenähert und vor allem wirtschaftlich eng kooperiert. Warum Erdogan für die Arabellion Partei ergriff, darüber lässt sich spekulieren. Vielleicht wollte er demonstrieren, dass Demokratie, Modernität und Islam sehr wohl zusammen passen, und die Türkei als Modell für die gesamte Region etablieren. Jedenfalls kritisierte er Assads Reformverweigerung, unterstützte die Opposition und hielt die Grenze offen für Flüchtlinge. Dass Assad die PYD, den syrischen Ableger der PKK, zum Partner im Kampf gegen die Aufständischen erkor, muss Erdogan als Provokation empfunden haben. In jedem Fall nähert sich die Situation an der Grenze wieder der Lage im Kalten Krieg an – mit dem einzigen Unterschied, dass die Türkei Waffen und Flüchtlinge weiterhin passieren lässt.

Relativ unverständlich ist mir die Rolle Katars, das die syrische Opposition an der Seite Saudi-Arabiens sehr aktiv unterstützt. Was treibt das kleine Ölscheichtum dazu, unbedingt eine Rolle in der Weltpolitik spielen zu wollen? Wo liegen seine Interessen? In der Financial Times las ich einen Artikel, in dem über die wachsende politische Bedeutung des Sohnes Scheich Tamim bin Hamad al-Thani gesprochen wird. Er habe die Verbindungen zu Saudi-Arabien, insbesondere zum Innenminister Prinz Naif, während des Libyenkrieges verstärkt. Die Beziehungen von Saudi-Arabien zu Katar würden sich als eine Achse herausstellen, die für die westlichen Mächte wichtig sei, um mit den syrischen Rebellen zu verhandeln. Aber gibt es wirklich eine gemeinsame Agenda von Saudi-Arabien und Katar? Saudi-Arabien ist eine konservative Macht, die sich im Inneren nur sehr widerstrebend öffnet, Demokratie und Frauenrechte weitgehend abzuwehren versucht und danach strebt, den Islam, genauer dessen sunnitische Glaubensrichtung in der Region zu stärken. Katar gibt sich demgegenüber weitaus moderner und verhält sich im Grunde schon postmodern, indem es sowohl das Hauptquartier der US-Truppen im Nahen Osten als auch die Führung der Hamas beherbergt.

Bei all den Einflüssen und Interessen des Auslands, die im syrischen Bürgerkrieg eine Rolle spielen, ist es nötig, immer wieder darauf hinzuweisen, dass es sich trotz allem im Kern um einen Aufstand der unterdrückten syrischen Bevölkerung handelt, der vor allem von der perspektivlosen syrischen Jugend getragen wird. Westliche Geheimdienste haben oft heimlich in anderen Ländern interveniert, Regime gestürzt, Bürgerkriege ausgelöst. Insofern ist es nicht verwunderlich, dass man ihnen alles Mögliche zutraut. Aber hier handelt es sich nicht um eine westliche Verschwörung zum Sturz von Assad, sondern um den Kampf eines unterdrückten Volkes, das seine Freiheit erringen will.

Troisdorf, 3. November 2012

Bernd und Saru schrieben uns um 16 Uhr aus Azaz, wo sie weiter in unserem Krankenhaus arbeiten und wohnen. Sie haben nervlich belastende Tage hinter sich. Es hat in der Stadt Kämpfe zwischen zwei verschiedenen FSA-Kommandos gegeben. Wir dachten eigentlich, es gebe nur ein Kommando, nämlich das unter Abu Ibrahim. Nun stellt sich heraus, dass wir uns getäuscht haben. Das Grenzkommando, das den Übergang nach Kilis kontrolliert, ist offenbar eine unabhängige Brigade unter dem Kommandeur Ahmad. Nun brach Streit aus, wahrscheinlich um die Gelder, die sich am Grenzübergang einnehmen lassen. Jedenfalls wurde der verpflichtende und ehrenvolle Titel der ersten vom Regime des Baschar al-Assad befreiten Stadt stark besudelt. Kämpfe in den Straßenzügen, Checkpoints, Schusswechsel zwischen den beiden um ihre Pfründe streitenden Brigaden. Inzwischen ist es in Azaz wohl wieder weitgehend ruhig. Manchmal gibt es noch die eine oder andere Schießerei in den Straßen, unsere beiden Grünhelme bewegen sich aber wieder frei.

Es gab in den letzten Tagen keinen nennenswerten Beschuss aus der Umgebung – nur eine MiG war zu sehen. Das Regime verhält sich also ironischerweise ruhig, als wenn es abwarten wollte, bis sich die Aufständischen selber massakriert haben. Gleichzeitig eskaliert nämlich auch der Konflikt zwischen der FSA und dem syrischen Ableger der PKK. In den umliegenden kurdischen Gebieten sind mindestens sieben FSA-Kämpfer erschossen worden. Meistens an den Checkpoints durch Scharfschützen.

Im Krankenhaus sind die Umbauarbeiten dennoch in vollem Gange. Die Heiztechnik ist fast komplett montiert. Es ist alles wesentlich sauberer und auf Hygiene wird jetzt mehr geachtet. Wir haben nun einen festen Raum zum Essen mit Tischen und Stühlen und – unglaublich! – eine Köchin wurde eingestellt. Alle Zimmer sind verglast. Es wurde eine Menge an zusätzlicher Aus-

50

rüstung aus dem National Hospital hergeholt: Betten, Schränke, medizinisches Zubehör. Man hat uns zudem um die finanzielle Unterstützung einer Medikamentenlieferung aus Aleppo gebeten – ca. 7000 Euro. Diese Bestellung führt allerdings nicht das Krankenhaus oder die FSA aus, sondern die Youth for Syria. Da es sich um eine eigenständige, finanziell wohl gut ausgerüstete Organisation handelt, halten unsere beiden Vertreter eine Unterstützung unsererseits für nicht angebracht.

In der zweiten Schule beginnen die Arbeiten jetzt. Die sanitären Einrichtungen sind bereits fertig und die Elektrik ist repariert, auch größere Maurerarbeiten in den Klassenräumen und an den Außenwänden sind abgeschlossen. In der ersten Schule geht es weiter gut voran. Es hat eine Grundreinigung aller Gebäude gegeben. Die sanitären Verhältnisse sind wieder in Ordnung. Es wurden die Grundstücksmauern repariert. Der Eingangsbereich musste neu gemauert und neu gepflastert werden. Es gab diverse Betonierarbeiten auf dem ganzen Gelände, besonders die Löcher durch Granattreffer mussten aufgefüllt werden. Türen und Fenster sind fertig, die Verputzarbeiten fast abgeschlossen, 60 Schulbänke wurden repariert. Es geht langsam in den Endspurt, schreiben unsere beiden Grünhelme in Azaz, und sie planen, in etwa einem Monat fertig zu sein! Es sollte bis dahin Zeit genug sein, um beobachten zu können, wie die Schulen angenommen werden.

Bernd und Saru haben sich mehr als bewährt. Es war nicht einfach, das alles auszuhalten, gerade in den letzten Tagen. Und immer wieder sind sie mit dem Tod konfrontiert und dem sinnlosen Sterben, das der Bürgerkrieg bereithält. Vor ein paar Tagen hatten sie einen sympathischen Deutsch-Syrer zu Gast. Ein Student aus Kiel, der seine Familie in Aleppo besuchen wollte Er hat noch eine Weile in Azaz Station gemacht und vorgestern wurde seine blutüberströmte Leiche eingeliefert. Ein Kumpel hatte mit seiner Waffe herumgespielt und ihn dabei versehentlich erschossen.

Troisdorf, 4. November 2012

Heute morgen gegen zehn Uhr früh kommt ein nächster Bericht von Bernd und Saru. Es sind doch wieder Kämpfe zwischen den beiden FSA-Kommandos ausgebrochen. Die Imame vom Schariagericht in Azaz, beim Hospital gleich um die Ecke, konnten schließlich beide Parteien bewegen, die «Streitigkeiten» außerhalb der Stadt zu regeln. Bis jetzt – also zehn Uhr – hält man sich daran, mal schauen, wie lange. In der Stadt lauscht jeder gespannt den Lautsprecherdurchsagen und es sind auch wieder große Checkpoints eingerichtet. Bernd und Saru waren heute noch nicht bei unseren Schulen. Man hat ihnen geraten, erst einmal im Krankenhaus zu bleiben. Sie werden aber wohl im Laufe des Tages dorthin fahren. Der Ort Tal Rifaat, den wir während meines letzten Aufenthalts besucht haben und in dem es einen großen Stützpunkt der FSA geben soll, wird seit heute wieder schwer bombardiert.

Ebenfalls heute wurden zwei Soldaten aus Assads Regierungsarmee entlassen, die seit der Einnahme des Grenzübergangs in Haft waren. Sie waren wohl zur medizinischen Kontrolle im Hospital und haben nichts mehr, weder zu essen noch etwas zum Anziehen. Wir haben sie mit den restlichen Grünhelme-T-Shirts und ein paar Sachen von uns ausgerüstet und sie haben sich auf den Weg gemacht – wohin auch immer. Das gibt es also trotz allem auch noch, dass Gefangene einfach freigelassen werden. Inzwischen wurde jedoch ein Video bekannt, in dem die Erschießung gefangener Regierungssoldaten durch Freischärler der FSA zu sehen sein soll. Das Regime in Damaskus benutzt es natürlich für seine Propaganda. Ein Sprecher des UN-Hochkommissariats für Menschenrechte sagte in Genf, es sei schwierig, diese Videos zu verifizieren. Nach Angaben syrischer Menschenrechtler, die das Video veröffentlicht haben, zeigt es, wie Angehörige einer Rebelleneinheit in der syrischen Provinz Idlib mehrere gefangene Soldaten erschießen. Die Rebellen gehören zur Al Nusra Front. Die Aufnahmen sollen nach einem Rebellenangriff auf einen Kontrollpunkt der Armee nahe der Ortschaft Sarakib gemacht worden sein.

Troisdorf, 6. November 2012

Die Agenturen melden, dass seit dem 4. November in Katar über eine syrische Exilregierung beraten wird. Ziel der Konferenz, an der Hunderte Gegner des Assad-Regimes teilnehmen, ist es, eine

Überreste der Kämpfe: Ein abgeschossener Panzer auf der Hauptstraße von Azaz.

größere politische Einheit der syrischen Opposition zu erreichen. Die Oppositionsgruppen im Exil und im Land selbst sollen zusammengeführt und die bewaffneten Teile der Opposition stärker in die politischen Strukturen eingebunden werden. Der im Oktober 2011 in Istanbul als Dachorganisation gegründete Syrische Nationalrat, in dem vor allem Exil-Syrer vertreten waren, hatte diese Aufgaben nie ausfüllen können.

Mehr als zwanzig bekannte Oppositionelle hatten sich zuvor in Amman, der Hauptstadt Jordaniens, getroffen, um die Konferenz vorzubereiten. Dort warb der bekannte Dissident Riad Seif für seinen Plan einer 50 Abgeordnete umfassenden Nationalversammlung, in der alle wichtigen Organisationen der Opposition vertreten sein sollten. Ihre Aufgabe wäre es dann, eine Übergangsregierung zu bestimmen. In dieser müssten auch die lokalen Revolutionskomitees vertreten sein, die Säulen der Revolution, die gegenwärtig den Widerstand im Land tragen. Und sie müsste dafür sorgen, dass die FSA-Milizen unter ein einheitliches Oberkommando gestellt würden, das mit der politischen Führung zusammenarbeitet. Dass er selber die Führung einer solchen Übergangsregierung übernehmen könnte, schloss Seif aber leider aus.

Seine Pläne sind gut, doch könnte der Syrische Nationalrat, der um seinen Einfluss fürchtet, sie torpedieren. Dessen Vorsitzender Abdelbasset Seida verlangt offenbar 40 Prozent der Mandate in Seifs geplanter Nationalversammlung. Zudem versucht der Nationalrat der Kritik zu begegnen, dass er keinen Draht zu der in Syrien aktiven und kämpfenden Opposition besitze, und öffnet seine Führung für jüngere Oppositionelle, die im Land aktiv sind. Ob er sich so behaupten kann, scheint mir fraglich. Zu viele Syrer haben sich schon von ihm abgewandt und auch die USA sind auf Distanz gegangen. Ich hoffe sehr, dass sich die syrische Opposition endlich einigt, um geschlossen gegen den Unterdrücker vorzugehen.

Troisdorf, 13. November 2012

Wie hatten wir uns doch geschworen, dass der syrische Bürgerkrieg, der Krieg einer Regierung gegen das eigene Volk, spätestens zum Advent zu Ende gehen muss. Aber was heißt schon muss? Meine erste Wette mit Bernd habe ich schon verloren. Dennoch glaube ich weiter an einen baldigen Sturz des Regimes. Bei meinen Wetten sage ich jetzt: Bis Ende des Jahres ist Assad weg!

Unsere beiden Grünhelme haben eine dramatische Geschichte aus Azaz zu berichten. Gestern ist ein Deserteur aus Aleppo dort angekommen nach einer abenteuerlichen Flucht aus dem Territorium des Regimes. Ein Betonbauer, der für die Grünhelme an der ersten Schule gearbeitet hat, ist ein Verwandter dieses Deserteurs. Der Überläufer ist 25–30 Jahre alt und hat mit Hilfe seiner größeren Familie diese länger geplante Flucht arrangiert. Nach seinem Namen haben Bernd und Saru nicht gefragt. Sie wollten nicht zu aufdringlich sein. Die Nervosität war ihm anzumerken. Unser Betonbauer hatte zuvor schon alles mit der FSA abgesprochen, so braucht Mohammed (so ist es einfacher zu schreiben, und da die Hälfte der Männer hier so heißt, nennt man ihn so) jetzt keine Angst mehr zu haben vor etwaigen Bestrafungen. Kontakt hat Mohammed zu seiner Familie mit dem Handy gehalten – allerdings nicht per SMS, sondern die Nachrichten wurden auf dem Handy gespeichert und das Handy dann aus der Regimezone zu der Fami lie gebracht. Die Angst vor dem immer noch mythisch überhöhten Geheimdienst ist weiterhin groß. Als es dann losging, war er mit zwei Freunden auf der Flucht. Vorher hatten sie noch die Besatzungen der Checkpoints bestochen. Und dann ging es weiter durch das ganze Gebiet der Straßensperren bis nach Azaz.

Mohammed gehörte zum Geheimdienst der Luftwaffe. Seinen Angaben zufolge konzentrieren sich Regierung und Armee darauf, die Industrie in Schutt und Asche zu legen. Mohammed hatte Kontakt zu ein paar Großindustriellen in Aleppo, die ihr Schicksal eher gelassen nahmen. Sie meinten ihm gegenüber, solch eine Zerstörung sei für sie kein Problem, sie hätten genug Reserven auf die Seite gelegt, um alles in einem Jahr wiederaufzubauen. Wenn nur Assad endlich beiseite gefegt und gestürzt wäre. 75–80 Prozent von Aleppo sei mittlerweile in den Händen der FSA. Das allerdings hieß es auch, als ich vor einem Monat, aber auch schon, als ich vor zwei Monaten in Azaz war.

Nach den Auskünften von Mohammed wenden sich immer mehr Soldaten von Assad ab und desertieren. Oder sie kommen einfach nach dem Urlaub nicht mehr zu ihren Einheiten zurück. Dafür bekomme die FSA immer mehr Zulauf. Mohammed erzählte, er sei seit einem Jahr mit seinen Leuten in Aleppo so gut wie eingeschlossen, die Moral der Männer sei deshalb auf dem Tiefpunkt. Das werde durch die sehr erfolgreichen Scharfschützen der FSA noch verstärkt. Demgegenüber soll die Ausbildung an der Waffe auf Seiten der Regierungsarmee völlig unzureichend sein, behauptet Mohammed, selbst die Schießkünste von Offizieren seien ein Debakel. Wir, die Grünhelme Bernd und Saru, haben Mohammed angeboten, bei der Rehabilitation der Schulen mitzuhelfen. Er war davon sehr angetan, und wenn sich noch eine neue Arbeit auftut, werden wir sie ihm anbieten.

Was die Schulen angeht, so gab es die Frage, ob man sie mit Ölöfen ausstatten sollte. Doch in keiner der Schulen, die unsere Leute besucht haben, werden die Öfen benutzt. Das Öl ist hier einfach viel zu teuer. Ein Liter kostet einen Euro, wir haben nun allein in der ersten Schule 18 zu heizende Klassenzimmer. Der Ölofen verbraucht fünf Liter am Tag, wenn es ordentlich warm werden soll. Das würde bedeuten, über 600 Euro pro Woche Schulbetrieb.

Wenn man das mit allen Schulen in Azaz multipliziert, ist das schwer zu finanzieren. Allerdings, so schreiben unsere Grünhelme von der Front in Azaz, könnte sich die Versorgungslage demnächst verbessern, angeblich sind die syrischen Ölfelder von der FSA erobert worden. Einstweilen hat unser Team noch zwei weitere Schulen in Azaz in das Programm der Reparatur und Rehabilitation übernommen, so dass wir dort jetzt an vier Schulen arbeiten. In den unbeschädigten Räumen beider Schulen findet schon Unterricht statt, teilweise 60 Kinder in einer Klasse.

Zu dem größeren Ort Marea haben wir keinen Kontakt mehr, es gibt auch keine Telefonverbindung. Das Land löst sich auf, wir sehen, dass die Kommandanten über ihre Stadt, aber auch nur über ihre, das Kommando haben.

Rainer Hermann berichtet vorgestern in der FAZ aus Doha von den Verhandlungen der Opposition und liefert ein vielsagendes zeitgeschichtliches Bonmot: Immer mehr Menschen würden glauben, dass sich in Syrien seit 1958 nicht viel verändert habe. Damals habe der syrische Staatspräsident Schukri al Quwatli bei der Vereinigung Syriens mit Ägypten zum ägyptischen Nationalhelden Gamal Abdel Nasser gesagt: «Ich übergebe Ihnen ein Land, das zu 95 Prozent aus Führern besteht!»

Gegen den Nationalrat der syrischen Opposition war immer der Vorwurf erhoben worden, die Mehrheit seiner Mitglieder sei mehr an ihren Ämtern interessiert als am Sturz des Diktators. Aber auf der Konferenz in Doha konnte er dem Druck aus Syrien und der westlichen Staatengemeinschaft nicht standhalten. Eine Woche lang blockierte er die Verhandlungen und forderte einen größeren Anteil an Sitzen in dem neuen Gremium als ihm Riad Seif zugestehen wollte. Anstatt sich mit dem Schicksal des syrischen Volkes zu beschäftigen, kreiste der Nationalrat wieder nur um sich selbst und wählte eine neue Führung unter dem christlichen Reformkommunisten George Sabra. Doch dann musste er nachgeben. Die lokalen Koordinierungskomitees hatten entnervt ihre Mitgliedschaft in der Organisation aufgekündigt. Und US-Außenministerin Hillary Clinton hatte sehr deutlich zu verstehen gegeben, dass die Opposition sich erst einen müsse, bevor sie Hilfe erhalten könne.

Spaltung war bis jetzt das Los der syrischen Opposition, und zwar auf lokaler Ebene ebenso wie auf nationaler und im Exil. Wir haben es in Azaz gesehen, bei den Kämpfen zwischen den beiden FSA-Brigaden. Rainer Hermann berichtet es jetzt auch aus Homs, wo viele Christen leben: «In der Rebellenhochburg Homs bestehen nebeneinander drei Allianzen von Bewaffneten, die unabhängig agieren. Zu den Salafisten gehört die ‹Brigade al Ansar›, zur ‹Freien Syrischen Armee› bekennt sich die ‹Brigade Faruq›, und im offiziellen Militärrat, dem die ‹Brigade Faruq› nicht angehört, sammelt sich die bewaffnete ‹Union der Revolutionäre›.» Angesichts der gefährlich volatilen Lage in Syrien wäre ein Zusammenschluss der vielen unterschiedlichen Gruppen immens wichtig. Die Opposition muss sich jetzt einen und eine Gegenregierung bilden, damit kein Vakuum entsteht, wenn Regime und Staat zusammenbrechen. Denn sonst drohen Anarchie und Chaos.

Offiziell nennt sich das Gebilde, das da in Doha entstanden ist, «Nationale Koalition der syrischen Revolutionäre und der oppositionellen Kräfte». Es soll alle Gruppen der Opposition im Land selbst und im Exil einen und eine Übergangsregierung bilden, die dann als alleiniger Ansprechpartner der internationalen Staatengemeinschaft dienen könnte. Statt der geplanten 50 wird es nun 60 Mitglieder geben und erstmals sind auch Vertreter der Minderheiten dabei. Zum Vorsitzenden der Nationalen Koalition wurde Moaz al-Khatib bestimmt. Er wurde 1960 in Damaskus geboren und stammt aus einer der traditionsreichsten Familien Syriens, die über viele Jahrhunderte Prediger in der Omayyadenmoschee stellte. Diese ist die bedeutendste Moschee Syriens und auch für Christen ein außergewöhnlicher Ort, da hier der Kopf Johannes des Täufers verehrt wird.

Moaz al-Khatib studierte zunächst Geophysik, sattelte dann um und wurde selbst Prediger an dieser größten Moschee von Damaskus. Er wurde bekannt als ein Imam, der auf Toleranz Wert legt. Immer wieder war er wegen seiner Kritik am Regime verhaftet und eingesperrt worden. Er hat während des Aufstands aber auch die syrischen Islamisten kritisiert, die sich zu sehr in den

Vordergrund drängen würden. Im Juli 2012 erst setzte er sich nach Ägypten ab.

Entscheidend für das Zustandekommen des Bündnisses war Riad Seif, der zum Stellvertreter al-Khatibs gewählt wurde. Er gehört zu den wenigen Führern der Opposition, die Vertrauen in Syrien, bei den Exilsyrern und bei der internationalen Staatengemeinschaft besitzen. Seif ist im besten Alter, 66 Jahre, aber leider krebskrank. Er war unter Hafiz al-Assad, der von 1970 bis 2000 mit eiserner Hand regierte, einer der Ersten, der als Mitglied des Parlaments grundlegende Reformen in Richtung Demokratie forderte. Mehrere Wahlperioden hindurch war Seif in Damaskus mit der höchsten Stimmenzahl gewählt worden. Deswegen wurde seine Sportbekleidungsfirma vom Regime in den Bankrott getrieben. Über Jahre hat Seif regelmäßig zu politischer Debatte in seinen Salon eingeladen. Im Juni 2012 setzte er sich aus Syrien nach Deutschland ab, wo er sich bereits mehrfach hatte medizinisch behandeln lassen.

Bei der Unterzeichnung der Oppositionsakte in Doha flankierten die Vertreter Katars und der Türkei die Unterzeichner. Die beiden Außenminister Dschassim al-Thani von Katar und Ahmet Davutoglu aus der Türkei hatten die Verhandlungen begleitet. Und der Emir von Katar, Scheich Hamad al-Thani, rief die Welt dazu auf, die Nationale Koalition als legitime Vertreterin des syrischen Volkes anzuerkennen. Hoffen wir, dass auch das syrische Volk sie anerkennt.

Hannover, 21. November 2012

Aus Syrien werden wieder Kämpfe zwischen kurdischen Einheiten und der FSA gemeldet. Am Grenzort Ras al Ain, der erst vor zwei Wochen von der FSA erobert wurde, ist es zu Gefechten gekommen. Bereits vorgestern sollen zwanzig Kämpfer getötet worden sein. Offenbar wurden die kurdischen Angreifer von der türkischen Seite der Grenze aus unterstützt.

Diese Kämpfe sind natürlich kein gutes Omen für die neue Oppositionsführung. Diese plant, ihr Hauptquartier aus der Türkei abzuziehen und in Kairo aufzuschlagen. Zwölf Oppositionsgruppen mit säkularer Ausrichtung wollen sich übermorgen ebenfalls in Kairo treffen, wie die FAZ berichtet. Sie beabsichtigen anscheinend, eine Gegenbewegung zu der in Katar konstituierten gemeinsamen Opposition zu gründen, die «Allianz der Kräfte, die an Freiheit, Demokratie und eine zivile tolerante Gesellschaft glauben». Auch die islamistische Al Nusra Front, die zu den militärisch stärksten Rebellengruppen um Aleppo zählt, lehnt die neue Organisation ab. Es handele sich um ein «verschwörerisches Projekt». Es müsse ein «islamischer Staat in Syrien» errichtet werden. Insgesamt kein guter Start für die neue Dachorganisation. Immerhin aber erkennen sie inzwischen immer mehr Staaten als legitime Vertreterin des syrischen Volkes an.

Anfang Dezember werden Bernd und Saru aus Azaz nach Deutschland zurückkehren. Wir werden unsere Projekte aber zunächst über den Advent und Weihnachten hinaus fortführen. Bernd wird den Laptop der Grünhelme dort lassen. Und Musa und Khalid werden beauftragt, mit uns über das Internet Kontakt zu halten. Der eine kann den Computer auf dem Dach bedienen, genau in dem einen Quadratmeter, wo wir Zugang zum Netz haben, der andere kann Englisch. Damit bleibt der Kontakt mit Dr. Anaz und dem Krankenhaus in Azaz bestehen, bis ich mit einem neuen Team dorthin fliegen kann.

Troisdorf, 24. November 2012

Bernd und Saru haben heute beobachtet, wie die FSA-Kräfte in Azaz gebündelt werden, um endlich zum entscheidenden und letzten Schlag gegen den sieben Kilometer entfernten Flugplatz auszuholen. Jeder in Azaz würde sich freuen, weil damit eine der beiden großen Gefahren ausgeschaltet wäre. Neben den MiGs in der Luft gibt es die Kanonen auf dem Flugplatz, die immer wieder in Stellung gebracht werden und in die Stadt hineinschießen.

Anaz hat noch einmal nach dem Autoklaven gefragt, dringend. «Ob wir Grünhelme das Finanzielle regeln können?» Unsere beiden vor Ort haben dafür nicht mehr genügend Geld. Wir, schreiben die beiden, könnten vor der Abreise das, was noch in unserer Kasse ist, spenden für den Autoklaven, und Anaz versucht, den Rest irgendwie anders aufzutreiben. Oder, so antworte ich den beiden, ich bringe die Summe mit, wenn ich das nächste Mal nach Syrien fliege.

Morgen um elf Uhr wird die erste Schule der Grünhelme eröffnet. Hoffentlich wird das Wetter besser als in den letzten Tagen. Es soll noch eine kleine «Feier» mit den Beteiligten geben, natürlich mit den Schülern, der Zivilverwaltung, den Eltern, es werden dann alle zusammenkommen. Für Getränke und Süßkram sei gesorgt. Die zweite Schule wird in den nächsten Tagen auch fertig, man wartet nur noch auf die Schulbänke. Immer noch sind die Menschen, zumal die Eltern, zögerlich, denn sie wollen ihre Kinder nicht gefährden. Das Regime steht mit dem Rücken zur Wand und bombardiert mit Vorliebe Hospitäler und Schulen. In einem Dorf südlich von Azaz soll eine Schule während des Unterrichts getroffen worden sein. Die Schüler hätten zufällig gerade das Schulgelände verlassen, als die MiGs kamen und die Bomben warfen. Die Grünhelme haben dennoch zwei weitere Schulen in das Programm aufgenommen. Ein Mädchengymnasium in Azaz und ein gemischtes Gymnasium in Kaljibrin.

Troisdorf, 30. November 2012

Ich bin unsicher, ob es gut ist, dass wir jetzt so ganz aus Syrien herausgehen. Bernd und Saru werden Azaz in wenigen Tagen verlassen und wir suchen noch nach einem neuen Team. Doch scheint mir unsere Anwesenheit dort jetzt sehr wichtig, damit die Menschen spüren, dass sie nicht völlig allein gelassen werden. Ich habe weiterhin die große Hoffnung, dass es bis Weihnachten zu einem Ende der schrecklichen Bombenangriffe kommt und damit auch zu einem Ende der Gewalt und zu einem Ende des Regimes. Dass sich die Nationale Koalition unter Moaz al-Khatib durchsetzt und dem Land und dem geplagten Volk eine Richtung weist. Ich würde mich sehr gern noch vor Weihnachten auf den Weg machen und Azaz und die Dörfer der Umgebung besuchen. Aber ich brauche mindestens zwei Begleiter und einer davon sollte ein Deutsch-Syrer sein, der für uns dolmetschen kann.

Heute kamen wir in den Genuss eines Vortrags über die Arabellion und die syrische Revolte. Prof. Udo Steinbach liefert eine Darstellung, die keine Wünsche offen lässt. Er hielt die Laudatio auf eine syrische Freiheitskämpferin namens Razan Zaituneh, die von dem Ibn Rushd Fund for Freedom of Thought, einem gemeinnützigen Verein mit Sitz in Berlin, der die Freiheit des Denkens und die Zivilcourage in den arabischen Ländern fördern will, für ihre ungewöhnlich mutigen revolutionären Leistungen ausgezeichnet wurde. Ibn Rushd ist ein anderer Name für den mittelalterlichen arabischen Philosophen Averroës, den Kommentator des Aristoteles.

Steinbach verwirft das Wort vom Arabischen Frühling, weil Journalisten darauf kommen könnten, dass der Frühling schon im Sommer und spätestens im Herbst ganz zu Ende ist und im Winter dann in den historischen Kühlschrank gelegt werde. Es sei die dritte Revolte in der arabischen Welt. Die erste ereignete sich, als das die gesamte arabische Hemisphäre umfassende Osmanische Reich nach dem Ersten Weltkrieg zusammenbrach. Die zweite begann mit der Machtergreifung junger Freier Offiziere in Ägypten und dem damit einhergehenden Sturz des Monarchen Faruk 1952, dem andere Monarchen, z.B. im Irak und später auch im Iran, folgen sollten. Aber diese Revolte, maßgeblich bestimmt durch einen charismatischen Oberst und Politiker, nämlich Gamal Abdel Nasser, versiegte bald. In Syrien brachte sie 1963 die Baath-Partei an die Macht. Zunächst schien sich in der Tat ein Aufbruch anzukündigen, doch dann mündete die Revolte in einer Militärdiktatur. 1970 übernahm Hafiz al-Assad, Chef der Luftwaffe und Verteidigungsminister, die Macht und schrieb 1973 in einer neuen Verfassung die führende Rolle der Baath-Partei fest. Widerstände gegen diese Entwicklung in den 1970er und 1980er Jahren wurden mit einer unüberbietbaren Brutalität niedergeschlagen. Als die Muslimbruderschaft sich in Hama erhob, setzte Hafiz 1982 alles daran, die Zahl der Toten möglichst hoch zu treiben, man spricht von mindestens 10 000 Toten bei diesem Aufstand, bis zu 25 000 gehen die höchsten Schätzungen. Niemand weiß es genau.

Den Faden dieser Revolten, dieser Aufbrüche nahm, so Steinbach, Ende 2010 der Aufstand in Tunesien auf. Der junge Gemüsehändler Mohammed Azizi, der sich am 17. Dezember 2010 in Sidi Bouzid aus Verzweiflung über die dauernden Schikanen der Polizei und aus Protest gegen die damit einhergehende Entwürdigung selbst verbrannte, gab das Signal für Millionen von Menschen von Marokko bis Bahrain, vom Jemen bis nach Algerien und Libyen, das

Schicksal der arabischen Gesellschaften neu zu bestimmen. Es gibt keinen Ort in der arabischen Welt, der von der Bewegung nicht erfasst worden wäre. Steinbach stellt diese dritte arabische Revolte, der wir Europäer gegenwärtig mit Staunen und Bewunderung, aber auch mit manchmal hämischer Kritik beiwohnen, in den Kontext des europäischen Strebens nach Freiheit. Im Westen habe man es sich angewöhrt, auf die Araber herabzublicken, so als ob sie gewissermaßen «genetisch» nicht für die Demokratie geeignet wären oder erst eine lange Epoche der Aufklärung durchmachen müssten, um ebenso wie wir Europäer nach Freiheit zu streben. Tatsächlich jedoch meinen die Syrer genau dasselbe wie unsere großen europäischen Theoretiker eines Aufstands der Völker. Steinbach nennt hier etwa Albert Camus, den großen Franzosen, der durch seine Geburt in Algerien, also am südlichen Strand des Mittelmeeres, die Brücke zwischen den Europäern und den Arabern immer schon geschlagen hatte. In seinem beispielgebenden Buch «Der Mensch in der Revolte» bezeichnet er den Rebellen als den «Menschen, der NEIN sagt». Millionen von Arabern haben NEIN gesagt. Erst in Tunesien, dann in Algerien und Jordanien, in Ägypten, im Jemen und in Bahrain, in Libyen und schließlich in Syrien. Der Mensch in der Revolte handelt zugleich für die anderen mit. Sein Protest geht weit über ihn hinaus. Razan Zaituneh ist so eine Heldin, die für alle handelt. Wie auch Dr. Anaz in dem Hospital in Azaz.

Wie unfähig der Westen auf die syrische Revolte reagiert hat, wird etwa an den EU-Sanktionen deutlich, die Steinbach unter Berufung auf die FAZ vom 16. Juni 2012 scharf kritisiert: «Die EU verbot die Ausfuhr von Gütern nach Syrien, die zur Unterdrückung der Bevölkerung eingesetzt werden. Sie stellte nun die Liste mit den betroffenen Gütern vor. Zu den Gütern gehören Kaviar, Trüffel und Zigarren mit einem Verkaufspreis von mehr als zehn Euro. Wein und andere Spirituosen mit einem Wert von über 50 Euro sowie Lederwaren ab 200 Euro und Schuhe, die mehr als 600 Euro kosten, wie die Kommission mitteilte.» Fairerweise muss man allerdings dazu sagen, dass die seit Mai 2011 bestehenden Sanktionen sich vor allem gegen militärische Ausrüstung, Produkte der Ölindustrie, Finanzdienstleistungen usw. richten. Aber sie treffen das Regime und die Rebellen gleichermaßen. Sie zementieren damit die höchst ungleiche Ausgangslage zwischen den Kontrahenten. Gestern wurde immerhin bekannt, dass die EU dabei ist, ihre Haltung zu überdenken. Statt sich auf die Sanktionen zu beschränken, wird darüber nachgedacht, den Oppositionellen auch «nicht-tödliche Ausrüstung» zu liefern. Die Briten sind zuversichtlich, dass es bis Mai 2013, wenn die Sanktionen auslaufen, gelingen wird, in der EU einen Konsens über eine Lockerung des Embargos zu erreichen. Die Deutschen, wieder einmal die Weltmeister der Bedenkenträger, mussten natürlich vorsorglich darauf hinweisen, dass ein einstimmiger Beschluss benötigt wird, um das Embargo zu ändern. Nur wenn kein neuer Sanktionsbeschluss gefasst würde, könnten einzelne EU-Staaten militärische Hilfe leisten.

Libyen, so meint Steinbach und so meine ich auch, sollte sich nicht wiederholen. Damals wurde der UN-Sicherheitsratsbeschluss zur Einrichtung einer Flugverbotszone allzu sehr überdehnt, so dass die westlichen Streitkräfte fast schon wie eine Luftwaffe der Rebellen agierten und diese auch bei ihren Bodenoperationen unterstützten. Aber die Syrer müssen geschützt werden. Schutz kann jedoch nicht allein durch Worte und Resolutionen garantiert werden, auch nicht durch Sanktionen, die das Regime nicht antasten können. Schutz bedeutet, sich einzumischen und den zu Schützenden mit den Mitteln zu versehen, mit denen er sich selbst schützen kann.

Troisdorf, 3. Dezember 2012

Es gab in Syrien vom 29. November an zwei Tage keinen Zugang zum Internet. Opposition und Regierung bezichtigten einander gegenseitig, den Ausfall der Kommunikation verursacht zu haben. So haben wir erst jetzt wieder Kontakt zu Bernd und Saru gehabt, die gestern Azaz verlassen haben. Heute wurde bekannt, dass der Flughafen in Damaskus immer eingeschränkter benutzbar wird. Etliche arabische Fluggesellschaften strichen ihre Flüge. Die Regierung in Damaskus bestritt das natürlich, weil es der Anfang vom Ende wäre. Und die türkische Nachrichtenagentur Anadolu meldet, dass sich unter den insgesamt 46 Offizieren, die sich mit ihren Familien in die Türkei absetzten, zwei Generäle befanden. Mir macht das alles Hoffnung, dass ich meine Wetten doch noch gewinne.

Ich habe ein weiteres Mal die eindrucksvolle Rede gelesen, die Udo Steinbach auf die bei uns zu Unrecht völlig unbekannte Razan Zaituneh bei der Verleihung des Ibn Rushd Preises gehalten hat. Ich finde es schäbig, dass diese Frau bei uns nicht größere Beachtung findet. Sie berichtet nur von anderen, denen Schlimmes zugefügt wird, die Ungerechtes bis hin zur Folter erleiden mussten, nie über das Leid, das ihr selbst zugefügt wurde. So dokumentiert sie, was ihr vor nunmehr zehn Jahren von einem entlassenen Häftling erzählt wurde, von Faris Murat. Er hatte wegen seiner Mitgliedschaft in der Kommunistischen Partei im Gefängnis gesessen – 26 Jahre! Sie war darüber erschrocken und wir im Westen sollten darüber auch erschrocken sein. Von diesem Zeitpunkt an nahm sich die Preisträgerin vor, Namen von länger inhaftierten Häftlingen zu sammeln und zu dokumentieren.

Sie musste deshalb erfahren, dass Faris nicht der Einzige ist. Es gibt Tausende, die 20, 25 oder 28 Jahre in Gefangenschaft zubrachten. Es war eine unsichtbare Realität, die jeder einzelne Syrer alleine ertrug. Es war die Realität des Heimatlandes, das gefangen ist in seiner Vergangenheit mit all den Schmerzen, deren Folgen bis heute in den einfachsten Kleinigkeiten zu spüren sind. Die meisten ihrer Freunde blieben von willkürlicher Verhaftung und Gerichtsprozessen nicht verschont. An den Gerichtsanhörungen teilzunehmen, war die einzige Gelegenheit, bei der sie als Aktivisten öffentlich präsent sein durften.

Menschen wie Razan Zaituneh erlebten den Wind des Wandels in Tunesien und in Ägypten. Wenn beide Völker es geschafft haben, warum nicht wir? Aber wie? Bei dieser verbreiteten Angst, die sich intensivierte, je härter die Unterdrückung von Tag zu Tag wurde. Kleine Demonstrationen in Damaskus zur Solidarität mit den Revolten wurden mit brutaler Gewalt niedergeschlagen. Die Kundgebung von Suq al Hariq zum Beispiel, bei der die Demonstranten riefen: «Das syrische Volk lässt sich nicht erniedrigen». Niemand konnte damals wissen, dass die Herzen der Syrer, die von Ungerechtigkeiten übervoll waren, im Stillen kochten und dass es in den nächsten Tagen zu massiven Demonstrationen in der Stadt Daraa kommen würde.

Nach einigen Wochen wurde klar, dass Syrien tatsächlich nicht Ägypten oder Tunesien ist. Das syrische Regime hatte keine Hemmungen – und hat sie bis heute nicht –, auf junge Männer, Frauen und Kinder zu schießen. Nur weil sie auf die Straße gingen und Parolen riefen, mit denen sie ein Leben in Würde und Reformen forderten. Razan Zaituneh beschloss damals, genauer am 21. März 2011, unterzutauchen, um es zu keiner Verhaftung kommen zu lassen. Ihr Hauptinteresse bestand darin, Zugang zu Informationsquellen zu bekommen und Kontakt mit den Medien aufzunehmen, damit jene die Nachrichten verbreiten. Für diese Arbeit wurde sie nun ausgezeichnet.

Troisdorf, 4. Dezember 2012

Unsere beiden Mitarbeiter Bernd Blechschmidt und Saru Murad sind heil wieder aus dem Kriegs- und Krisengebiet zurück. Sie haben Gewaltiges geleistet. Bernd schreibt: «Bevor ich diesen Einsatz antrat, wusste ich praktisch nichts über Syrien, es war eine Entscheidung aus dem Bauch heraus und ich sollte dafür belohnt werden. Uns erwartete eine überaus freundliche und hilfsbereite Bevölkerung. Von Anfang an bekamen wir bis zum Ende unseres Einsatzes Unterstützung von allen Seiten. Ob es der Architekt aus der Nachbarschaft war, der die örtlichen Preise kennt und der uns davor bewahrt hat, zu viel für die Baumaterialien zu bezahlen. Oder ob es die ehemaligen Schüler waren, die sich für Bauhelfertätigkeiten bewarben. Ob es die Stadtreinigung war, die kostenlos Sand für die Betonierarbeiten zur Verfügung stellte. Ob es die Free Syria Armee war, die uns auch unterstützte, wo sie konnte.» Azaz – so meinen unsere beiden – ist nicht mehr die Geisterstadt, die wir noch Anfang September erlebt haben. Es herrscht dort jetzt richtiges Leben. Man bekommt eigentlich alles in dem Ort. Und wenn gerade etwas nicht vorhanden ist, dann wird es in den nächsten ein bis zwei Tagen aus Aleppo bestellt. Auch die meisten öffentlichen Behörden machen die ersten Schritte in Richtung Wiedereröffnung. Handwerker findet man in Azaz eine große Menge. Man muss aber aufpassen, weil jeder in dieser

Situation verständlicherweise versucht, etwas Geld zu verdienen, und somit oft auch Arbeiten durchführen will, von denen er keine Ahnung hat.

Zum Ende des ersten Grünhelme-Terms blieben die Bombenangriffe der MiGs praktisch aus. Auch vom sieben Kilometer entfernt gelegenen Flughafen aus wurde die Stadt kaum noch beschossen. Die Eroberung scheint im Gange. Falls er endlich in die Hände der Rebellen fällt, tun sich größere Möglichkeiten für eine Aktivität der Grünhelme auf. Ein sehr interessantes Projekt wäre etwa die Berufsschule von Azaz. Sie liegt am Stadtrand nahe am Flughafen und dient jetzt als Stützpunkt für die FSA. Sieben Gebäude für mehr als 900 Schüler. Die Substanz ist in Ordnung und die Schäden durch Granattreffer halten sich in Grenzen. Für die Erkundung weiterer Projekte in der Umgebung hatten die beiden aber leider keine Zeit mehr. Das muss das neue Team übernehmen, das wir immer noch nicht zusammenstellen konnten.

Troisdorf, 5. Dezember 2012

Heute titelt der Kölner Stadt Anzeiger: «Der Kampf um Damaskus hat begonnen». Gestern habe eine aus Kairo kommende Air Egypt-Maschine beim Landeanflug auf Damaskus abdrehen und zurückfliegen müssen, weil dem Piloten die Landung wegen der ausgebrochenen Gefechte zu gefährlich erschien. Den Rebellen der FSA gelang es zum zweiten Mal innerhalb weniger Tage, einen MiG-Düsenjäger mit einer Boden-Luft-Rakete abzuschießen. Ein Video aus Damaskus zeigt Rebellen, die einen der Piloten davon schleppen, der sich mit einem Schleudersitz retten konnte. Assads Truppen, so berichtet der Artikel, hätten in weiten Teilen des Landes ihre Übermacht am Boden eingebüßt, so dass das Regime seine Bürger mittlerweile überwiegend aus der Luft bombardiert. Die Rebellen hätten bei der Eroberung einer großen Kaserne Flugabwehrraketen in ihren Besitz bringen können. Unter den Aufständischen befinde sich meist ein übergelaufener Soldat aus einem Luftabwehrbataillon, der mit solchen Waffen umgehen könne. Die Fähigkeit der Aufständischen, jetzt auch Kampfhubschrauber und Kampfflugzeuge abzuschießen, habe die Moral der Assad-Truppen entscheidend geschwächt.

Hoffnung auf Free Syria: Rupert Neudeck und Saru Murad mit siegesgewissen Kindern in der Umgebung von Azaz, September 2012.

Derweil meldete sich Obama gestern von der Rampe des Weißen Hauses und sprach Assad direkt an: «Assad und allen unter seinem Kommando will ich absolut klarmachen: Die Welt hat euch im Auge. Ein Einsatz von Chemiewaffen ist absolut inakzeptabel.» Daraufhin kam sehr schnell eine Reaktion aus dem Umfeld von Assad. Ein Sprecher des Außenministeriums erklärte im Fernsehen, Syrien werde «niemals, unter keinen Umständen Chemiewaffen gegen das eigene Volk einsetzen, falls es sie überhaupt gibt». Der bisherige Sprecher des Außenministeriums, Jihad Makdissi, hatte sich zuvor über Beirut nach London abgesetzt und nach Angaben eines Vertrauten mit dem Regime gebrochen. Verfügt Assad überhaupt über die Chemiewaffen, die alle in Syrien vermuten? Viele europäische Außenminister glauben offenbar den US-Geheimdienstberichten nicht. Und wahrscheinlich tun sie recht daran. Aref Hajjaj, der ehemalige Chefdolmetscher im Auswärtigen Amt, erzählte mir, man sei ganz ungewiss, denn die Quelle dafür laute wie schon bei den angeblichen Massenvernichtungswaffen Saddam Husseins: UMIS = «Unnamed Military Intelligence Sources».

Robert Fisk, einer der besten Experten zu allen Fragen des Nahen Ostens, der Peter Scholl-Latour von Großbritannien, wurde vom kanadischen Fernsehen gefragt, ob er den Einsatz von Chemiewaffen damals 1982 beim schrecklichen Massaker von Vater Hafiz al-Assad gegen die sunnitische Stadt Hama bezeugen könne. Die Quellen, die das bestätigten, waren auch «UMIS». Robert Fisk kam damals nach Hama. Und er sah dort nicht einen einzigen syrischen Soldaten und nicht einen einzigen Zivilisten, der eine Gasmaske trug. Alle, die das Massaker von Hama überlebten, haben niemals Chemiewaffen erwähnt.

Der Gebrauch von Nervengas und Giftgas ist ein furchtbares Kriegsverbrechen. Und es ist trotz allem möglich, dass Assad über sie verfügt. Dennoch bin ich nach den Erfahrungen aus der Zeit des George W. Bush und den nie aufgetauchten Massenvernichtungswaffen Saddam Husseins vorsichtig gegenüber «UMIS». Hillary Clinton stöhnte jüngst, Assads Chemiewaffen könnten in «falsche Hände» geraten. Ob sie überhaupt je in die richtigen Hände geraten könnten?!

Troisdorf, 6. Dezember 2012

Die Auseinandersetzungen mit den Kurden in Syrien entwickeln sich immer mehr zu einem Krieg im Krieg. Die verspätete Nation sorgt für Unruhe. Sie kann sich nicht eingliedern in die syrische Opposition, sie bleibt bei ihrer Distanz. Die Lage etwas nördlich von Ras al Ain, das auf kurdisch Serekani heißt, ist angespannt: Hier stehen sich nicht Assad-Anhänger und Rebellen gegenüber, sondern Rebellen und Rebellen. Aber die Kurden selbst sind immer noch gespalten in mehrere bewaffnete Gruppen. Eine davon ist die PKK, die sich in Syrien Partei der demokratischen Union (PYD) nennt. Der Kurdenführer Salih Muslim, Vorsitzender der PYD, sagte der FAZ, dass die Kurdenbewegung ein Teil der Revolution sei. Aber das Misstrauen, das das Regime von Vater und Sohn Assad befördert und angeheizt hat über fünfzig Jahre, das lässt sich nicht so schnell überwinden. Ob sich in der 50 000-Einwohnerstadt Ras al Ain in Zukunft eine Verwaltung aufbauen lässt für kurdische, muslimische und christliche Syrer, daran darf man Zweifel haben.

Aber die Entwicklung hängt natürlich auch davon ab, ob es eine positive Zukunftsperspektive gibt. Ich habe das Gefühl, dass die Menschen unbedingt endlich frei sein wollen und deshalb auch vieles akzeptieren werden an Zugeständnissen gegenüber den Minderheiten, wenn sie erst einmal die Gewähr haben, dass es mit dem Regime wirklich zu Ende geht.

Die oppositionellen Milizen der FSA sollen in Ras al Ain aus der islamistischen Al Nusra Front stammen, die vor allem ausländische Kämpfer versammelt, die den Heiligen Krieg nach Syrien bringen möchten. Neben der Al Nusra Front kämpft dort noch die Brigade Al Scham, die gleichfalls als Mitglied des Terrornetzwerkes Al Qaida gilt. Damit gerät das Ziel der PYD, den kurdischen Teil der Stadt nach dem Rückzug der Soldaten, Grenzpolizisten und Geheimdienstmitarbeiter des Regimes zu sichern, in Gefahr. Die Strategie der Kurden, zu denen in Syrien zwei Millionen Menschen zählen, bestand bei Ausbruch der Revolte darin, sich nicht auf bewaffnete Kämpfe einzulassen. Durch den Vormarsch der Al Nusra Front stehen aber jetzt die Zeichen auf Kampf und neue Gewalt.

Ob die Al Nusra Front von türkischer Seite unterstützt wird, ist von Deutschland aus kaum zu beurteilen. Aber der Feind meines Feindes ist mein Freund. In Ankara fürchtet man, dass sich im Norden Syriens etwas Ähnliches ausbilden könnte wie im Norden des Irak, wo man um Erbil und Sulaimanya fast schon von einer autonomen kurdischen Republik sprechen kann. Die FAZ meldet heute, die türkische Regierung unter Recep Erdogan habe dem Golfstaat Katar erlaubt, Waffen an die Aufständischen, genauer wohl: an die Al Nusra Front, zu liefern. Salih Muslim wird mit den Worten zitiert, man habe großen Zulauf unter den Kurden, die sich zunehmend um ihre stärkste Kraft scharten.

Troisdorf, 7. Dezember 2012

In den Medien wird heute berichtet, Assad habe in der vergangenen Woche Emissäre nach Lateinamerika geschickt, um ein mögliches Asylland für sich und seine Familie zu suchen. Nach Informationen der israelischen Tageszeitung Haaretz reiste der Vize-außenminister Fayssal Mekdad nach Kuba, Nicaragua, Venezuela und Ecuador, im Gepäck immer persönliche Briefe Baschar al-Assads an die jeweiligen Staatschefs. Auch einige arabische Staaten hatten erkennen lassen, dass sie bereit wären, Assad und seiner Familie Asyl zu gewähren. Von der engsten Familie Assads scheint sich nur noch Ehefrau Asma mit den drei Kindern in Damaskus aufzuhalten. Die 37-jährige Asma ist in London aufgewachsen, hat am berühmten King's College Informatik und Französische Literatur studiert und arbeitete eine Zeit als Bankerin, auch in Paris und New York. Internationaler lässt sich eine Karriere gar nicht beginnen. Sie zog erst im Jahre 2000, nach der Hochzeit, nach Syrien. Anders als die Ehefrau haben sich Assads Mutter und seine Schwester Bushra bereits vor zwei Monaten nach Dubai abgesetzt. Bushras Mann, Assef Shawkat, gehörte zu dem Triumvirat der Macht in Damaskus: Präsident Baschar, sein jüngerer Bruder Maher, der die Präsidentengarde und den harten assadtreuen Kern der syrischen Armee befehligt, und eben Assef Shawkat, der Chef des Militärgeheimdienstes. Am 18. Juli 2012 wurde Shawkat bei einem schweren Bombenanschlag auf die Regimespitze tödlich getroffen. Assads Bruder Maher wurde bei diesem Anschlag ein Bein abgerissen. Er wird angeblich seit dieser Zeit in Moskau medizinisch versorgt. Die Zahl derer, die jetzt schon durch den Krieg der Regierung gegen die Bevölkerung das Leben verloren haben, wird auf 41 000 Menschen geschätzt. Zehntausende seien in den Folterkellern des Regimes vermisst. Mehr als eine Million Syrer sind als Flüchtlinge über die Grenze in eines der Nachbarländer – Libanon, Jordanien, Irak und Türkei – ausgewichen.

Troisdorf, 10. Dezember 2012

Heute erreicht uns zweierlei: Einmal die Nachricht, dass selbst der Präsident des Bundesnachrichtendienstes, Gerhard Schindler, öffentlich, also politisch kalkuliert geäußert hat, dass Baschar al-Assad sich nicht mehr lange halten kann. Das erfahren wir heute über die Gazetten. «Das Regime Assad wird nicht überleben», hat Schindler gestern in der Frankfurter Allgemeinen Sonntagszeitung verkündet. «Bei den Gruppen des bewaffneten Widerstandes wird gleichzeitig die Koordinierung immer besser.» Das mache den Kampf gegen Assad effektiver. Es würden sich die Anzeichen mehren, «dass das Regime in Damaskus sich in einer Endphase befindet».

Gleichzeitig veröffentlicht die taz heute den ersten Aufruf der deutschen Zivilgesellschaft zur Revolte in Syrien, die Udo Steinbach so schön die «dritte arabische Revolte» nennt. «Freiheit braucht Beistand» heißt die Überschrift. Er erreicht seine schärfste Forderung in diesem Alarmruf: «In Syrien droht die Zerstörung des Gemeinwesens durch eine Gewaltherrschaft, die ihren Sturz auf unabsehbare Zeit hinauszögern will, und durch eine militärische Gegengewalt, deren Sieg nicht absehbar ist.» Auch deshalb sei die fragmentierte politische Opposition im Exil aufgefordert, ihren Beitrag zu einem unabhängigen und pluralistischen Syrien zu leisten. Der Aufruf betont, dass vor anderthalb Jahren eine junge Generation in Syrien ihren Willen zur Freiheit erklärt hat. Nahla Osman, die junge Frankfurter Anwältin, hat mir das immer wieder gesagt: Es ist eine junge Bewegung, die die Revolte antreibt. Die Autoren des Aufrufes machen wie Udo Steinbach darauf aufmerksam, dass es immer noch jeden Freitag viele Hunderte unbewaffnete Demonstrationen gibt. Weiterhin versuchen Aktivistinnen wie Razan Zaituneh das öffentliche Leben aufrechtzuerhalten. Sie alle, vor allem die vielen Frauen, haben keine hier bekannten Namen oder ein prominentes Gesicht.

Troisdorf, 16. Dezember 2012

Aus dem klirrend kalten Kosovo bin ich wieder in Frankfurt gelandet und treffe mich am Flughafen mit Nahla Osman. Sie will uns den Kontakt zu einem deutsch-syrischen Bautechniker vermitteln, der gerne in Syrien helfen würde und bereit wäre unser Team zu verstärken. Viele Syrer im deutschen Exil sind hin- und hergerissen. Sie fühlen sich einerseits noch immer unter der Fuchtel der vielen Geheimdienste aus Damaskus. Andererseits spüren sie den «wind of change», den Wind der Veränderung, der sich nicht aufhalten lässt. Da der Elektromeister und Ingenieur Joachim Knauber (Name geändert) mir für Anfang Januar bereits zugesagt hat, hätte ich so mein neues Team zusammen.

Später kam auch Saru Murad dazu, den ich zum ersten Mal wiedersehe, seit er zurückgekommen ist. Saru regt an, dass wir die Dialysestation im National Hospital von Azaz ganz übernehmen, die bisher überhaupt nicht funktioniert, für die Gesundheitsversorgung aber von großer Bedeutung ist. Wir sollten uns an Cap Anamur wenden und beantragen, dass die Schwesterorganisation sich daran beteiligt und auch an der Unterstützung unseres Krankenhauses in Azaz. Er deutet an, was er und Bernd bisher nicht gesagt haben, dass die Organisation Youth for Syria aus Saudi-Arabien das gar nicht stemmen kann, was man dort alles an medizinischem Equipment und Medikamenten braucht. Offenbar schwimmt sie doch nicht so im Geld, wie wir geglaubt haben. Ich hoffe, dass wir das vielleicht zusammen mit Cap Anamur ausgleichen können.

Saru ist immer noch überzeugt, dass wir bald den Tag der Übernahme des Flugplatzes erleben werden. Die FSA wäre jetzt kurz davor, diesen Platz einzunehmen. Das haben wir nun so oft gehört, dass es nicht mehr glaubwürdig ist. Während unseres Gesprächs am Flughafen erhält er wie zum Beleg die bedrückende Nachricht, dass Azaz heute wieder bombardiert worden ist. Wir hatten gerade spekuliert, wann denn Assad endlich seinen Rucksack nimmt, die Bank ausraubt und das Weite sucht.

Troisdorf, 18. Dezember 2012

Heute in der Frühe habe ich ein Interview im ARD-Morgenmagazin gegeben. Es ist immer wieder interessant zu beobachten, wie und wann Medien auf humanitäre Katastrophen wie in Syrien reagieren. Eineinhalb Jahre dauert die Revolte nun an, es gibt Zehntausende Tote, aber es ist immer noch schwer, öffentliche Aufmerksamkeit für das Leid der Syrer zu erhalten. Die Situation erinnert mich an das Frühjahr 1979, als wir die Vorläuferorganisation von Cap Anamur gründeten, um die vietnamesischen Boat People zu retten. Damals dachten wir auch, wir würden angesichts der dramatisch zunehmenden Zahl an Ertrinkenden im südchinesischen Meer die Medien sofort auf unserer Seite haben. Es dauert aber manchmal sehr lange, bis sich so ein Thema durchsetzt. Im Falle Syriens hat es wohl auch noch andere Gründe als die normale Behäbigkeit und Trägheit von Medien. Denn es war und ist schwierig, nach Syrien hineinzukommen. Auf dem offiziellen Weg über Damaskus geht es praktisch nicht mehr. Möglich, aber immer noch gefährlich ist der Weg über die Türkei in die Rebellengebiete, den wir gegangen sind. Daher können gegenwärtig nur wenige deutsche Journalisten auf eigene Eindrücke aus dem Krisengebiet zurückgreifen. Christoph Reuter vom Spiegel ist einer, der immer wieder nach Syrien hineingeht, Wolfgang Bauer von der ZEIT ebenfalls und Frank Nordhausen natürlich auch. Karin Leukefeld, die für die linke Tageszeitung Junge Welt berichtet, ist wohl die einzige, die noch in Damaskus akkreditiert ist. Wenn man ihre Berichte liest, wird auch klar, warum.

So wurde ich also in das ARD-Morgenmagazin nach Köln eingeladen, weil es kaum andere gibt, die aus eigener Anschauung über die aktuellen Verhältnisse in Syrien berichten können. Der Redakteur meinte, man habe das Thema bisher beiseite gelassen, müsse sich aber jetzt einmal darum kümmern. Ich wurde gefragt, wie gefährlich es in Syrien sei. Und ich musste wieder einmal erklären, dass wer absolute Sicherheit haben will, nicht in das befreite Syrien gehen soll. Ich konnte aber auch die Gelegenheit nutzen, ein wenig zu erzählen, wie gebannt die Menschen sind von der zum Greifen nahe liegenden Freiheit. So richtig war die Moderatorin aber nicht bei der Sache, es war für sie eine journalistische Pflichtübung, mehr nicht.

Schon vor etwa einer Woche wurde die Öffentlichkeit darüber informiert, dass Patriot-Raketenabwehrsysteme der Bundeswehr an der türkisch-syrischen Grenze stationiert werden sollen, zum Schutz des NATO-Partners, wie es heißt. Nun stellt sich heraus, dass dabei eine sehr großzügige geographische Auslegung des Begriffs Grenze zugrunde gelegt wird. Denn die Bundeswehr soll in einem Ort des kurdischen Anatolien ihr Quartier aufschlagen, in dem Städtchen mit dem ellenlangen Namen Kahramanmaraş. Der Name der Stadt beinhaltet das Wort «Held» (Kahraman), sie heißt also «Heldenstadt». Ihre Geschichte passt allerdings nicht zu diesem Namen. Es kam hier 1978 zu einem schlimmen Massaker an der religiösen und ethnischen Minderheit der Aleviten. Im Dezember 1978 wurden von den nationalistischen türkischen

«Grauen Wölfen» an diesem Ort, der auch die Hauptstadt der Provinz ist, 100 Menschen feige ermordet. Ich erfahre das von Hidir Simsek, unserem kurdisch-deutschen Mitarbeiter. Die Häuser der Aleviten waren vorher durch Farben kenntlich gemacht worden, damit die «Grauen Wölfe» gleich ans Werk gehen konnten. Erst nachdem der Mob sich ausgetobt hatte, griff damals der türkische Staat ein. Dahinter stand ein religiöser Streit der Glaubenseiferer unter den Sunniten, die den Aleviten absprechen, überhaupt Muslime zu sein. Nicht ganz von ungefähr erwartet man daher in der Provinz Hatay in den nächsten Tagen Demonstrationen der Aleviten, deren Sympathie auf Seiten des untergehenden alawitischen Assad-Regimes liegt. In türkischen Zeitungen wird dieser Tage erwähnt, dass die Patriot-Raketen eine Reichweite von knapp siebzig Kilometer haben, die Stadt Kahramanmaraş aber über hundert Kilometer von der syrischen Grenze entfernt sei. Was also soll die Bundeswehr dort?

Gute Nachrichten gibt es dafür aus Syrien selbst. Rainer Hermann, einer der wichtigsten Kenner des Landes, berichtet heute in der FAZ, dass ein Interview des Vizepräsidenten des Regimes, Faruq al Sharaa, mit der prosyrisch-libanesischen Zeitung «Al Achbar» in Beirut großes Aufsehen erregt, weil zum ersten Mal aus dem innersten Zirkel des Regimes von Baschar al-Assad angedeutet wird, dass es am Ende keinen Sieg der Regierung geben wird. Deshalb ist die letzte Karte, die das Regime aus dem Ärmel schüttelt, die Regierung der nationalen Einheit. Dazu aber scheint die Opposition im Ausland nicht mehr bereit zu sein. Es scheint meine Wette aufzugehen: Zum Jahresende ist der syrische Präsident auf dem Wege in ein Exilland. Immer noch halte ich diese Wette aufrecht!

Leider wird uns der deutsch-syrische Bautechniker, den uns Nahla Osman vermitteln wollte, nicht zur Verfügung stehen. Sie schrieb mir gestern eine SMS, dass dieser junge Mann sich schon auf eigene Faust an die türkisch-syrische Grenze begeben habe. Dafür hat mir Saru zugesagt, dass er wieder mitgeht. Nun weiß ich sicher, dass wir Anfang Januar nach Syrien zurückgehen können.

Die längsten Nächte und kürzesten Tage beginnen, und ich hatte einen fürchterlichen Traum, der gewiss durch die drei Videos ausgelöst worden ist, die mir Saru geschickt hatte. In diesen ist zu sehen, wie eine Rakete oder Bombe am helllichten Tag in Azaz einschlägt, direkt neben der Brotbäckerei, weshalb viele Menschen in Panik hin und her laufen. Und eine andere Rakete oder Bombe ist in die Moschee in der Seitenstraße und in zwei Häuser gegenüber eingeschlagen. Das, sagt mir Saru, sei genau das größere Wohnhaus, wo die Rebellenbehörde von Azaz die provisorische Schule eingerichtet hatte. Nun waren aber seit Ende November die Schülerinnen und Schüler schon in der neuen Schule. Nur, weil wir diese erste Schule wieder instand gesetzt haben, sind die Kinder noch am Leben.

Wie sollen wir bei so viel Leiden und so vielen schrecklichen Traumata bloß unser Weihnachtsfest feiern? Die Art, wie wir es im Westen begehen, errichtet eine Wand aus Wohlstand, Luxus, Geklimper und Geklingel, die uns vom Elend in der Welt abschottet und durch die die eigentliche christliche Botschaft nicht durchdringt. Ich fühle mich diesen Menschen so sehr verbunden, die unter den Bomben Assads ausharren, dass ich mich diesmal gar nicht recht auf den Weihnachtstrubel einlassen mag.

Ich gehe heute trotz allem wieder die Wette ein, dass Baschar al-Assad Ende des Jahres weg ist. Er sucht sich nur noch sein Asylland aus. Vielleicht versucht er auch sein kleines Restgebiet mit Mauern zu umgeben und Latakia zu seiner eigenen Enklave zu machen. Obwohl ich mir das nicht recht vorstellen kann.

Troisdorf, 21. Dezember 2012

Der syrisch-orthodoxe Erzbischof von Aleppo, Gregorius Yohanna Ibrahim, war zu Besuch in Deutschland. Er hielt sich bis zum 20. Dezember in Berlin auf, um die politischen Stellen über die Lage der notleidenden christlichen Syrer zu informieren. Die Gespräche fanden in den Räumen der Botschaft von Liechtenstein statt, also auf neutralem Boden. Die Initiative zu diesen Gesprächen ging vom «Liechtenstein Institute on Self Determination» an der Princeton University und von dessen Direktor Wolfgang Danspeckgruber aus, der den Erzbischof begleitete.

Heute findet sich in der FAZ ein langes Interview mit dem Erzbischof. Die Christen in Aleppo litten besonders, weil sie im Zentrum lebten. Die bewaffnete Opposition beherrscht nach seiner Meinung ein Drittel der Stadt, das Regime kontrolliert den Rest. Die Christen wie alle Syrer seien gezwungen gewesen, zur Waffe zu greifen, weil es keinen Schutz durch die UNO, durch Blauhelme im Rahmen von «Responsibility to Protect»-Maßnahmen, gegeben habe.

«Für jeden Menschen, der das Land nicht verlassen kann, ist Syrien zu einem Gefängnis geworden», so der Erzbischof. «Es finden kaum noch Hochzeiten statt und kaum mehr Beerdigungen, obwohl doch jeden Tag so viele Menschen getötet werden und sterben.» Es sei kalt, und man habe kein Heizöl. Die wenigen Schulen, die noch in Betrieb seien, würden daher nicht beheizt. Alles sei blockiert, der Basar sei durch ein Feuer zerstört, es gebe keine Arbeit mehr. «Man kann in Syrien nichts mehr machen.» Die Christen würden nur noch daran denken, wie sie diesem Leiden entkommen könnten. Ein Drittel der fast 200 000 Christen, die vor Beginn des Konfliktes in Aleppo gelebt hätten, sei schon nicht mehr in Syrien.

Für eine Lösung der Krise sieht der Erzbischof drei Vorbedingungen: Erstens braucht Syrien eine Regierung, in der alle religiösen und ethnischen Gruppen vertreten sind. Zum anderen brauchen die Syrer wirklich freie Wahlen – und wenn man ihn interpretieren will, bedeutet das auch: Abschaffung der Geheimdienste, damit es zu freien Wahlen kommen kann. Und drittens brauchen die Syrer nach der Zeit der Dynastie Assad eine neue Verfassung, die alle akzeptieren können. «Jeder soll sich als vollwertiger Bürger fühlen, unabhängig von seiner religiösen und ethnischen Herkunft. Mit diesen Garantien können wir Christen in Koexistenz leben.»

Wir im Westen sind natürlich versucht, uns vor allem für die Christen in Syrien zu engagieren und sie nur als Opfer zu sehen. Tatsächlich ist die Lage der Christen in der ganzen Region gegenwärtig problematisch. Ihre Zahl ist überall rückläufig, wie der

Erzbischof in dem Interview bestätigt. In der Türkei lebten heute um Tur Abdin nur noch weniger als tausend christliche Familien und dort sei einst die syrisch-orthodoxe Kirche entstanden. Auch in Palästina und im Irak, im Iran und selbst im Libanon gehe der Einfluss des Christentums zurück. In bedeutenden Zahlen gebe es Christen nur noch in zwei Ländern: in Ägypten und in Syrien.

Seit Christen aus dem Irak fliehen mussten und Priester und Bischöfe ermordet wurden, sind die Gemeinden in der Region verunsichert. Viele Christen leben in Angst und trauen ihren Nachbarn nicht mehr. In Syrien führt dies dazu, dass sie sich größtenteils gegen die Rebellen stellen, weil sie fürchten, nach dem Sturz Assads Opfer religiöser Säuberungen zu werden. Natürlich ist diese Furcht der Christen in Syrien nicht unbegründet. Sie sind jedoch in der Regel nicht dazu bereit, kritisch zu fragen, ob sie nicht in der Vergangenheit auch selber Fehler gemacht haben. Um ihrer kirchlichen Souveränität willen haben sie in der Vergangenheit viele Zugeständnisse an das Regime gemacht. Auch deshalb stehen ihnen die Rebellen misstrauisch gegenüber. Indem die Christen sich nun aus Furcht noch enger an das Regime binden, machen sie ein späteres friedliches Zusammenleben noch schwieriger. Deshalb ist ein öffentlicher Prozess der Selbstkritik für die Zeit unter Hafiz und später unter Baschar al-Assad genau so notwendig wie die Sorge um das künftige Los und die künftige Position der Christen in Syrien. Doch davon sagt der Erzbischof nichts. Er erwartet stattdessen von den Muslimen, dass sie die Christen zum Bleiben auffordern.

Troisdorf, 22. Dezember 2012

Das Jahr schließt mit einer knallharten Prognose für mich ab, die auch und gerade mit Syrien zu tun hat und die ich erst zu verarbeiten und zu verwinden habe. Ich hatte Prof. Steinbach gefragt, ob man in meinem Alter auch noch Arabisch lernen könne? Prof. Udo Steinbach, einer der Nahostexperten, an den ich mich immer mit Fragen vertrauensvoll wenden kann, hat mir geantwortet: «Sie werden nicht mehr Arabisch lernen können. Wie mir ein Seelenexperte mal gesagt hat: Ihre Festplatte ist voll, da passt nichts mehr rauf.»

Ständige Bedrohung
aus der Luft: Eine
MiG und ihre Bom-
ben am Himmel
von Azaz.

Gleichzeitig nimmt die Zahl der Reaktionen auf das Interview, das ich am 18. morgens im Morgenmagazin der ARD gegeben habe, immer mehr zu. Stefan Herbst, ein katholischer Theologe, den ich schon seit Studientagen kenne, hat mir jetzt aus Budapest sehr lang geschrieben. Er bestreitet, dass wir in Syrien legal seien, wir seien dort nur legitim. Darüber will ich nun wirklich nicht streiten, aber dass man im Sinne des humanitären Völkerrechts legal ist, wenn man lieber jemandem hilft, als ihn verhungern zu lassen, weil man kein legales Visum hat, das scheint mir eindeutig zu sein. Er schreibt zudem, ich hätte am Ende des Interviews einen interessanten Satz gesagt, in dem ich Hoffnung ausgedrückt hätte auf den Sturz von Assad. Das hält er für das Durchbrechen der gebotenen Neutralität einer humanitären Arbeit.

Und er fährt fort, dass er seine befreiungstheologische Sozialisation in Mexiko erlebt und die Aufstände in Nicaragua, Guatemala und San Salvador befürwortet habe. Er könne den Menschen in Syrien nicht das Recht absprechen zum Widerstand gegen Assad. Aber er habe weiter Zweifel, ob man den Aufständischen wirklich zum bewaffneten Kampf raten soll. «Ist der nun herrschende Bürgerkrieg wirklich gerechtfertigt und was werden seine Ergebnisse sein? Freiheit – aber ein zerbombtes Land mit tausendfachen Opfern. Und hätte es nicht andere Mittel gegeben, um Widerstand gegen Assad zu leisten – als sich einem auch vom Ausland induzierten Krieg gegen das Regime anzuschließen? Wenn ich es recht sehe, werden in diesem Fall eine ganze Reihe der Erfordernisse für einen nach christlichen Kriterien legitimen Aufstand mit Waffen nicht erfüllt.» Aber darin besteht doch das Dilemma: Im Unterschied zu Libyen wollte diese Bewegung es allein mit friedlichen Demonstrationen schaffen. Sie hat ja auch so angefangen. Aber da das Regime von Baschar al-Assad immer mit Waffeneinsatz nicht nur gedroht, sondern gleich auch reagiert hat, war die Opposition gezwungen, einen anderen Weg zu gehen und sich Waffen zu besorgen. Nur so erklärt sich die absolute Ausweglosigkeit der Lage in Syrien. Der Westen hätte natürlich viel schärfer den Herrscher im Palast in Damaskus ins Visier nehmen sollen und können. Doch dafür hätte er einen Deal mit Russland schließen müssen. Wenn man Moskau ein attraktives Angebot gemacht hätte, wer weiß, ob Putin Assad nicht hätte fallen lassen.

Wenn wir humanitär handeln wollen, so Stefan Herbst, dann sollten wir nicht einseitig politisch Partei ergreifen, so wie ich das in dem Interview vielleicht aus Unachtsamkeit gemacht habe. Gräuel würden auf beiden Seiten geschehen, und deshalb bittet mich der Studienfreund zu überlegen, ob meine Äußerungen in dem Interview «klug» gewesen seien, angesichts der schwierigen Mission der Grünhelme. Meine verharmlosende Herabspielung des örtlichen Vertreters der Freien Syrischen Armee als vermeintlichen «Gemüsehändler von nebenan» sei da auch nicht hilfreich. Leider könne ein Religionskrieg aus einem Gemüsehändler einen grausamen Halsabschneider machen.

Ich kann die Sorgen von Stefan Herbst durchaus verstehen. Aber wie könnte man im Moment anders helfen? Ich denke, dass wir immer da anfangen müssen, wo es möglich ist, um später auch in die anderen Teile des Landes zu kommen. Als wir 1979 mit Cap Anamur ins südchinesische Meer gefahren sind, haben wir parallel immer wieder versucht, unsere Hilfe auch der Gegenseite anzubieten, z.B. für die Opfer einer Flutkatastrophe an der Küste der Sozialistischen Volksrepublik Vietnam Anfang 1980. Es wurde uns damals auch «gestattet», einen ganzen Dampfer mit Hilfsgütern zu beladen und zum Hafen von Saigon zu schicken, das sich korrekt damals Ho Chi Minh Ville nannte. Wir durften damals diese Hilfsgüter aber nicht selbst verteilen, sondern nur jemanden schicken, der die Verteilung fotografierte. Wobei die Sorge dann immer groß ist, dass diese Hilfe letztlich bei Armee und Polizei landet.

Im Moment ist es aber vor allem die syrische Zivilbevölkerung in den umkämpften Gebieten, die unsere Hilfe braucht. Denn sie erhält keinerlei Schutz und keine Unterstützung von Seiten der Weltgemeinschaft. Sie wird einfach alleingelassen. Durch das Veto im UN-Sicherheitsrat hat Russland auch bewirkt, dass die UN-Agenturen, UNICEF, UNHCR, WFP, WHO usw., in Syrien nur mit Genehmigung Assads aktiv werden können. Nein, es war höchste Zeit, den unter täglichen Bombenangriffen lebenden Menschen zu Hilfe zu kommen und ihnen wenigstens die Möglichkeit für medizinische Versorgung und den Wiederaufbau der Schulen zu geben. Ich kann aber nicht verhehlen, dass auch meine Sympathie bei den um ihre Freiheit kämpfenden Menschen liegt und nicht bei einem Regime, das seine eigene Bevölkerung bombardiert.

Troisdorf, 26. Dezember 2012

Heute ist schon der zweite Weihnachtstag, und ich weiß noch nicht, wie ich den syrischen Konflikt neu erleben werde Anfang 2013. Der syrisch-orthodoxe Bischof von Aleppo wird in der FAZ vom Heiligen Abend zitiert mit einem Weihnachtsbrief an Jesus Christus, der die Syrer verlassen hat. «Mein Herr, wie können in einem Land, in dem die einfachsten menschlichen Rechte verletzt werden und in dem die Unterdrücker die menschlichen Werte mit Füßen treten, Herzen und Seelen, die der Schmerz erdrückt und die am Ende ihrer Kräfte angelangt sind, sich dem Entzücken der Engel über Gottes Ehre in den Höhen anschließen? Wäre Deine Geburt heute, es gäbe keine Hirten. Denn sich in der Nacht mit ihren Herden hinauszuwagen, würde sie versteinern lassen. Die Weisen aus dem Morgenland könnten nicht sicher durch Syrien ziehen. Könnten sie noch einer Einkerkerung entgehen, würden sie für Lösegeld entführt. Die Heilige Familie könnte aus Sicherheitsgründen Ägypten nicht als Zuflucht wählen. Und die Engel im Himmel fürchteten sich, die frohe Botschaft der Welt zu verkünden.»

Noch zwei Tage und zwei Nächte bis zum Jahresende. Ich habe gestern keine Auslandsnachrichten gehört, habe aber mit Wolfgang Bauer gesprochen, der das Szenario einer veritablen Anarchie in Syrien entwirft: Alles wird zusammenbrechen, wenn das Regime fällt. All die verschiedenen lokalen Kommandeure werden nichts Besseres zu tun haben, als sich gegenseitig mit den Waffen, die sie nun einmal erobert haben, zu bekriegen. Das ist die schlimmstmögliche Wendung. Ich kann mir auch die bestmögliche vorstellen: Die Imame werden wie in Azaz dafür sorgen, dass die Menschen zusammenbleiben und nicht anfangen, zu plündern und zu vergewaltigen.

Ich habe Wolfgang Bauer auch gefragt, ob es schon richtig Hunger gibt? Nein, hat er gesagt, die Mehlverteilung durch die FSA funktioniere immer noch. Er meint, es sei nun gut möglich nach Aleppo zu gelangen, aber man müsse immer noch sehr vorsichtig sein. Und der Endkampf gehe jetzt schon um Damaskus, nicht mehr um Aleppo. Dann, so würde ich meinen, ist es nur noch eine Frage von Tagen, dass der Großherrscher von dort verschwindet. Was könnte ihn hindern? Weiter anhaltender Größenwahn? Oder die Hoffnung auf eine unverhoffte Entlastung? Doch sogar Lawrow, der russische Außenminister, soll jetzt auf Assad Druck ausüben und zum Dialog mit der Opposition raten. Vielleicht befürchtet man in Moskau, die FSA könne bald in Richtung Latakia und Tartus vorrücken, also die russische Mittelmeerbasis gefährden. Der Vizeaußenminister Russlands, Michail Bogdanow, lud den Vorsitzenden der Syrischen Nationalen Koalition, Moaz al-Khatib, zu Gesprächen über den Konflikt ein, die in Moskau oder an einem anderen Ort im Ausland stattfinden könnten. Fürchtet man nun selbst dort, aufs falsche Pferd zu setzen?

Troisdorf, 31. Dezember 2012

Der letzte Tag des Jahres und einen Tag vor meinem nächsten Besuch in Syrien. Wie werde ich mich anziehen? Es soll kalt sein und keinen Strom geben in Azaz. Ich sollte also unbedingt die Decken mitnehmen, die ich habe, und ordentlich Schokolade und Nüsse, Müsliriegel und viel Warmes zum Anziehen.

Die Auguren prophezeien, dass der Großherrscher Baschar al-Assad bald gehen wird. Er wird gewiss die Situation nicht so schlimm werden lassen, dass er selbst nicht mehr gut herauskommt aus Damaskus. Christoph Reuter vom Spiegel sagte mir, es gebe schon einige Kasernenkommandeure, die mit der FSA gesonderte Übergabebedingungen vereinbarten. In den letzten Tagen setzten sich – so melden die Agenturen und so sagte mir es auch Wolfgang Bauer am Telefon – zwei weitere Generäle aus Syrien ab, nachdem bereits Dutzende Offiziere in den letzten Tagen desertiert seien. Lange kann es also nicht mehr dauern. Meine Wette habe ich dennoch fast verloren. Ich kann nicht davon ausgehen, dass der Herrscher in Damaskus bis Mitternacht die Segel streicht. Schade. Ich wäre bei meinem Besuch gerne mit den Menschen bis nach Damaskus durchgefahren.

Ein Land in Anarchie

Azaz, 3. Januar 2013

Ich verliere alle meine Wetten. Baschar al-Assad hält sich doch hartnäckiger auf seinem Thron, als ich und viele andere gedacht hätten. Und wie wir bei unserer Ankunft in Azaz merken, kann er sein zerstörerisches Werk auch jetzt noch selbst in diesem nördlichen Winkel des Landes ausüben. Das ist die letzte Phase des Krieges, hatte ich nach meinem letzten Besuch gedacht. Aber nun werde ich eines Besseren belehrt.

Als wir – Joachim Knauber, der Elektroingenieur, Saru Murad, der Unternehmer syrischer Herkunft, und ich – uns gestern gegen 19 Uhr an der Grenze einfinden, spüren wir zum ersten Mal die Kälte. In dem Raum des Grenzkommandanten der FSA bullert ein Öfchen, in das Holzscheite nachgelegt werden Wir erleben die Freundlichkeit dieser Menschen, der Zivilverwaltungchef von Azaz, den wir schon kennen, kommt dazu. Saru fängt an zu erzählen, er war ja nur vier Wochen weg von hier – doch was hat sich alles verändert!

Wir versuchen Ido, den Chefpfleger, und Dr. Anaz, den Chef des Krankenhauses, anzurufen, damit wir an der Grenze abgeholt werden, doch vergeblich: keine Antwort. Am Ende fährt uns der Leiter der Zivilverwaltung durch äußerste Dunkelheit bis zum Krankenhaus. Ich kenne Azaz von meinen früheren Besuchen abends in strahlendem Licht mit üppiger Moschee- wie Straßenbeleuchtung. Davon ist jetzt nichts zu sehen. Man entdeckt hier und da einen Holzofen am Eingang einer Parterrewohnung, das ist alles. Den Grund erfahren wir wenig später. Das Regime von Baschar al-Assad hat sich darauf besonnen, dass es auch noch andere Mittel gibt als Bomben und Granaten, und eine Stromsperre verhängt. In Aleppo verfügen seit einem Monat nur noch die assadtreuen Stadtteile über Strom. In Azaz gibt es überhaupt keinen Strom mehr.

Die Stromsperre trifft die Menschen sehr hart. Die Temperaturen gehen runter auf drei bis vier Grad. Man fröstelt, wenn man sich in ungeheizten Räumen aufhält. Die Lebensbedingungen werden dadurch immer härter. Es geht an die physischen Grenzen. Benzin und Diesel für die wenigen Generatoren, die es im Ort gibt und die funktionieren, sind zudem weiterhin teuer. Die Preise sind sogar noch einmal gestiegen. Der Treibstoff kostet jetzt zwei Euro pro Liter, also mehr als in Deutschland.

Als wir ankommen, stöhnt und ächzt vor dem Krankenhaus ein Stromgenerator. Alle schlafen inzwischen in dem einen Raum im Keller des Krankenhauses, denn es gab hier vor vier Tagen einen furchtbaren Angriff auf ein nur 150 Meter entferntes Haus mit zwölf Toten und mehreren Verletzten. Der syrische Krankenpfleger Khaleb – der einer der wenigen ist, die hier Englisch können, weil er in Lahore/Pakistan ausgebildet wurde – sagt, es sei gut, dass wir gekommen seien, aber ebenso gut sei es, dass wir nicht vor vier Tagen gekommen wären. Und das war nicht der einzige schwere Bombenangriff in der letzten Zeit. Am Heiligabend, wohl etwa zu der Zeit, als in Deutschland die Kinder den Nachmittagsgottesdienst besuchten, schlugen drei Raketen in das National Hospital ein, eines der stolzesten Institute medizinischer Versorgung in Syrien: 1987 wurde der Bau begonnen, 2007 fertig gestellt. Die Raketen zerstörten die Gebäude total und verletzten die sechs Dialysepatienten schwer, die sich dort gerade befanden. Wir Grünhelme hatten dort die Fenster repariert. Gott sei Dank wurden die Fenstergläser dabei mit einer Plastikfolie überzogen, so dass die Splitter nicht in alle Richtungen in die Räume flogen und noch größeres Unheil hätten anrichten können. Diese Bombardierung hat den Ort zurückgeworfen, denn man hatte angenommen, dass es keine so schweren Luftangriffe mehr geben werde. Jetzt ist alles gelähmt, man schickt die Kinder nicht in die Schule, auch unsere beiden wieder hergerichteten Schulen stehen leer da.

Im Krankenhaus hören wir nach unserer Ankunft zunächst immer nur den einen Satz: «Where is Bernd?» – «Wo ist Bernd?» Man ist enttäuscht, dass wir Bernd Blechschmidt nicht mitgebracht haben. Er ist hier so beliebt, dass jeder gebieterisch-freundlich verlangt: Der Bernd muss noch mal wiederkommen! Es gibt auch bei einer Hilfsorganisation solche und solche Mitarbeiter. Manche haben ein besonderes Gespür für die Menschen in Not, so dass sie Freunde auf Lebenszeit finden. Bernd Blechschmidt wird in seinem ganzen Leben hierherkommen. «I love him», sagt der starke Ido, der Chefpfleger und Fahrer der Ambulanz, und Khaleb erzählt, dass er eine Strähne mit Haaren von Bernds Haupthaar in seinem Schreibtisch als Erinnerung aufbewahrt. Bernd hatte hier ganz genauso gelebt wie die Kollegen im Hospital und in den Schulen und alles mit ihnen geteilt. Er hatte jeden Tag fünf Worte Arabisch gelernt und war durch seine wunderbare Bescheidenheit und Tatkraft aufgefallen. Wenn man sieht, wie sehr ihn alle hier vermissen, dann hält man es für gar nicht unwahrscheinlich, dass er einer der ersten sein könnte, die ein neues freies Syrien mit einem Orden auszeichnet.

Bevor wir uns schlafen legen, wird auf einem Bildschirm eines Laptops noch der Film gezeigt, der bei der Eröffnung der ersten Grünhelme-Schule gedreht wurde von Musa, unserem liebsten Kontaktmann, der so viel Englisch kann, dass er uns verschmerzen lässt, dass wir kein Arabisch beherrschen. Wir schlafen in der ersten Nacht im Keller auf dem Boden ohne Unterlage, nur in unseren Schlafsäcken. Das ist möglich, weil der Raum recht warm ist. Ich war zunächst in unser Grünhelme-Zimmer in der ersten Etage gegangen und hatte mich in der durchdringenden Kälte des Raumes neben Joachim Knauber in meinen Schlafsack hineingemummelt. Doch dann kam Saru und verlangte für seine Verhältnisse sehr deutlich, dass wir in den Keller gehen sollten – allerdings weniger wegen der Kälte als vielmehr wegen möglicher Angriffe des Regimes. Tatsächlich hörten wir in der Nacht mehrfach Detonationen aus der Richtung des Flughafens, um den, wie wir erfahren, immer noch gekämpft wird.

Am nächsten Morgen wachte ich um 8.30 Uhr auf, als das Licht dank des Generators wieder an war. Die Kälte war so total, dass an Waschen gar nicht zu denken war. Wir wollten auch gar nicht unter eine Dusche mit eisigem Wasser. Wir waren froh, dass uns die Klamotten so einigelten, dass wir nur die Ausläufer der Kälte mitbekamen.

Unseren ersten Tag haben wir damit verbracht, durch die Stadt zu gehen, unsere Schulen zu besuchen und bekannte Gesichter zu begrüßen. Überall mussten wir einen Tee trinken, das Einzige, was die Menschen noch teilen können, abgesehen von den unvermeidlichen Rebellenzigaretten. Was ich an den Menschen hier und auch in den anderen Orten des von den Rebellen kontrollierten Syrien so bewundere: Sie legen die Hände nicht in den Schoß, sondern versuchen, das Beste aus ihrer Situation zu machen. Obwohl sie wissen, dass auch an diesem Tag und in der folgenden Nacht wieder MiGs am Himmel erscheinen können, die ihre tödliche Bombenlast auf die bewohnten Ortschaften werfen, gehen sie weiter zur Arbeit, bleiben aktiv und versuchen, ihr Leben irgendwie weiter zu führen. Die eine Tankstelle ist schon zu Beginn des Krieges in Schutt und Asche gelegt worden und die andere hat nicht einen Tropfen Benzin mehr. Dennoch hört der Verkehr nicht auf, denn man kann am Straßenrand an mehreren Stellen in Azaz Benzin in Plastikflaschen kaufen. Es ist diese Begabung zum Durchwurschteln, zu dem, was unsere Nachbarn im Westen «corriger la fortune» nennen, was den Menschen hier das Überleben ermöglicht.

Azaz, 4. Januar 2013

Heute sind wir durch das befreite Syrien rund um Azaz gefahren, um zu erkunden, wo sich in der Gegend sinnvolle Projekte für uns ergeben könnten. Ein Patient des Krankenhauses nahm uns in seinem Auto mit in seine Heimatgemeinde Tal Rifaat. Nach den Erfahrungen unseres letzten Besuches im Oktober führt unser erster Weg jetzt gleich zum Kommandeur des Ortes. Er empfängt uns in einem Raum, den einigermaßen offiziell aussehen zu lassen man sich große Mühe gegeben hat. Wir erläutern ihm unser Anliegen und er lässt gleich nach dem Verwalter der Schulen rufen, der dann auch fünf Minuten später da ist. Die erste Frage an uns: Ob wir etwas mit der Regierung in Damaskus zu tun gehabt hätten? Zu seiner Beruhigung können wir ihm versichern, dass wir weder irgendeine Beziehung dorthin gehabt haben noch die Absicht besitzen, jetzt eine aufzunehmen. Damit gelingt es uns, das Misstrauen zu zerstreuen, das auch diesmal wieder am Anfang deutlich zu spüren ist. Wieder werden wir herumgeführt und können uns selber ein Bild machen, in welchem Zustand sich die

Das Straßencafé
von Tal Rifaat:
Rupert Neudeck mit
der obligatorischen Re-
bellenzigarette.

Schulen jetzt befinden. Es sieht so aus, als gäbe es hier lohnende Arbeit für uns, und die Lage scheint stabil genug für einen Einsatz. Auch hier leiden die Menschen allerdings unter der Kälte und der Stromsperre. Am Schluss unseres Besuches kamen wir in eine unterirdische Ambulanz, neben der ein kleiner Raum war, in den die Männer der ganzen Umgebung schichtweise rein kamen, weil dort ein Heizölofen stand.

Auch hier in Tal Rifaat versuchen die Menschen ihren Alltag aufrechtzuerhalten. Einer hat eine Kaffeemaschine auf der Ladefläche eines Kleintransporters aufgestellt mitten an der Hauptstraße, die in Richtung Aleppo geht. Das Straßencafé von Tal Rifaat! Wir haben uns einen Kaffee machen lassen und stehen da in der Kälte. Die Bevölkerung ist hier nur noch zur Hälfte anwesend, die andere Hälfte, so sagt uns einer der Leute aus der Zivilverwaltung, sei über die Grenze in die Türkei gegangen. Bedrohung geht vor allem von dem Militärflughafen in der Nähe von Azaz aus, der schon längst eingenommen werden sollte von den Rebellen der

FSA. Aber sie haben es nicht geschafft. Und das aus einem klaren Grund: Sie haben immer noch keine schweren Waffen, keine Kanonen, keine tragbaren Flugabwehrraketen, keine panzerbrechenden Waffen, keine gepanzerten Fahrzeuge, sondern nur Gewehre und Pistolen. In den letzten Tagen, so sagen uns die Gewährsleute im Keller der medizinischen Ambulanz, sei es vom Flugplatz her ruhig gewesen. Aber was wird sein, wenn die FSA den nächsten Versuch von Azaz aus macht, ihn einzunehmen?

Am Abend fuhr uns derselbe Patient in seinem Auto wieder zurück nach Azaz, wobei er diesmal einen anderen Weg nahm, um den Flughafen großräumig zu umfahren. Schließlich landeten wir sicher in unserem Hospital. Die Hilfsbereitschaft der Menschen hier ist nach wie vor bemerkenswert. Allerdings ist Diesel jetzt so teuer geworden, dass man bei solchen Fahrten gehalten ist, sich an den Spritkosten zu beteiligen.

Azaz, 6. Januar 2013

Gestern und heute haben wir geprüft, ob es in Azaz selbst noch mögliche Projekte für uns geben könnte. Die zwei Schulen sind fertig, wenn auch im Moment ungenutzt, und das Krankenhaus in Betrieb. Sehr gerne würden wir etwas tun, um die Lebensbedingungen hier ganz unmittelbar zu verbessern. Der Zivilverwaltungschef hatte schon bei unserem ersten Treffen an der Grenze behauptet, dass man mit den beiden Großgeneratoren des National Hospital Azaz und die Umgebung mit Strom versorgen könne. Ob die Grünhelme sich daran beteiligen würden? Gestern sind wir daher losgezogen, um uns die beiden Großgeneratoren anzusehen. Aber der Elektroingenieur, der für die Wartung zuständig ist, war noch in Afrin, wo er ganz offenbar ein Häuschen hat. Heute erst war er wieder zurück und wies die Idee ziemlich brüsk zurück, als wir ihn in seinem Direktorenzimmer besuchten. Er hält dieses Projekt für unrealistisch, denn die Leitungen gingen alle um den Flughafen herum und seien im Moment stark gefährdet. Außerdem brauche die Stadt zwanzig Megawatt statt zwei, also zehnmal so viel, wie die Generatoren liefern würden. Und wenn man nur diese kleine Quantität produzieren würde, müsste man an allen Schaltzentralen mindestens zwanzig Soldaten der FSA stationieren, um sie vor Plünderungen zu schützen. Leider klangen seine Einwände recht plausibel. Schade, wir hatten die Kosten schon ausgerechnet, bei einem Laufen von täglich sechs Stunden wären das 60 000 Euro im Monat gewesen, das hätten wir uns für drei Monate leisten können als Grünhelme und wir hätten das Los der Menschen hier mit diesem Geld deutlich erleichtern können.

Also überlegen wir weiter. Der Elektroingenieur weist uns auf die beiden essentiellen Bedürfnisse der Bevölkerung hin: Brot und Wasser. Wir könnten für die Wasserpumpen den Diesel einkaufen oder Teile desselben. Wir könnten auch für die große kommunale Brotfabrik den Diesel zur Verfügung stellen. Das Hauptnahrungsmittel der Syrer, ohne das ein ziviles Leben zusammenbricht, ist das Fladenbrot. Wir gehen daher zu der Zentralbäckerei und erleben eine zwar etwas altmodische, aber immerhin voll automatisierte Produktion am Fließband. 72 000 Pakete Brot werden hier täglich gebacken. Man braucht für den Generator, den wir uns ansehen können, pro Tag 1000 Liter, in der Woche also 7000 Liter. Er ist in der Zeit der guten Beziehungen zwischen den beiden Staaten aus der damaligen DDR geliefert worden von dem VEB Starkstrom Anlagenbau Magdeburg. Um ihn mit Diesel zu versorgen, benötigt man im Monat sechs Millionen Syrische Lira oder 49 180 Euro. Wenn wir die Hälfte des Diesels für zwei bis drei Monate bezahlen, würden wir verlangen können, dass der Brotpreis von jetzt 50 Cent auf 36 Cent zurückgehen müsse.

Doch wir erleben eine weitere Pleite. Wir eilen zum Chef der Zivilverwaltung, um ihm die freudige Nachricht zu unterbreiten. Doch leider klärt er uns auf, dass unser Plan nicht funktionieren wird. Man könne den Brotpreis nicht senken, weil es noch fünf andere Bäckereien in der Stadt gibt, die dann abgehängt wären und eingehen müssten.

Der Zivilverwaltungschef fragte uns aber, ob die Bundesregierung oder die EU nicht über die Türkei das knapp werdende Mehl liefern könnten. Möglich wäre es wohl. Die Bundesregierung könnte mit Mitteln des Auswärtigen Amtes Mehl nach Azaz, Aleppo und Tal Rifaat liefern für eine begrenzte Bevölkerung. Es müsste aber jetzt geschehen. Denn in den drei kalten Monaten bis März ist die Not am größten.

Gestern Abend hatten wir noch ein Erlebnis, das ich nachtragen muss. Wir – die zwei Ärzte, die Pfleger des Hospitals und die drei Grünhelme – hatten uns schon in den Kellerraum zurückgezogen, in dem wir zu zwölft schlafen. Es ist der einzige Raum, den man im Hospital noch warm kriegen kann. Es lief der Fernseher, Al Jazeera, um die neuesten Informationen zu bekommen. Plötzlich tauchte Baschar al-Assad auf dem Bildschirm auf. Er hatte gestern im Opernhaus in Damaskus eine Rede gehalten. Der Zuschauerraum war angefüllt mit ausgesuchten Komparsen, die beständig «Gott schütze dich» oder «Unser Blut und unsere Seelen opfern wir dir, Baschar» schrien. Die Rede selbst war eine reine Provokation. Keinerlei Zugeständnisse, kein Gesprächsangebot an die Opposition. Stattdessen bezeichnete er diese nur als «Terroristen» und «Killer», die Unglück über das Land brächten. Wieso klammert sich dieser gelernte Augenarzt so kompromisslos an die Macht? Interessant war jedenfalls die Reaktion unserer syrischen Mediziner. Sie wandten sich auf ihren Matratzen mit Ekel und Abscheu ab. Wäre der Fernseher nicht sofort ausgestellt worden, sie hätten ihn wahrscheinlich vor Wut zertrümmert. Sie konnten es nicht mehr ertragen. Baschar wollte mit diesem Auftritt verdeutlichen, dass es ohne ihn keine Lösung des Konfliktes geben könne. Stattdessen ist es umgekehrt. Es kann mit ihm keine Lösung geben. Ein Staatschef, der mittlerweile 60 000 Menschen auf dem Gewissen hat, kann sich bei seinem Volk nicht mehr blicken lassen. Der Rückhalt für das Assad-Regime ist inzwischen vollkommen erodiert, auch deshalb, weil jetzt jeder Vater, jede Mutter durch die willkürlichen Bombardements um das Leben der eigenen Kinder fürchten muss.

Heute haben wir unsere Erkundungen in der Umgebung fortgesetzt. Wir waren in dem nur vierzig Kilometer von Aleppo entfernten Ort Kafijibrin in dem die Grünhelme die von Einschüssen lädierte Schule wieder zu einem Schmuckstück haben werden lassen. Wir wurden in dem Gymnasium überschwänglich begrüßt. Mehrere hundert Jungen und Mädchen werden hier von zwanzig Lehrern im Schichtwechsel unterrichtet. Es wird Arabisch, Französisch und Englisch gelehrt. Der für die Zivilverwaltung zuständige FSA-Offizier zeigt uns sein grünes Grünhelme-T-Shirt, er nimmt es mit in die Klassen, weist auf die arabische Übersetzung unseres Organisationsnamens auf der Rückseite und strahlt dabei über das ganze Gesicht. Und die Lehrerin insistiert, ob die Mädchen denn nicht wüssten, was sie jetzt zu sagen hätten. Sie rufen im Chor: «Merci beaucoup». Und die Lehrerin sagt: «And now in English». Und sie rufen: «Thank you», und fangen an wie wild zu klatschen. Nun klatscht man in der Kälte natürlich auch gern, weil es Wärme bringt. Dennoch war das wahrscheinlich der schönste Moment meines Aufenthalts.

Der Schuldirektor fragte uns ganz direkt, ob die Bundesregierung nicht zwei Lehrer schicken könne, damit sie – schon aus Dankbarkeit gegenüber den Deutschen, in deren Auftrag die Grünhelme die Schule wieder hergerichtet haben – auch Deutsch lernen könnten. Und dann kamen wir gemeinsam auf die Idee, dass der Schulleiter einen Brief an die Bundeskanzlerin schreiben sollte. Aber davor hat dieser aufgrund seiner Erfahrungen mit einer diktatorischen Führung einen ungeheuren Respekt. Mal sehen, ob er es wirklich tut.

Im Flugzeug zurück nach Deutschland, 8. Januar 2013

Es herrscht An-Archie in Syrien, im griechischen Ursprung des Wortes: Abwesenheit von Herrschaft. Es gibt, zumindest in der Gegend, in der wir uns aufgehalten haben, keine staatlichen Strukturen mehr, die über rein lokale Zusammenhänge hinausreichen. Die örtlichen Kommandeure sind jeweils nur Herr über ihren eigenen kleinen Bereich und selbst da fällt es angesichts der Kälte, der Stromsperren, der zunehmenden Versorgungsengpässe und der permanenten Bombardements schwer, etwas Stabiles aufzubauen. Die Menschen sind mittlerweile fast nur noch mit dem eigenen Überleben beschäftigt. Für anderes finden sie kaum noch Zeit. Von dem revolutionären Schwung des September habe ich jetzt nichts mehr gespürt. Noch vor wenigen Tagen war ich sicher, dass es in Syrien bald wieder bergauf geht. Jetzt weiß ich nicht mehr recht, wohin das Land treibt. Wer hat Recht? Die Pessimisten oder die Optimisten?

Michael Thumann, Korrespondent der ZEIT in der Türkei und

einer der reflektiertesten und menschlichsten Journalisten, die ich kenne, habe ich gefragt, wie er die Perspektiven einschätzt und ob er den Optimismus teilt, den etwa seine Kollegin Kristin Helberg immer noch für Syrien aufbringt. Kristin Helberg hat als Journalistin in Syrien gelebt, wurde 2010 des Landes verwiesen und arbeitet jetzt in Deutschland zu syrischen Themen. Sie kennt sich hervorragend im Land aus und hat mir gute Einblicke in die dortigen Verhältnisse ermöglicht. Kristin Helberg, so schreibt Michael Thumann, hängt an dem Land, in dem sie sieben Jahre lebte. Würde die Türkei im Bürgerkrieg versinken, würde er auch nicht alles schwarz malen, sondern immer die Hoffnung hegen, dass das Land nicht zugrunde geht. Beides, Optimismus und Pessimismus, sei subjektiv. Da hat er wohl Recht und daher will ich versuchen, meinen Optimismus vorerst zu behalten. Unter den Beobachtern des Nahen und Mittleren Ostens gibt es schon genug Schwarzseher, die immer Recht behalten wollen. Deshalb lohnt vielleicht zum Ausgleich der optimistische Blick. Wenn man gelesen hat, was die Zeitungen in den USA und Großbritannien 2011 über den Euro geschrieben haben, hätte man es auch nicht für möglich gehalten, dass diese Währung heute immer noch existiert.

Dennoch, Baschar al-Assad darf nicht mehr lange an der Macht bleiben, sonst bricht das Land auseinander. Für die Menschen sind die Lebensbedingungen noch schwieriger geworden. Sie frieren entsetzlich, und insbesondere die vielen Binnenflüchtlinge haben oft keinen Schutz vor der Kälte, denn sie leben ja in Zelten in der freien Ebene. Wenn das Regime die Zivilbevölkerung weiter aus der Luft terrorisiert, dann werden noch mehr Menschen flüchten und noch mehr von ihnen werden über die Grenzen gehen, um in der Türkei Schutz zu suchen. Dann könnte das Versorgungssystem auch dort zusammenbrechen.

Wir als Grünhelme müssen nun mehr Augenmerk richten auf die Nothilfe, auf die Versorgung der Menschen mit dem Lebensnotwendigen: Strom, Wärme und Mehl. Dem Gymnasium in Kaljibrin haben wir die Lieferung von 6000 Litern Heizöl zugesagt, damit Lehrer und Schülerinnen und Schüler nicht so erbärmlich frieren müssen. Mit der Menge können die in den Klassenräumen schon vorhandenen Heizöfchen jeweils für eine Stunde am Morgen und am frühen Nachmittag in Betrieb genommen werden, damit die Schulgebäude zweimal am Tag durchgeheizt werden. Wir wollen eventuell auch versuchen, in der Türkei Mehl einzukaufen und nach Syrien zu bringen. In Azaz werden wir noch eine weitere Schule reparieren, aber dann wohl unseren Schwerpunkt nach Tal Rifaat verlagern, wo wir mit dem Wiederaufbau der Schulen beginnen wollen.

Troisdorf, 15. Januar 2013.
Ich habe mich entschlossen, dem Bundesaußenminister einen Brief zu schreiben, habe aber wenig Vertrauen in die Dauermonologe des Ministers und würde den Brief lieber an die Bundeskanzlerin richten. Aber das wäre in der Form ein Fauxpas, deshalb lasse ich es. In dem Brief schlage ich die Einrichtung eines Büros für humanitäre Hilfe vor, angesiedelt in einer türkischen Stadt in unmittelbarer Grenznähe (Antakya oder Kilis), geleitet von einem hochrangigen Mitarbeiter des Auswärtigen Amtes. Wir hatten eine solche Institution während der Balkankriege, die zunächst in Zagreb, dann in Sarajevo angesiedelt war. Die später bekannt und berühmt gewordenen Botschafter Michael Steiner und Christian Clages waren die Leiter dieses Büros. Es konnte in den chaotisch-anarchischen Kriegsgebieten durch seine staatliche Kompetenz vieles bewegen und hat den Hilfsorganisationen die Arbeit sehr erleichtert.

Ich bin gespannt, wie schnell der Brief eine Antwort erfährt. Ich hatte bei meiner humanitären Arbeit natürlich keinen Anspruch auf einen persönlichen Draht zum Minister, aber er ergab sich doch öfter. In der langen Amtszeit von Hans-Dietrich Genscher hat er bestanden, er war besonders intensiv unter Klaus Kinkel, der geradezu ein Fan der humanitären Arbeit war. Unter Joschka Fischer wurde es schon schwieriger, aber bei Westerwelle herrscht nun Eiseskälte. Ich habe den Eindruck, Themen, Ereignisse oder Anfragen, bei denen für ihn keine Tagesschau-Auftritte herauskommen, interessieren ihn nicht. Er gibt entsprechende Eingaben wahrscheinlich sofort an seine Mitarbeiter weiter. Wir werden sehen.

Als ich gerade von der Post zurückgekommen war, rief mich

Kristin Helberg an. Sie hat von einem Anschlag auf den Marktplatz in Azaz gehört – eine Nachricht, die mich sehr nervös macht, da ich nicht weiß, ob nicht auch Joachim Knauber oder Saru Murad zufällig gerade dort gewesen sind. Ich habe den beiden sofort gemailt, weil das im Moment die einzige Möglichkeit ist, etwas aus dem syrischen Konfliktgebiet zu erfahren. Lieber wäre es mir natürlich gewesen, ich hätte die beiden sofort telefonisch erreichen und Gewissheit haben können. Wenig später kommt zum Glück eine Mail zurück, dass es beiden gut geht. Es war auch kein Anschlag, sondern ein Angriff von Assads Luftwaffe, die Azaz gegenwärtig wieder stark unter Beschuss nimmt. Er erfolgte bereits am 13. Januar und es wurden dabei offenbar etwa zwanzig Syrer getötet und bis zu hundert verletzt. Unsere Grünhelme waren glücklicherweise gerade in Tal Rifaat und konnten nur die Rauchsäule sehen. Sie hatten dort ein Gespräch mit der assadfreien Zivilverwaltung, um die Baumaßnahmen an den Schulen zu besprechen.

Aber es gab auch gute Nachrichten heute: Die Schweiz will wegen der dauernden Gewalt gegen die Zivilbevölkerung in Syrien den Internationalen Strafgerichtshof in Den Haag (IStGH) anrufen. Außenminister Didier Burkhalter sagte, die Regierung wolle eine Petition an den UN-Sicherheitsrat übergeben. Diese Petition werde von 52 Staaten unterstützt. In dem Text heißt es: «Wir appellieren an den Sicherheitsrat der Vereinten Nationen, die Frage der Situation in Syrien dringend vor den IStGH zu bringen.» Syrien gehört nicht zu den Unterzeichnerstaaten seines Gründungsdokuments. Daher muss der UN-Sicherheitsrat ein mögliches Verfahren gegen Damaskus auf den Weg bringen. Zudem scheinen die Rebellen den wichtigen Militärflughafen Taftanaz in der Nähe von Idlib erobert zu haben. Vielleicht gelingt es ihnen ja doch, Assads Macht bald zu brechen.

Troisdorf, 21. Januar 2013

Wir sind eifrig dabei, meinen nächsten Aufenthalt in Syrien vorzubereiten, der vom 2. bis zum 8. Februar dauern soll. Diesmal gehe ich zusammen mit Bernd Goeken von Cap Anamur. Es ist wichtig, dass ich sobald wie möglich wieder hingehe, um die neuen Projekte zu evaluieren. Außerdem wird Saru nach Deutschland zurückkommen und Joachim Knauber ist dann erst einmal alleine. Wir brauchen dringend neue Teammitglieder vor Ort, insbesondere einen Deutsch-Syrer mit bautechnischer Erfahrung, der dann auch für uns dolmetschen kann. Denn Joachim Knauber spricht kein Arabisch und wir können nicht immer nur auf Saru Murad zurückgreifen.

Kristin Helberg habe ich gefragt, ob die Meldung stimmt, dass 25 000 Christen in dem syrischen Ort Hasaka von muslimischen Rebellen belagert und bedroht werden. Verbreitet wurde sie von der nahöstlichen Agentur AINA, die immer recht drastisch formuliert und gerne übertreibt. Kristin Helberg hat einen vorzüglichen Überblick über die Verhältnisse in Syrien und eine große Sympathie für das Land. Sie ist so etwas wie eine Beraterin für das Projekt geworden. Ich habe seit 1979 immer wieder Menschen gefunden, die mehr Ahnung hatten als ich von dem Land und der Situation, in denen wir uns jeweils befanden. In dieser Reihe ist jetzt Kristin Helberg unsere Beraterin und Expertin. Und sie sagt mir: Sie habe erst einmal gewartet, ob ihre Aktivistinnenkontakte in Hasaka ihr diese Einschätzung bestätigen können, aber sie habe keine Rückmeldung bekommen. Sie könne sich vorstellen, dass in Hasaka wie in anderen Teilen Syriens eine Anarchie herrsche, die Überfälle, Entführungen, Plünderungen und willkürliche Festnahmen ermögliche. Sie gehe aber davon aus, dass alle Einwohner dieses Ortes davon betroffen sind und nicht nur die 25 000 Christen. Man könnte den Titel, sagt Kristin Helberg, mit derselben Berechtigung vermutlich auch umformulieren in «100 000 Kurden bedroht in Hasaka». Jeder Nachrichtendienst wird das Schicksal der eigenen Gemeinschaft in den Vordergrund stellen. Natürlich sei die Angst der Christen verständlich und berechtigt, aber man müsste wissen, ob es unter den Entführungsopfern vor allem Christen gibt und diese als Christen entführt werden oder als Angehörige der reichen Familien in der Stadt. Oder als Anhänger des alten Regimes – und unabhängig von der Konfession. Die Tatsache, dass Straßensperren errichtet werden und eine Ausgangssperre verhängt ist, habe wahrscheinlich eher mit der Regimenähe der Christen zu tun als mit ihrer Religion.

Ich habe gestern von Joachim Knauber nur schlechte Nachrichten bekommen. Die schweren Bombardements auf Azaz haben dazu geführt, dass nur noch 15 Prozent der Bevölkerung in der Stadt geblieben sind, alle anderen sind geflohen, die meisten wahrscheinlich über die nahe Grenze in die Türkei. Saru, der am 24. Januar zurückgekommen ist, hat mir das bestätigt. In unseren Grünhelme-Aktivitäten werden wir dadurch immer mehr eingeschränkt. In Azaz können wir ganz offenbar im Moment nicht mehr arbeiten. Wir sind in Tal Rifaat, wo wir zwei Schulen rehabilitieren und das ganz zerstörte Gymnasium wieder neu aufbauen wollen. Vermutlich wird uns Martin Mikat, der fahrende Zimmermannsgeselle, der inzwischen Ingenieurswissenschaften studiert und sich schon in Pakistan und in der Demokratischen Republik Kongo bewährt hat, dabei unterstützen. Er will Anfang Februar für einen Monat nach Syrien gehen. Wir haben aber immer noch keinen Syrer aus dem Exil gefunden. Täglich ist unsere Website zu sehen mit der Aufforderung: Wir suchen für Syrien gute, fähige, fachlich ausgewiesene junge Syrer, die nicht nur Arabisch sprechen, sondern die auch bauhandwerklich als Zimmermann, Maurer, Bauingenieur, Architekt, Klempner, Elektroingenieur oder auch Arzt oder Krankenschwester in der Lage sind, mitzuhelfen bei der Linderung der ins Unermessliche gehenden Leiden, Schmerzen und Entbehrungen des syrischen Volkes. Eine gewisse Hoffnung habe ich, dass der Syrer Abdullah Allaoui vielleicht zu uns stoßen könnte. Er wird mich demnächst besuchen, damit wir sehen können, ob ein Einsatz für ihn infrage käme. Er könnte dann dolmetschen. Wir versuchen also alles, um eine weitere Arbeit der Grünhelme in Syrien zu ermöglichen. Auch die nächsten Flüge sind schon gebucht. Wir werden uns am 2. Februar auf den Weg nach Azaz und dann weiter nach Tal Rifaat machen. Diesmal werde ich wegen der Kälte zwei Schlafsäcke einpacken in meinen Rucksack.

In den Zeitungen finden sich heute gute Nachrichten: Die russische Regierung sieht offenbar die Chancen des syrischen Präsidenten Baschar al-Assad auf einen Machterhalt schwinden. Jeden Tag würden sie «kleiner und kleiner», hat der Ministerpräsident

Dimitrij Medwedjew dem US-amerikanischen Fernsehsender CNN gesagt. Assad habe einen «schweren. vielleicht tödlichen Fehler» begangen, indem er mit den politischen Reformen zu lange gezögert habe. «Er hätte viel früher handeln müssen und die friedfertige Opposition, die zu Verhandlungen mit ihm bereit war, einladen müssen.» Zugleich hat Medwedjew aber die Haltung Russlands bekräftigt, dass eine Lösung des Konflikts in Syrien nicht von außen kommen dürfe.

Troisdorf, 29. Januar 2013

Das Unwahrscheinliche ist geschehen: Ich bekomme heute den Brief des Schulleiters aus Kaljibrin an Angela Merkel. Er ist per Hand geschrieben und sieht mit den geschwungenen arabischen Schriftzeichen fast wie ein kalligraphisches Schmuckstück aus. Der Schulleiter bedankt sich bei der Bundeskanzlerin und bei uns Grünhelmen für die Wiederaufbauarbeit. Und er bittet, wie wir uns das überlegt hatten, um Unterstützung bei dem Versuch, den Kindern in Zukunft auch Deutsch beizubringen. Berührt hat mich besonders folgender Satz: «Wir wollen Ihnen sagen: Es besteht ein großer Unterschied zwischen denjenigen, die alles zerstören, und denjenigen, die wieder aufbauen.»

Unser Mann, der jetzt ganz allein ist, Joachim Knauber, hat ebenfalls geschrieben. Mit den Bauarbeiten in Tal Rifaat geht es offenbar langsam, aber stetig voran. Seit drei Tagen liegt Joachim krank danieder. Hinzu kommen die Bombardements des sich verzweifelt aufbäumenden Regimes und seine fehlenden Arabischkenntnisse. Das ist für ihn ebenso wie für uns eine sehr belastende Situation. Aber immerhin haben wir nun die Gewissheit, dass Martin Mikat und Abdullah Allaoui mitkommen als Verstärkung für unser Team. Und Saru Murad wird mich auch wieder begleiten, da Abdullah erst am 4. Februar nachkommen kann und wir bis dahin jemanden brauchen, der übersetzen kann.

Und immer noch beginnen die Morgennachrichten nicht mit der Bekanntgabe: Der Staatspräsident Syriens Baschar al-Assad hat sich heute Morgen in einem russischen Flugzeug zum Flughafen Scheremetjewo in Moskau begeben, wo er mit kleinem Protokoll empfangen wurde. In seiner Begleitung seine Frau und einige Familienmitglieder. Das ist die Nachricht, auf die ich seit Weihnachten 2012 eigentlich jeden Tag hoffe.

Azaz, 3. Februar 2013

Unsere Reise fing sehr merkwürdig an. Es war alles reibungslos verlaufen bis hier zu dem letzten Übergang an der türkisch-syrischen Grenze. Doch dann fielen wir in die Hände der türkischen Polizei, die uns den ganzen Tag in Kilis festhielt und bis in den späten Abend verhörte.

Wir waren heute um 2.55 Uhr, also mitten in der Nacht, in Gaziantep gelandet, hatten unser Gepäck am Fließband des Internationalen Flughafens abgeholt, uns in ein Taxi gesetzt – Saru Murad, Bernd Göken von Cap Anamur und ich – und uns für drei Stunden Nachtruhe im Istanbul Hotel einquartiert. Dann gegen 9.15 Uhr machten wir uns auf den Weg zur Grenze. Um 10.20 Uhr waren wir an dem vorletzten Checkpoint, de jure noch auf türkischem Territorium. Da stand Joachim Knauber mit einem Auto, das er sich von einem der reicheren Bürger in Tal Rifaat geliehen hatte. Wir luden unsere vier Koffer ein und wollten losfahren, aber der Wagen sprang nicht an. Auch der nächste Versuch mit Anschieben durch fünf Syrer klappte nicht. Saru und Joachim gingen die 200 Meter zur syrischen Grenze, um ein Seil zu holen. Als sie mit diesem zurückkamen, waren durch den ganzen Auflauf schon einige türkische Polizisten angelockt worden, die sich nun um unseren Wagen postierten und unsere Pässe verlangten. Danach machten sie sich an dem Auto zu schaffen und führten bei uns eine Leibesvisitation durch.

Im Verlauf der nächsten Minuten wurde uns gesagt, dass wir verhaftet seien und in das Polizeihauptquartier an der Grenze gebracht würden. So geschah es und dort wurden erst einmal unsere Pässe einbehalten. Dann sollten der Wagen sowie unser gesamtes Gepäck noch einmal gründlich untersucht werden – was mir einen großen Schrecken einjagte, denn in meiner Tasche waren 16 000 Euro, die ich für den Fortgang der Arbeiten nach Syrien mitbringen wollte. Ich weigerte mich daher als Einziger, den Inhalt meiner Taschen in einem kleinen Plastiksack zu verstauen, den ein Beamter dann durchsuchen sollte. Zum Glück kam ich damit durch und deswegen war ich auch der Einzige, der sein Mobiltelefon behalten konnte.

Bernd Goeken hatte zuvor noch einen Mitarbeiter von Cap Anamur in Deutschland informiert, der das Auswärtige Amt wie auch die Botschaft in Ankara mobilisieren sollte. Das erfolgte auch, aber was konnte die Botschaft in Ankara bei der Entfernung tun? Außerdem war es ein Sonntag, an dem wir hier an der Grenze angekommen waren. Die Botschaftsbereitschaft rief mehrfach auf dem iPhone von Bernd Goeken an. Er gab es mir, kurz bevor die Mobiltelefone (bis auf meines) alle beschlagnahmt wurden, und ich erklärte der deutschen Botschaftsangestellten, wie hilflos und rechtlos wir uns alle fühlten. Sie bat mich, Namen der Polizisten und Telefonnummern aufzuschreiben, damit die Botschaft später dagegen vorgehen könne. Das zeigte mir, wie ahnungslos deutsche Botschaftsmitarbeiter sind, was die wirklichen Arbeits- und Lebensbedingungen der Menschen in ihrem Gastland angeht. Als ob ich einen türkischen Polizisten nach seinem Namen oder seiner Diensttelefonnummer fragen könnte! Als ich während der fünf Stunden, die wir in dem Polizeigebäude von Kilis festgehalten wurden, bloß Angaben an den Türen der Büros in mein kleines Notizbuch übertrug, kam schon ein Beamter, der das als einen Akt der Unbotmäßigkeit gegenüber der türkischen Polizei und Staatsgewalt empfand. Er wollte mir das Notizbuch wegnehmen, traute sich dann im letzten Moment aber doch nicht.

Es folgten stundenlange Verhöre, in denen sich uns endlich erschloss, worum es eigentlich ging. Da es nur einen Englischdolmetscher gab, zog sich alles sehr in die Länge. Schließlich waren wir alle dran gewesen und hatten unsere Verhörprotokolle unterschrieben. Es schloss sich noch ein Termin in der Klinik von Kilis an. Wir sollten untersucht werden, damit zweifelsfrei belegt würde, dass wir zu den unterzeichneten Stellungnahmen nicht durch Folter oder Misshandlungen gezwungen worden seien. Der Arzt schob allerdings nur unser Hemd und unser T-Shirt ein wenig zur Seite, sah sich Teile des Rückens und des Bauches an und das reichte ihm dann schon für die entsprechende Bestätigung.

Was also war geschehen? Zum Glück stellte sich heraus, dass es gar nicht um uns ging. Es war das Auto, das sich Joachim Knauber in Tal Rifaat geliehen hatte. Es war im November 2012 beim Autoverleih Hertz in der Türkei gemietet und dort verkauft worden. Irgendwie muss es seinen Weg nach Syrien gefunden haben und wer hätte ahnen können, dass es durch so einen unwahrscheinlichen Zufall in die Hände der türkischen Polizei fallen würde? Wir waren jedenfalls sehr erleichtert, dass es nicht unsere humanitäre Arbeit war, für die sich die Beamten interessierten. Nur Joachim Knauber machte sich Sorgen, weil er in den Verhören den Namen des Mannes in Tal Rifaat preisgegeben hatte, der ihm aus reiner Freundlichkeit den Wagen geliehen hatte.

Um 20 Uhr, der Übergang nach Syrien war offiziell schon geschlossen, wurden wir an der türkischen Seite der Grenze, direkt neben dem Lager mit den syrischen Flüchtlingen, noch einmal kontrolliert, dann fuhr uns ein türkischer Polizeiwagen bis zum syrischen Kontrollpunkt und wir durften unser gesamtes Gepäck wieder in Empfang nehmen. Wir wurden dann in einem Auto an der Grenze abgeholt und ins Hospital gebracht, wo wir natürlich mit großem Hallo begrüßt wurden. Wir hatten eigentlich vorgehabt, morgen schon nach Tal Rifaat zu fahren. Das haben wir nun auf übermorgen verschoben. Denn Bernd Goeken hat noch heute Abend angefangen, mit der saudischen Organisation Youth for Syria über die zukünftige Arbeit im Hospital zu verhandeln, und will das morgen fortsetzen. Heute Nacht werden wir wieder in unserem Grünhelme-Zimmer in der ersten Etage schlafen.

Kaljibrin, 4. Februar 2013

Während Bernd Goeken in Azaz verhandelt, sind Saru und ich nach Kaljibrin gefahren. Dort hatte sich für heute ein n-tv-Fernsehteam angemeldet, um über die wieder in Betrieb genommene Schule zu berichten. Auch Kaljibrin wurde kürzlich bombardiert. Am 23. Januar griff eine MiG den Ort an. Eine Bombe zerstörte drei Häuser. Trotzdem hat sich nichts an dem wunderbaren mutigen Trotz der Bewohner geändert. Jeden Morgen treten die Kinder auf dem Schulhof an und singen die Nationalhymne. Dann gehen sie in die Schulklassen der zweistöckigen Schule. Wir besichtigen einige Räume, in denen es im Unterschied zu meinem Besuch

Rupert Neudeck im stark zerstörten National Hospital von Azaz.

vom Januar wohlig warm ist, weil die Heizölllieferungen der Grünhelme die Inbetriebnahme der Öfen ermöglichen. In einer Klasse findet gerade Englischunterricht statt und die deutsche Reporterin kann mit einem Mädchen ein Interview führen. Die Lehrer fragen mich auch wegen des Briefes an die Bundeskanzlerin und ich versichere ihnen, dass ich ihn samt deutscher Übersetzung an das Kanzleramt weitergeleitet habe.

Dann gehen wir zu der Stelle, wo die Bombe eingeschlagen ist. Es sind bewegende Szenen. Der rustikal auftretende Sportlehrer der Schule erklärt, dass unter den Trümmern der drei Häuser 15 Menschen begraben worden sind. Er erwähnt, dass auch Kinder unter denen waren, die von dieser Rakete aus dem Arsenal Baschar al-Assads ermordet wurden. Es liege – und da kommen ihm, dem starken Mann, Tränen, die er nicht zurückhalten kann – ein neun Monate altes Baby unter den Trümmern. Da es in Kaljibrin kein Bergungsgerät gibt, können die Toten nicht geborgen werden.

Die Menschen in Syrien leben unter schwersten Bedingungen.

Es funktioniert der Staat nicht, im Gegenteil, die Menschen in den Rebellengebieten erleben ihn als Angreifer auf die Bevölkerung. Auch in Azaz haben wir die Schrecken der Verwüstung gesehen. Ich habe mir vor allem die Folgen des Angriffs auf den Marktplatz angesehen Es war wohl wieder eine Vakuumbombe, die am 13. Januar mehrere Häuser restlos zerstört und viele Menschen unter sich begraben hat. Gleichzeitig muss ich voller Bewunderung sagen: Was die Menschen dort unter unmöglichen Bedingungen noch als Normalität einer kleinen Gemeinde organisieren, ist beispielhaft und verdient unseren größten Respekt. Nicht nur die Ärzte, auch die Imame des Schariagerichts, die sofort zur Stelle sind und Streit schlichten. Auch die Leute aus der Zivilverwaltung, die am Morgen immer noch die Bündel mit dem syrischen Fladenbrot vorbeibringen, das allerdings im Preis um mehr als das Doppelte gestiegen ist. Viele Menschen wissen weder ein noch aus, sie haben keine Arbeit, damit kein Einkommen. Gewiss, wie in jeder Kriegssituation gibt es Reiche und auch Kriegsgewinnler. Natürlich gibt es jetzt die Heizöl- und die Dieselmafia, die das teure Gut immer noch über irgendeine Grenze schmuggelt. Aber die Disziplin ist vorbildlich.

In Azaz wollte ich von Mitarbeitern des Krankenhauses wissen: Können sie sich eine Koalitionsregierung vorstellen, in der auch die jetzigen Machthaber vertreten sind? – Mit Assad?, fragten sie entgeistert. Ein Staatschef, der das Land zerstört hat, der systematisch von Azaz bis Aleppo Schulen und Kliniken bombardiert hat, der für eine ganze Generation traumatisierter Kinder und Jugendlicher verantwortlich ist, den sollen die Syrer weiter ertragen und dann noch freiwillig? Eher würden sie ihn an der nächsten Laterne aufhängen wollen. Man kann das verstehen als Reaktion auf so viel Schmerzen und Leiden.

Die Menschen sind erstarrt in diesem Syrien. Immer wieder haben sie damit gerechnet, dass es eine Weltgerechtigkeit gibt. Sie haben auf die UNO gehofft. Und auf eine Flugverbotszone, die sie vor den Angriffen ihrer eigenen Luftwaffe schützt. Die Institution Flugverbotszone ist ja eigens für solche Fälle eingeführt worden. Aber die westliche Welt, Deutschland, die Niederlande und die USA, setzen sich stattdessen mit großem Getöse in Gang, um 120 Kilometer von der Grenze in der Türkei eine Patriot-Raketenabschussstation einzurichten, aus Bündnissolidarität mit dem Nato-Partner Türkei. Würden die Rebellen jetzt überhaupt noch wollen, dass der Westen ihnen militärisch zu Hilfe eilt, nachdem sie zwei Jahre lang vergeblich um Unterstützung gebettelt haben? Vielleicht noch nicht einmal. Aber die Bevölkerung braucht jetzt jede Form ziviler Unterstützung, damit die Menschen in Syrien wenigstens nicht hungern und frieren müssen.

Tal Rifaat, 5. Februar 2013

Heute sind wir von Azaz nach Tal Rifaat gefahren. In dem Ort mit 35 000 Einwohnern auf halber Strecke zwischen Azaz und Aleppo haben wir inzwischen unsere eigentliche Grünhelme-Basis in Syrien eingerichtet. Man hat dem Team, das erst aus Joachim Knauber und Saru Murad bestand, dann nur noch aus Joachim Knauber und jetzt durch Martin Mikat und Abdullah Allaoui ergänzt werden wird, eine richtige kleine Wohnung gegeben mit Küche, Aufenthaltsraum und einem Badezimmer. Joachim Knauber hat sich hier inzwischen ganz gut wohnlich eingerichtet. Abdullah Allaoui ist gestern schon angekommen. Heute hat Joachim Knauber auch Martin Mikat an der Grenze abgeholt und am späten Abend sind beide wieder zurück, so dass wir jetzt ein sehr gutes Dreierteam hier vor Ort haben. Die Arbeit an den drei Schulen sollte so zu stemmen sein. Wir haben mit der Erneuerung der Hauswirtschafts-Berufsschule schon angefangen, gleichzeitig werden die Einschusslöcher in der zweiten Schule zubetoniert, neu verputzt und das Schulmobiliar erneuert. Martin Mikat, unser Baufachmann, soll den Neubau der dritten Schule vorbereiten. Diese ist im Innersten getroffen. Das ganze Treppenhaus wurde zerstört, das Mauerwerk ist instabil, so dass wir vor der entscheidenden Frage stehen, ob wir Teile der Schule – durch Strahltrassen verstärkt – noch weiter benutzen können oder sie insgesamt abreißen müssen.

Auch in Tal Rifaat gab es vor einer Woche einen Luftangriff, weshalb sich wieder viele Eltern den Kopf zerbrechen, ob sie nicht um der Kinder willen doch den Weg in das türkische Exil antreten müssen. Dennoch haben viele hier weiterhin die Hoffnung auf ein baldiges Ende des mörderischen Regimes. Die Straße zum Flughafen bei Damaskus soll ebenso in Händen der Rebellen sein wie die Autobahn nach Süden, nach Jordanien. Es gibt angeblich einen frontalen Angriff bei Damaskus auf das Zentrum der Macht, die Zentrale der Geheimdienste, die das Regime noch notdürftig über Wasser halten. Die nächste Voraussage für den Sturz Assads geht auf Ende März/Anfang April.

Tal Rifaat, 6. Februar 2013

Ich hatte von Anfang an gehofft, dass es mir bei diesem Aufenthalt endlich möglich sein würde, auch nach Aleppo zu fahren, wo ich noch nie gewesen bin. Und tatsächlich hat es diesmal geklappt. Von Tal Rifaat aus ist es nicht mehr weit, nur noch gut 25 Kilometer. Schon gestern war es uns gelungen, einen Fahrer zu finden, und so sind wir heute in der Frühe aufgebrochen. Wir wollen uns ein Bild der Lage machen in dieser Stadt, um die seit Monaten so intensiv gerungen wird, und wir wollen sehen, ob wir dort irgendwie helfen können.

In Tal Rifaat mussten wir anfangs noch an fast jeder Straßenecke halten, denn der Fahrer benötigte Benzin und war sehr wählerisch. Er prüfte die Plastikflaschen mit dem Treibstoff, die ihm überall entgegen gehalten wurden, mit großer Akribie. Schließlich fand er eine Qualität, die seinen Ansprüchen genügte. Dann ging es los und es dauerte nicht lange, bis wir in der Ferne schon die Skyline von Aleppo sehen konnten.

Als wir die Stadt erreichen und durch die zerstörten Straßenzüge fahren, denke ich zuerst: Wie gern wäre ich unter anderen Bedingungen zum ersten Mal in meinem Leben nach Aleppo gekommen! Auf 4000 Jahre Geschichte kann dieser Ort zurückblicken und wie wird mit diesem kulturellen Erbe jetzt umgegangen. Doch viel schlimmer ist, was den Menschen in dieser Stadt angetan wird. Unser Fahrer bringt uns zum Dar Al Shifa Hospital, zu dem wir vor unserem Ausflug Kontakt aufgenommen haben. Zunächst treffen wir uns mit der Führung des Krankenhauses in einem noch halbwegs intakten Haus um die Ecke. Die Ärzte sprechen Englisch und auch etwas Französisch. Sie wollen uns erst einmal kennen lernen und wir wollen wissen, unter welchen Bedingungen sie jetzt arbeiten und wie sie es schaffen, die Verletzten und Kranken medizinisch zu versorgen. Die Stimmung unter den Ärzten ist eindeutig: Wir lassen uns nicht unterkriegen. Aber die Versorgungsengpässe sind eigentlich dazu angetan, auch die Tapfersten verzweifeln zu lassen. Wir erleben hier eine extrem angespannte Situation. Wir sitzen in diesem Gebäude, das jederzeit bombardiert werden kann, so wie die Straßenzüge, die wir bei der Einfahrt gesehen haben, und alle versuchen sich so zu verhalten, als gäbe es diese Gefahr nicht. Doch natürlich ist sie jederzeit in diesem kargen, spärlich möblierten Raum zu spüren. Mir wird schnell klar: Diese Menschen und diese Ärzte brauchen unsere Unterstützung als Erste. Sie verdienen, denke ich mir, als wir aus dem halbkaputten Gebäude auf die Straße gehen, den Medizinnobelpreis. Das wird mir in den nächsten Stunden noch deutlicher.

Wir gehen aus der Seitenstraße auf die Hauptstraße und sollten jetzt eigentlich das Gebäude des berühmten Dar Al Shifa Hospitals direkt vor uns haben. Doch wir sehen – einen bloßen Trümmerhaufen. Als wir vor der Ruine stehen mitten in diesem Hochhauswohnviertel in Aleppo, fröstelt es uns. Dort hat das Regime den ganzen Straßenzug stehen gelassen, aber das Hospital getroffen und mit Raketen und Bomben geradezu in den Erdboden gestampft. Viele Krankenschwestern und Pfleger starben bei dem Bombardement. Dann zeigen uns die Ärzte die notdürftig hergerichteten Räume in den umliegenden Häusern, in denen sie versuchen, den Krankenhausbetrieb einigermaßen aufrechtzuerhalten und die überlebenden Patienten zu versorgen. Einer der Ärzte führt uns in ein großes Wohnhaus, wo wir in den Keller heruntergehen. Dort befindet sich die Abteilung für Innere Medizin. Alles findet unter ganz eingeschränkten Bedingungen statt, aber die Ärzte bewegen sich noch mit der Würde, die das sichere Kennzeichen eines Arabers und einer Araberin auch in fast aussichtslosen Lagen ist. Wir gehen in das nächste Hochhaus, wieder zwei Etagen tief in den Keller. Dort sind die Operationssäle untergebracht und auch der Kreißsaal. Die Apparaturen laufen alle mit Generatoren, denn Aleppo hat keinen Strom mehr, was in Zeiten dieses harten Winters große Entbehrungen verursacht. Wir sehen einen Verletzten mit glasigen Augen nur noch die Wand anstarren. Im dritten Wohntrakt, den wir besichtigen, sind zwei Etagen für die Pädiatrie freigemacht worden. Dort werden die Kinder verarztet, die Kinder Syriens und Aleppos. Meine Bewunderung kennt nach diesem Besuch keine Grenzen mehr.

Immer wieder möchte ich irgendwelche Zusagen machen, Bernd Goeken von Cap Anamur auch, aber wir wissen, wie fragil der Zustand dieser Riesenmetropole Aleppo weiterhin ist und wie schwierig es ist, den Nachschub an Medizin, Medikamenten und Geräten hierher zu schaffen. Ich glaube kaum, dass wir als Grünhelme jetzt schon hier tätig werden können. Das wäre gegenüber unseren Mitarbeitern nicht zu verantworten. Nach vielen Stunden in dem dicht besiedelten Viertel von Aleppo und dem geballten Elend, das wir in den Kellern gesehen haben, wirken wir auf uns selbst daher wie Hilfstouristen, die hier nur hinkommen, um das Elend einmal gesehen zu haben. Der Chef der jungen Mediziner schaut uns vor der Verabschiedung sehr ernst an und sagt: «We are at the limit», wir sind mit unseren Möglichkeiten und Material am Ende. Wir können diesen Betrieb hier nur noch so eben gerade aufrechterhalten. Wenn es jetzt nicht massiv Nachschub gibt an Medizin, Medikamenten, medizinischen Geräten, dann können auch wir nicht mehr weitermachen. Mir gehen der Anblick dieses Arztes und sein fast verzweifelter Gesichtsausdruck nicht mehr aus dem Kopf, der uns in den Häuserfluchten dieses eng besiedelten und bewohnten Großstadtviertels seine Wut und seine Beschwernis vorhält. Gott sei Dank bin ich jetzt mit Bernd Goeken von Cap Anamur hier, Gott sei Dank habe ich einen Autoklaven von einer wunderbaren Hilfsinitiative in Eutin angeboten bekommen, den wir hierher schicken werden. Wir können also wenigstens ein bisschen tun. Diesen Hilfstourismus, der nur aufschreibt und evaluiert, habe ich immer gehasst.

Als wir uns nach fünf Stunden wieder auf den Weg nach Tal Rifaat machen, staunen wir, wie anders die Lage in Aleppo im Vergleich zu den schon befreiten Gebieten trotz allem ist. Denn der Alptraum liegt noch ganz schwer auf der Stadt. In Aleppo gibt es keine Sicherheit, kein Leben ohne Angst. Es gibt keine Müllabfuhr, es gibt wirklich gar nichts mehr. Das liegt daran, dass der Einfluss der Regierung hier nicht mehr greift, die Rebellen diesen aber auch noch nicht ersetzen können. Da kann man die Menschen nur bewundern, die sich zum Teil hervorragend untereinander helfen.

Kilis, 7. Februar 2013

Mit Martin Mikat habe ich heute Morgen unsere Baustellen in Tal Rifaat inspiziert. Er ist ein erfahrener Zimmermann und Bautechniker, der zu einer Sorte von Handwerkern gehört, auf die ich mich stützen würde, wenn ich einmal einen Staat zu lenken hätte: die Leute von der Walz, die fahrenden Gesellen, die für zwei oder drei Jahre losgegangen sind und auf bestimmte Annehmlichkeiten verzichtet haben, um beim Herumwandern neue Fertigkeiten zu erwerben. Wir Grünhelme haben mit diesen fahrenden Gesellen immer die allerbesten Erfahrungen gemacht. Diese jungen Leute sind nicht bequem, sie sind immer verlässlich, praktisch, einfach, fair, hart im Nehmen. Man kann sie für die schwersten Posten gut gebrauchen. Saru Murad hatte sehr darum gebeten, dass wir für die Bauprojekte in Tal Rifaat noch jemanden schicken, der über viel Erfahrung verfügt.

Man sieht es Martin an, wie viel Spaß es ihm macht, alles bauhandwerklich zu erklären, vor allem, als wir bei der stark beschädigten Schule ankommen. Er schaut sich alles genau an und entscheidet schließlich, dass aus statischen Gründen der linke Teil zusammen mit dem Treppenaufbau abgerissen und zwei Drittel der Schule ganz neu gebaut werden müssen, am besten eingeschossig und nicht, wie vorher, mit zwei Etagen. Da wird sich Saru eventuell noch ärgern, dass er auf einen Fachmann gedrängt hat, denn er hielt Abriss und Neubau für Geldverschwendung. Er wollte eigentlich nur chirurgisch das Treppenhaus zwischen den beiden Gebäuden abreißen und den Rest durch Stahltrassen und Pfeiler stabilisieren.

Am Nachmittag bin ich nach Azaz gefahren. Ich hatte mich mit dem Redakteur des Deutschlandfunks, Christoph Heinemann, verabredet für ein Interview, das morgen ausgestrahlt werden soll. Es soll ein Gespräch auf dem Handy sein über die Lage in Syrien und in Aleppo. Noch vor zehn Jahren durften die Mitarbeiter des Deutschlandfunks keine Interviews über ein Mobiltelefon machen. Das hat sich längst geändert, zum einen wegen der besseren

Qualität der Handys und zum anderen, weil man sonst auf der Welt große Gebiete hätte, die man gar nicht abdecken könnte, weil es nie eine Festnetzkommunikation gegeben hat und wohl auch nie eine geben wird. Ich steige um 17 Uhr auf das Dach des Krankenhauses mit dem betörenden Blick auf die Landschaft um uns herum. Und schon läutet mein Telefon mit der Turkcell-Nummer, der DLF ist am Apparat. Christoph Heinemann, einer der Redakteure, die sich noch für die Verhältnisse in solchen Krisenregionen interessieren, fragt mich zur Lage in Aleppo. Es geht auch darum, was der Westen und was die Deutschen tun können. «Das syrische Volk ist wahrscheinlich das verlassenste Volk der Erde», sage ich zum Schluss.

Kurz vor 20 Uhr, danach ist der Kontrollposten geschlossen, sind Bernd Goeken und ich über die türkische Grenze gegangen und müssen nur die Zeit in Kilis totschlagen. Denn wir müssen erst um zwei Uhr nachts am Flughafen in Gaziantep sein. Also werden wir wahrscheinlich noch gemütlich essen in einem dieser typischen Cafés, wo man so herrliche Süßspeisen bekommen kann. Dann, um 23.30 Uhr, müssen wir aufbrechen nach Gaziantep und auf den Nachtflug nach Istanbul, dann zwei Stunden später auf den Flug nach Köln/Bonn mit der Turkish Airlines, wo wir morgen um 9.55 Uhr ankommen sollen.

Troisdorf, 14. Februar 2013

Abdullah schreibt uns in wenigen bewegenden Sätzen aus Tal Rifaat: «Mittlerweile kann ich die ständige Angst der Menschen hier nachempfinden. Mal ist es ruhig, die Sonne scheint, man trinkt vielleicht gerade einen Tee und unterhält sich – plötzlich lässt ein Kampfjet Assads Tal Rifaat verstummen. Man wird sich zwar nicht daran gewöhnen, aber es gehört hier zum Alltag dazu.»

Der Syrienkonflikt rückt im Moment etwas aus dem Fokus des Medieninteresses. Die n-tv-Reporterin hat uns gesagt, bei den Medien wolle keiner mehr auch nur noch ein Wort von Syrien hören. Das war sicher übertrieben, aber nicht ganz ohne realen Kern. Sie durfte nur nach Azaz, aber nicht weiter nach Aleppo, weil sie die Bundeswehr 120 Kilometer landeinwärts in der Türkei in dem Ort mit dem fast unaussprechlichen Namen aufsuchen sollte: Kahramanmaraş. Deshalb durfte sie auch nach Kaljibrin, das nahe an Azaz liegt. Ihr Film über diesen Ort und seine Leiden, aber auch seinen ungebrochenen Mut läuft morgen im Fernsehen.

Derweil hält die Welle an wütenden Protesten gegen mich und andere, die sich offen gegen Assad und das Regime äußern, an. Ich bekam auf das Deutschlandfunk-Interview vom Morgen des 8. Februar wieder Zuschriften, die durch linke Verschwörungstheorien gekennzeichnet sind. Assad und seine Dynastie haben immer noch die Unterstützung linker Ideologen. Es gibt einige mir sehr vertraute junge und alte Linke, die immer noch wie in einer Nibelungentreue zu Baschar al-Assad stehen und davon gar nicht abzubringen sind. In ihrer Wahrnehmung versucht die syrische Regierung ihre Eigenständigkeit zu bewahren und sich gegen die Einmischungen des Westens in ihre inneren Angelegenheiten zu verteidigen. Wegen dieser Unbotmäßigkeit strebe der Westen den Sturz Assads an und bediene sich zu diesem Zweck der Rebellen. Sicher, die Assads waren die Garanten des säkularen Syriens, das einzigartig schien im arabischen Nahen Osten. Aber dass sie auch eine Geheimdienst- und Bespitzelungsdiktatur aufbauten, die ihresgleichen sucht, wird von der Linken gerne ignoriert. Wir hatten in der Zeit der Roten Khmer, also des Steinzeitkommunismus von Pol Pot in Kambodscha, auch eine solche sektiererische linke Haltung. Damals wurde sogar als Argument herangezogen, dass Pol Pot mit seinem Radikalkommunismus die Malaria ausgerottet habe. So ähnlich erscheint mir jetzt die Nibelungentreue gegenüber dem Assad-Clan. In Deutschland wird diese Position vor allem vertreten von der Jungen Welt, der ehemaligen FDJ-Zeitung. Dort erscheinen in regelmäßigen Abständen die Artikel der wohl einzigen deutschen Journalistin, die gegenwärtig ein Arbeitsvisum für Syrien besitzt, von Karin Leukefeld. Ich werde mit dieser Szene wohl noch unerquickliche, nicht produktive Auseinandersetzungen haben.

Troisdorf, 15. Februar 2013

Gestern erhielt ich endlich eine Reaktion auf meinen Brief vom 15. Januar 2013, in dem ich den Bundesaußenminister gebeten hatte, ein Büro für humanitäre Hilfe für Syrien in der Türkei einzurichten. Westerwelle antwortet nie selbst, das taten damals nur Hans-Dietrich Genscher und Klaus Kinkel, aber er lässt den Beauftragten für Menschenrechte und humanitäre Hilfe im Auswärtigen Amt, Markus Löning, antworten. Und dieser Brief scheint einiges zu versprechen.

Die Bundesregierung, so heißt es dort, verfolge allgemein das Ziel, zivile und gemäßigte Akteure gegenüber militärischen zu stärken. Sie stehe im Kontakt mit den in Syrien und der Region tätigen humanitären deutschen Nichtregierungsorganisationen, mit den internationalen Organisationen sowie mit ausgewählten lokalen Aktivisten. In enger Abstimmung mit der Nationalen Koalition der Syrischen Oppositions- und Revolutionskräfte würden Hilfs- und Wiederaufbaumaßnahmen geplant und auch umgesetzt. Zudem werde mit Unterstützung des Auswärtigen Amtes ein GIZ-Büro in der Türkei nahe der türkisch-syrischen Grenze eröffnet. Der Projektleiter habe die Aufgabe, die Umsetzung von Hilfsprojekten in Syrien zu koordinieren. Das klingt erst einmal gut, aber ich bin mir nicht sicher, was sich hinter diesen schönen Worten an konkreten Taten verbirgt. Ich habe bisher nichts von diesen Aktivitäten mitbekommen.

Die Rebellen (das ist für mich immer noch ein Ehrentitel) sollen inzwischen den Militärflughafen Al Dscharah östlich von Aleppo erobert haben. Die syrische Beobachtungsstelle für Menschenrechte in London meldete, dass der FSA dabei zum ersten Mal intakte MiG-Kampfflugzeuge in die Hände gefallen seien. Zudem soll die FSA versuchen, das größte Wasserkraftwerk des Landes zu erobern. Die in der Provinz Raqqa am Euphrat erbaute Anlage würde unter anderem auch die Millionenstadt Aleppo mit Strom versorgen können. Noch weiter im Osten des Landes soll die FSA eine Offensive vorbereiten, um die Provinzhauptstadt Deir az-Zor einzunehmen. Wenn dies gelingen sollte, wäre erstmals eine ganze Provinz unter der Kontrolle der Aufständischen. Es sieht nach einem Vormarsch auf der ganzen Linie aus.

Zugleich hat der Chef der syrischen Nationalen Koalition, Moaz al-Khatib, dem Regime angeblich ein Gesprächsangebot unterbreitet. Der syrische Minister für nationale Versöhnung, Ali Haidar, wird im britischen Guardian zitiert mit den Worten: «Ich bin bereit, Herrn Khatib in jeder ausländischen Stadt zu treffen, in die ich reisen kann, um über Vorbereitungen für einen nationalen Dialog zu diskutieren.» Was beabsichtigt al-Khatib damit? Glaubt er wirklich, es könne noch eine gemeinsame Lösung mit Baschar al-Assad geben? Bei allem, was er dem syrischen Volk bereits angetan hat?

Troisdorf, 17. Februar 2013

Immer diese unterschwellige Angst um unsere drei Grünhelme in dem 35 000-Seelenort Tal Rifaat! Schon gestern Abend habe ich die Schlagzeile gelesen: «Türkei beschießt Ziel in Syrien nach Mörserangriff». Noch heute Morgen überkommt mich deshalb ein leichtes Zittern. Meiner Frau, Christel Neudeck, darf ich das gar nicht erzählen.

In der Meldung heißt es, als Reaktion auf einen Mörserangriff aus Syrien hätten türkische Soldaten am 15. Februar Ziele in dem Nachbarland mit Artillerie beschossen. Die Mörsergranate sei auf der türkischen Seite in einem Waldstück bei Yayadagi in der Provinz Hatay eingeschlagen. Seit einiger Zeit lässt die türkische Armee mit Artillerie nach Syrien zurückfeuern, wenn nach Schüssen auf das eigene Staatsgebiet Angreifer mit Radar lokalisiert werden können. Das entspricht der harten Gangart der türkischen Regierung, die sich ja auch gegenüber dem Irak nicht scheut, eigene Soldaten in ein anderes souveränes Land einmarschieren zu lassen, um PKK-Kämpfer zu verfolgen.

Eine zweite beunruhigende Meldung spricht davon, dass es immer wieder einmal «Massenentführungen» gibt. Und da ich jetzt seit fast zwei Tagen nichts von unserem Team gehört habe, weder von Martin Mikat noch von Abdullah Allaoui oder Joachim Knauber, beginnt dieses untrügliche Gefühl, das nicht Ängstlichkeit signalisiert, sondern Verantwortung. Um mich wäre ich nicht so besorgt, aber wenn ich andere in eine solche Lage hineingeschickt habe, dann fühle ich mich verantwortlich, im entsprechenden Fall auch schuldig. Die Londoner Beobachtungsstelle für Menschenrechte hat erklärt, dass im Nordwesten des Landes bereits 100 Personen entführt worden seien. Eine regimetreue Nachrichtenseite namens Al Hakika hatte zudem gemeldet – aber niemand kann das bestätigen oder dementieren –, dass nach der Eroberung der Kleinstadt Al Schadadi Dutzende Arbeiter einer staatlichen Ölfirma ermordet worden seien. Hunderte von Zivilisten seien von Angehörigen der Al Nusra Front verschleppt worden, die ich nicht mehr islamistisch, sondern nur noch terroristisch und verbrecherisch nennen werde. Diese Gruppe hatte dagegen nur berichtet, dass ihre «Gotteskrieger» (als ob es so etwas geben könnte) Al Schadadi nach drei Tagen Kampf eingenommen hätten. Wer weiß, was sich hinter solchen martialischen Nachrichten verbirgt?! Ich bleibe trotzdem bei meinem Optimismus, hier sitze ich, ich kann nicht anders, Gott oder Allah helfe mir.

Was werden wir noch alles tun müssen, bevor der Herrscher in Damaskus abzieht? Wir haben jetzt die Mitte des Februar schon überschritten und sein Sturz oder seine Flucht sind derzeit nicht abzusehen. Wie lange noch? Wie lange noch willst du, Baschar al-Assad, unsere Geduld überstrapazieren? Entweder wir bringen dich vor den Internationalen Strafgerichtshof – oder Du verschwindest so schnell, wie es dir die Beine und dein letztes Flugzeug erlauben.

Spirale der Gewalt

Heute habe ich unseren drei Grünhelmen in Tal Rifaat geschrieben und sie gebeten, sich zu melden. Ich las in der Zeitung von Schusswechseln an der türkisch-syrischen Grenze und machte mir Sorgen um meine Mitarbeiter. Doch Martin Mikat hat zum Glück gleich angerufen. Die zwei neuen Klassenräume sind fertig in der Hauswirtschafts-Berufsschule der Mädchen. Im Gymnasium wird noch der neue Farbanstrich gemacht und Martin will bis zur ersten Decke kommen in der dritten Schule, die am stärksten zerstört war. Das Geld reicht noch, das nächste muss dann Till Gröner mitnehmen, wenn er im März nach Syrien geht. Er ist eine der Säulen unserer Grünhelme-Arbeit und hat sich als angehender Architekt schon zwei Jahre in Ruanda, in der Demokratischen Republik Kongo und in Somaliland bewährt. Hoffentlich wird er von Bernd Blechschmidt begleitet, den wir für einen zweiten Grünhelme-Term in Syrien gewinnen wollen.

Gestern wurde der Bericht einer UN-Ermittlungskommission veröffentlicht. Dort heißt es, beide Kriegsparteien würden immer «brutaler und rücksichtsloser» vorgehen. Der Vorsitzende dieser Kommission, der vom UN-Menschenrechtsrat mit den Ermittlungen beauftragte Paulo Pinheiro, sagte, es sei am Ende des zweiten Kriegsjahres eine wachsende Konfessionalisierung und Militarisierung festzustellen. Es sei den Ermittlern gelungen, in der syrischen Führung einzelne Personen zu identifizieren, die sich sicher Kriegsverbrechen schuldig gemacht hätten. Auch die Einheiten, die diese Anweisungen durchführten, seien bekannt. In zwölf nachgewiesenen Fällen hätte die syrische Luftwaffe gezielt Zivilisten bombardiert. Doch auch auf Seiten der Aufständischen seien Kriegsverbrechen wie Mord und Folter belegbar. Der Internationale Strafgerichtshof sei die richtige Instanz, um diese Taten zu verfolgen. Der Bericht der Ermittler stützt sich offenbar auf 445 Interviews mit Zeugen und Opfern der Verbrechen. Alle diese Interviews wurden im Ausland geführt, da die Kommission sich nicht nach Syrien hinein traute.

Ich bin sehr irritiert darüber, dass der Bericht beide Seiten auf eine Stufe stellt. Wir haben es in Syrien mit einer Regierungsarmee zu tun, die in Verletzung aller Konventionen Krieg führt gegen die eigene Bevölkerung. Sie besitzt all die schweren Waffen, Panzer, Flugzeuge, Raketen und Bomben, die der bewaffneten Opposition nicht zur Verfügung stehen. Deshalb kann ich diese Gleichsetzung nicht billigen. Mir wäre auch sehr viel wohler, wenn die Rebellen, die letztlich aufgrund der Untätigkeit der internationalen Staatengemeinschaft gezwungen waren, zu den Waffen zu greifen, sich keiner Übergriffe und Kriegsverbrechen schuldig machen würden. Aber was soll man erwarten, wenn sich die Gewalt erst einmal ausbreitet? Und es gibt eben auch viele Gegenbeispiele. Dr. Anaz, der Leiter des Hospitals in Azaz, besucht mehrmals in der Woche die Gefangenen der lokalen FSA und behandelt sie. Er hat uns versichert, dass es zumindest in Azaz den gefangenen Assad-Anhängern relativ gut gehe.

Problematisch ist allerdings die offenbar zunehmende Stärke der Al Nusra Front. Ich habe sie zwischen Azaz und Aleppo noch nicht gesehen, aber das ist ja auch nur ein kleiner Ausschnitt Syriens. In anderen Regionen scheint sie durch ausländische Kämpfer, die in den Dschihad nach Syrien ziehen, sehr an Gewicht zuzulegen, auch wenn derzeit niemand ihre Stärke sicher beurteilen kann. Sie will in Syrien nach dem Sturz Assads einen Gottesstaat errichten wie einst die Taliban in Afghanistan, etwas, das überhaupt nicht zu diesem religiös so toleranten Land passt. Ihren Kämpfern sichert die Al Nusra Front zu, nach dem Ende des Krieges im Land bleiben zu können. «Sie sind keine Ausländer, sie sind Muslime!»

Troisdorf, 20. Februar 2013

Heute vermeldet die FAZ unter der Überschrift: «Moskau holt Russen aus Syrien», dass Russland am 19. Februar zwei Flugzeuge mit Hilfsgütern nach Syrien geschickt habe, die noch am selben Tag bis zu 150 russische Staatsbürger ausfliegen sollten. Alexej Malaschenko, ein in Moskau angesiedelter außenpolitischer Experte der US-amerikanischen Forschungsinstitution Carnegie Centre, erklärte der russischen Tageszeitung Iswestija, das Ansehen Russlands bei der syrischen Opposition sei im Keller, weil Moskau die Führung in Damaskus auch noch in auswegloser Situation unterstütze. Deshalb sei es eine gute und vorausschauende Entscheidung, die eigenen Leute aus der Schusslinie zu bringen. Das Regime wanke mehr und mehr, erklärte er. Es sei allgemein bekannt, dass Russland Assad gedrängt habe, sein Land zu verlassen oder seine Linie zu ändern. Er habe das Letztere versprochen, aber nichts geändert. Malaschenko: «Nun versuchen wir lediglich, unsere Landsleute zu schützen». Vielleicht begreift auch Russland endlich, dass Baschar al-Assad nicht zu halten ist.

Abdullah Allaoui schreibt aus Tal Rifaat, dass die Arbeiten gut vorangehen und schon 24 Syrer von uns beschäftigt werden. «Mittlerweile schließen wir täglich Verträge mit Malern, Bauschlossern, Elektrikern und Schreinern ab. Das ist erfreulich, denn da, wo es Arbeit gibt, werden leere Mägen gefüllt und trostlose Seelen beschäftigt.» Vielleicht ist das derzeit der wichtigste Effekt unserer Arbeit in Syrien, dass wir den Menschen Arbeit geben und ein bisschen dazu beitragen, den Wirtschaftskreislauf wieder in Gang zu setzen. Kristin Helberg sieht das auch so: Das Wichtigste sei die Ankurbelung der Wirtschaft, nicht das Verteilen von Almosen. Sie hat aufgrund der sieben Jahre, die sie in Syrien gelebt und gearbeitet hat, einen guten Einblick in die Verhältnisse dort und versteht die Mentalität der Syrer. Diese seien erfahrene Geschäftsleute. In Handelsmetropolen wie Aleppo sei es daher sinnvoller, einem Seifenhersteller die Wiederaufnahme seines Betriebes und damit die Einstellung von Arbeitern zu ermöglichen als auf Dauer Lebensmittel zu verteilen. Lehrer und Schüler müssten ermutigt werden, wieder an ihre Arbeitsplätze bzw. auf ihre Schulbänke zurückzukehren. Und in den ländlichen Regionen um Azaz, Afrin, Idlib und Aleppo bräuchten Bauern Saatgut und Abnehmer für ihre Produkte. Der Export aus den von den Rebellen kontrollierten Gebieten dürfe nicht behindert werden. Und sie fährt fort: Je schneller eine öffentliche Ordnung funktioniert und die Lebensbedingungen sich verbessern, desto geringer sind die Chancen für radikale Gruppen, gesellschaftlich und politisch Fuß zu fassen. Außerdem könnten die befreiten Gebiete dann dem Rest des Landes als Beispiel für ein zukünftiges Syrien dienen. Leider sei die syrische Opposition bisher nicht in der Lage, die vielen beeindruckenden lokalen Initiativen zu bündeln und einheitliche Strukturen aufzubauen. Mir scheint fast, dass die Bombardements des Assad-Regimes auch dieses Ziel haben: Zu verhindern, dass in den befreiten Gebieten das öffentliche Leben wieder in Gang kommt und sich dort funktionierende Verwaltungsstrukturen, der Kern eines Rebellenstaates, bilden können. Denn dann könnte der Präsident nicht mehr das Mantra vor sich hertragen: Stürze ich, bricht das Chaos aus.

Troisdorf, 21. Februar 2013

Wolfgang Bauer fordert in einem Leitartikel der ZEIT, der Westen müsse sich in Syrien einmischen, bevor es zu spät sei. Er ist jemand, den man sehr ernst nehmen muss. Er hat die befreiten Zonen im Norden mehrmals bereist. Er weiß, wovon er redet. Der Westen hat sich mit seiner Strategie der Nichteinmischung, so meint er, furchtbar verkalkuliert. «Ich reise als Reporter regelmäßig in dieses Land und erlebe, wie die Gewalt immer weiter eskaliert. Massaker wie das von Al-Hula, wo im Mai 2012 über hundert Menschen von Assads Milizen umgebracht wurden, ereignen sich jetzt alle paar Wochen. Längst macht das Morden keine Schlagzeilen mehr.» 70 000 Tote werden von den Vereinten Nationen derzeit gezählt, eine erschreckend hohe Zahl. Ein ganzes Volk lebt in Bunkern und Kellern ohne Strom und Heizung, Krankenhäuser und Bäckereien werden gezielt bombardiert. Der Ruf nach einer Flugverbotszone wird daher immer lauter.

Angesichts der drohenden Radikalisierung der Gesellschaft bei täglich 100 bis 250 Toten wäre ein schneller und klarer Sieg der FSA das derzeit beste Szenario für Syrien, glaubt Kristin Helberg. Sie betont, der Westen habe noch nicht begriffen, dass seine Zurückhaltung gegenüber der FSA die radikal islamistischen Gruppen erst stark gemacht habe. Während die FSA in ihrer Not, wie ich es in Azaz selber gesehen habe, Mehl verkaufen muss, um an Waffen zu kommen, kauft die besser ausgestattete, Al Qaida nahestehende Al Nusra Front dieses Mehl auf, backt damit Brot und verteilt es an die Bevölkerung.

Heute wird bei uns ein Rekrutierungstreffen der Grünhelme stattfinden, um neue Leute für unsere Projekte auszuwählen. Vielleicht sind auch welche für Syrien dabei. Martin Mikat hat mir aus
diesem Anlass einige Gedanken und Informationen über seine
Arbeit geschickt. Seine Mail hat mich heute Morgen, als ich den
Computer öffnete, so bewegt, dass ich den Tränen nahe war. «Momentan sieht es so aus, dass wir so gut wie jede Nacht unter Artil-
leriebeschuss stehen. Meist gilt dieser aber dem nahen Flughafen.
In den zwei Wochen, wo ich jetzt hier bin, sind außerdem drei
Vakuumbomben oder Scud-Raketen in der Stadt nieder gegangen.
Wir werden die Tage nach Kaljibrin umziehen, um vielleicht so
wenigstens nachts ‹sicherer› zu sein. Ich kann für uns alle drei
sprechen, wenn ich sage, dass wir unbedingt die Arbeit fortsetzen
wollen und das Risiko, welches besteht, in Kauf nehmen. [...] Ich
habe in meiner Zeit als Grünhelm unsere Arbeit noch nie als so
wichtig und richtig empfunden wie in diesem Land. Die Herzlichkeit und Freundlichkeit, die uns hier entgegen getragen wird,
kennt keine Grenzen. Es ist wirklich bewundernswert, wie die
Menschen hier, zumindest oberflächlich, einfach ihren Alltag
durchziehen, als gäbe es keinen Tod und Zerstörung um sie herum. So eine Stärke ist imposant. Zugleich ist es beschämend, dass
die ganze Welt nur zuschaut. Leider haben genau das die Menschen hier schon begriffen. Wenn ich ihnen sage, dass ich mich
dafür für Deutschland schäme, sagen sie nur: ‹Du brauchst dich
nicht für Deutschland zu schämen, es gucken doch alle nur zu.›
Umso mehr wird unsere winzig kleine Solidarität, in Form von
drei Grünhelmen vor Ort, geschätzt. Allein dieser Beitrag reicht
für mich als Grund schon aus hier zu arbeiten.»

Heute Morgen erhalte ich eine Nachricht aus Syrien, die mich erschüttert, denn es hätte auch etwas passieren können. Abdullah schreibt: «Wir sind die letzten Tage nicht mehr in Tal Rifaat
geblieben. Da waren zu viele Einschläge. Gestern ist wohl wieder
eine Scud in der Nähe eingeschlagen. Angeblich hat man das sogar in der Türkei gehört. Bei uns haben die Wände gewackelt und

viele Leute haben sich aus Tal Rifaat verdrückt. Wir überlegen uns gerade, in die Türkei zu gehen, weil es sich hier momentan etwas militärisch zuspitzt. Martin wird dir wahrscheinlich mehr zu unserer Situation schreiben.» Gegen Abend hat dann Martin Mikat aus Syrien angerufen und Abdullahs Bericht bestätigt. Er glaubt, dass die Zuspitzung mit den Kämpfen um den Flugplatz zu tun hat, die im Moment wohl wieder heftig aufgeflammt sind. Deshalb hat sich unser Team, Martin, Joachim und Abdullah, nun entschlossen, nach Azaz zurückzugehen, also in Grenznähe, um im Hospital zu schlafen und zu wohnen und notfalls schnell in die Türkei ausweichen zu können.

Ich habe Kristin Helberg gefragt, ob sie eine Erklärung für die Zunahme der Brutalität in dem Gebiet zwischen Azaz, der türkisch-syrischen Grenze, Tal Rifaat und Aleppo hat. Sie ist wie immer bestens informiert, glaubt aber nicht, dass sich dahinter eine Wende im Kriegsgeschehen verbirgt. Das Regime setze nun verstärkt Scud-Raketen ein, nachdem in letzter Zeit vermehrt Helikopter und Flugzeuge von den Rebellen abgeschossen wurden. Und es habe offensichtlich im Moment gerade – aus welchen Gründen auch immer – Tal Rifaat ins Visier genommen, so wie es vorher andere Ortschaften besonders intensiv bombardiert habe. Sie hält es, wie ich auch, für möglich, dass ein System dahinter stecken könnte, gerade die Orte zu wählen, in denen der Wiederaufbau besonders gut vorankommt und eine positive Entwicklung zu sehen ist. Christoph Reuter vom Spiegel erzählte Kristin Helberg eine Geschichte, die das nahelegt. Im vergangenen Sommer funktionierte die zivile Selbstverwaltung in Manbij besonders gut und das Regime zerstörte daraufhin offenbar gezielt die Infrastruktur dort. Vielleicht hatte es zu viel Berichterstattung über die Stadt gegeben, meinte Christoph Reuter, war sich aber nicht sicher.

Troisdorf, 2. März 2013

Angesichts der Situation in unserem bisherigen Arbeitsgebiet diskutieren wir gegenwärtig intensiv, wie es weitergehen soll. Der Kontakt nach Syrien ist schwierig, da immer wieder das Internet ausfällt. Unser Team war zwischendurch noch einmal in Tal Ri-

Die Einschläge werden zu heftig: Bombentrichter nach den schweren Bombardements in Tal Rifaat.

faat und hat ausstehende Gehälter gezahlt. Wir können hier gegenwärtig nicht mehr weiterarbeiten. Abdullah hat dies den Leuten vor Ort auch erklärt. Sie sollen wissen, dass wir sobald wie möglich wiederkommen. Außerdem hat er Zweifel, ob es in dieser Gegend sinnvoll ist, weiterhin an dem Wiederaufbau von Schulen zu arbeiten, die jederzeit erneut zerstört werden können. Er schreibt:

«Es steht außer Frage, dass es ein toller Zug war, in die Region zu kommen und da etwas zu bewegen, wo andere zurückgeschreckt sind. In Syrien anzupacken, während andere es für unmöglich hielten. Fakt ist, die Leute brauchen heute Hilfe und nicht erst morgen.

Was aber gezielt den Bau von Schulen angeht, so muss ich sagen, dass es nach meinem Ermessen momentan schwer ist, in diese Richtung zu arbeiten. Dieses Statement haben mir auch Leute meines Vertrauens in Tal Rifaat ans Herz gelegt sowie Arbeiter an den Baustellen und andere humanitäre Hilfsarbeiter in Krankenhäusern und Flüchtlingslagern. Fakt ist: Die Bevölkerung dieser Region wird ständig von Bomben- und Raketeneinschlägen sowie vorbeifliegenden Kampfjets terrorisiert. Hinzu kommt, dass der Großteil (ca. 70%) der Bevölkerung nicht mehr da ist und somit der Zeitpunkt, an dem der Unterricht wieder aufgenommen werden kann, noch lange nicht absehbar ist. Es gibt viele Syrer hier, die dankbar sind und konstruktive Vorstellungen haben, wie man effizient(er) helfen könnte. Einige davon finde ich persönlich sinnvoller als eine fertig gebaute Schule, die aufgrund der Tatsachen nicht besucht werden würde. Wir müssen uns vor Augen halten, dass Kaljibrin und die Schule dort eine Ausnahme sind. In Kafar Kalbin zum Beispiel wird eine völlig überfüllte Schule als Flüchtlingslager für die ärmere Bevölkerung, die kein Geld für die Ausreise in die Türkei hat, genutzt. Die Grünhelme haben ohne Zweifel einen Hauch Leben und Beschäftigung nach Tal Rifaat bringen können. Ich hoffe, wir können auch weiterhin und schnellstmöglich den Leuten hier helfen!»

Abdullahs Argumente sind nicht von der Hand zu weisen. Allerdings würde ich den Beitrag, den wir zur Ankurbelung der Wirtschaft und allgemein zur Belebung der Ortschaften leisten, auch nicht gering schätzen. Es mag aber sein, dass im Moment in dieser immer wieder heftig bombardierten Region die Sanierung von Schulen nicht im Vordergrund stehen sollte. Wir halten daher nach neuen Einsatzgebieten Ausschau. Die Situation in und um Idlib, das zwischenzeitlich im Gespräch war, ist sehr unübersichtlich und für uns schwer einzuschätzen. Es sieht so aus, als würde dort das Zusammenspiel von FSA und Zivilverwaltung weniger harmonisch funktionieren als in Azaz. Und auch innerhalb der FSA scheint es dort mehrere rivalisierende Gruppen zu geben. Der Ort und seine nähere Umgebung kommen daher wohl zunächst nicht infrage.

Ein sinnvoller Einsatzort scheint uns dagegen das unmittelbare Grenzgebiet zur Türkei westlich von Aleppo zu sein. Dorthin hat es viele Flüchtlinge verschlagen, deren Lage zum Teil miserabel ist. Und Bombardements der syrischen Luftwaffe sind aufgrund der Nähe zur Türkei deutlich seltener. Saru, der inzwischen für Cap Anamur im Krankenhaus in Azaz tätig ist, hat uns eine Bitte weitergegeben, die an ihn herangetragen worden ist. Man wolle in der Nähe von Harim, 40 Kilometer nördlich von Idlib, ein innersyrisches Flüchtlingslager aufbauen und benötige dafür Hilfe. Der Ort liegt nahe an dem Grenzübergang Bab al Hawa, der in der Hand der Rebellen ist, praktisch gegenüber der türkischen Stadt Reyhanli. Wir würden dann nach Hatay fliegen statt nach Gaziantep und müssten natürlich unsere ganze Logistik neu ausrichten. Joachim Knauber, Martin Mikat und Abdullah Allaoui und, wenn er Zeit hat, auch Saru Murad wollen in den nächsten

Tagen dorthin fahren und sich ein Bild der Lage machen. Vielleicht ergibt sich etwas in Harim.

Ich bin gerade zurück aus Palästina und Israel, wohin ich am 3. März geflogen war. Dort hatte ich ein Erlebnis der dritten Art: Ich war verabredet mit einem Filmteam des ZDF, das einen Dokumentarfilm drehte. Diese beiden Filmemacher standen politisch sehr weit links und meinten mir in Jerusalem sagen zu müssen, wie ich den Syrienkonflikt einzuschätzen habe. Dazu müsse man nur Karin Leukefeld lesen in der Jungen Welt, die sei seit zwei Jahren in Syrien und würde über alles berichten, was sich dort ereigne. Ich erwähnte dann, dass es eine Angststarre gäbe unter den Syrern aufgrund des Überwachungsregimes der Geheimdienste, die man sich wahrscheinlich nur vorstellen könnte, wenn man an die ehemalige DDR zurückdenke. Damit hatte ich aber etwas ganz Unkorrektes gesagt und ich wurde in der Folge von den beiden heftig attackiert.

Die Wut dieser Äußerungen, die alle in Deutschland abbekommen, die sich gegen Assad stellen, auch die Expertin Kristin Helberg, ist mir unverständlich. Ich erhalte immer wieder wütende Briefe von Leuten, die der Verschwörungstheorie anhängen, dass der Westen alles nur inszeniert habe, um Assad zu stürzen und eine willfährige Marionettenregierung an seine Stelle zu setzen. Kristin Helberg hat sich die Mühe gemacht, auf einen solchen Brief zu antworten. «Sie sind unehrlich, nein, Sie sind sehr unehrlich, sowohl was die Spezifika der ‹Revolution› angeht, als auch und im Besonderen bezüglich der Motive des Westens, diese zu unterstützen», heißt es in diesem. «Es kann nicht das Motiv sein, Demokratie zu fördern – Hand aufs Herz, Frau Helberg –, dann müssten Sie vehement gegen die Steinzeitdiktatur Saudi-Arabiens zu Felde ziehen und sich auf die Seite der Opposition in Bahrain stellen.» Es sei einfach unehrlich zu verschweigen, so der Briefschreiber weiter, «dass es beim Krieg gegen Syrien einzig und allein darum geht, das Land (= das letzte säkulare im Nahen Osten), das sich nicht komplett dem Westen unterworfen hat, zu zerstören.» Dass der Vorwurf nicht zutreffe, Assad unterdrücke gestützt auf die Alawiten das ganze syrische Volk, könne man schon durch eine einfache Rechnung erkennen. Syrien habe 21 Millionen Einwohner, davon seien aber nur 2,2 Millionen Alawiten. Wenn nicht auch andere Bevölkerungsgruppen Assad unterstützten, dann wäre er längst gestürzt und die «Erfolge» der letzten Zeit ließen sich nicht erklären.

Daraufhin hat Kristin Helberg das gemacht, was ich mir bisher versagt habe: Sie hat diesen Brief ernst genommen und ist auf die Argumente eingegangen. Sie hat das in vier Punkten getan, die ich alle unterstreichen würde. Erstens, so schreibt sie, stehe sie stets auf Seiten der Menschen und die in Syrien kenne sie sehr gut. Die Syrer hätten wie alle Völker der Welt ein Recht, sich gegen ein Unrechtsregime zu erheben und für ihre Freiheit zu kämpfen. Zweitens verwahrt sie sich gegen den Vorwurf, sie würde zu Saudi-Arabien schweigen. Drittens betont sie, dass sich das Assad-Regime eben nicht nur auf die Alawiten stützt, sondern dass es die Konfessionen zum eigenen Machterhalt benutzt, indem es sie geschickt in ein Netz aus persönlichen und wirtschaftlichen Abhängigkeiten verstrickt. Das Regime ähnele einer Mafia. Angesichts dessen, was die Assads in Syrien seit 50 Jahren getrieben hätten, solle man nicht versuchen, das Regime als legitim und vom Volk gewählt zu verteidigen. Sie zählt alle die auf, die im Kampf um Demokratie und Menschenrechte gelitten haben, wie z.B. Michel Kilo, Riad Seif, Aref Dalila, Razan Zaituneh, Yassin al-Haj Saleh, Kamal al-Labwani, Anwar al-Bunni, Akram al-Bunni, Riad al-Turk usw. Viertens beschreibt sie die «Erfolge» der syrischen Armee: Das seien die systematische Zerstörung der syrischen Infrastruktur, die gezielte Bombardierung von Schlangen vor Bäckereien, von Krankenhäusern und Schulen. Auf den Mauern der umkämpften Städte sei häufig folgende Parole zu finden: «Entweder Assad für immer, oder wir brennen das ganze Land nieder». Das sei der Slogan, den die Milizen des Regimes hinterlassen, wenn sie einen Ort verwüstet haben.

Troisdorf, 11. März 2013

Till Gröner wird jetzt für eine gute Woche nach Syrien gehen und danach hoffentlich Bernd, den ich aber noch dafür gewinnen muss. Vielleicht muss ich ihm noch einmal schreiben, wie sehr die Leute ihn gemocht haben. Wir haben uns nun für Harim entschieden und unser Team ist inzwischen auch schon vor Ort. Mit dem Flüchtlingslager dort wird es wohl nichts, dafür gibt es aber im Ort einen Kindergarten, den wir wieder herrichten wollen. Vor dem Haus hat es einen Bombeneinschlag gegeben, alle Fenster sind zerstört, teilweise sind sogar Wände herausgerissen worden. Die Arbeiten in Tal Rifaat sollen solange ruhen, bis die Sicherheitslage sich verbessert hat. In Harim sind wir Grünhelme zwar weiter im von den Rebellen kontrollierten Nordwesten Syriens, aber dennoch knapp vier Autostunden von Azaz und unserem bisherigen Einsatzgebiet entfernt, in dem wir uns inzwischen recht gut auskannten.

Jörg Armbruster hat angerufen. Er ist pensioniert worden. Der Gongschlag ging, die 65 Jahre waren voll, er wurde in den Ruhestand geschickt. Jörg Armbruster hat sich durch eine unkonventionelle, uneitle und empathische Berichterstattung für die ARD vom Tahrir Platz in Kairo verdient gemacht. Er soll einen Abschlussfilm drehen, in dem die Stationen der arabischen Revolte noch einmal beleuchtet werden. Er wird daher auch unser Team besuchen und zwar am 26. März. Ich wünschte, er würde die Leistungen der Syrer in ihrer totalen Verlassenheit vor den Augen der Millionen Fernsehzuschauer ausbreiten. Ich habe unserem Team schon gesagt, dass es ihn möglichst nach Kaljibrin führen soll, denn dort gibt es unsere Vorzeigeschule. Die wirklich hervorragenden Lehrer dort haben auch jetzt nicht aufgehört zu unterrichten.

Derweil hat Russland nichts Besseres zu tun, als den Westen sowie Saudi-Arabien und Katar zu beschuldigen, einen Dialog zwischen der Führung in Damaskus und den Gegnern des Regimes zu verhindern. Auf beiden Seiten, so tönt die Moskauer Führung, sei die Einsicht gewachsen, dass man das Blutvergießen möglichst schnell beenden und Gespräche beginnen müsse. Aber die ausländischen Helfer versuchten, eben das zu verhindern. Assad, so der russische Außenminister Lawrow, bluffe nicht. Er grabe sich ein und habe keinesfalls die Absicht zu verschwinden.

Wolfgang Bauer hat mir gestern im Vertrauen erzählt, dass zwei ausländische Mitarbeiter von NGOs in Atmeh an der türkischen Grenze entführt wurden. Ich habe gleich Saru Murad im Hospital in Azaz gefragt, ob er davon etwas weiß. Weder er noch Kristin Helberg haben etwas gehört. Das ist die eine Möglichkeit: dass Syrien in einer Spirale der Gewalt versinkt. Die andere ist das neue Syrien, das Ende letzten Jahres schon zum Greifen nahe schien und das mit jedem Tag, den dieser Konflikt andauert, mit weiteren Hypotheken belastet wird. Man muss sich nur die Frage stellen, was der Bürgerkrieg mit den Kindern macht, die ihn durchleiden müssen und die jeden Tag erleben, wie hilflos ihre Eltern ihm ausgeliefert sind. Und diese Kinder sind doch die Zukunft des freien Syrien.

Abdullah schreibt heute aus Harim: «Ich wollte nur aus eigenem Anliegen noch mal unterstreichen, wie wichtig es ist, sich um die Kleinkinder dieses Krieges zu kümmern. Ich denke, dass schon ein Tag Leid für ein Dreijähriges lang anhaltende negative Auswirkungen auf die Psyche hat. Da muss man gegensteuern.» Genau das ist der Sinn unserer Arbeit, und diese Arbeit ist auch nicht abhängig davon, ob der Staatspräsident Baschar al-Assad einlenkt oder ob er weiter seinen verbrecherischen Krieg gegen das eigene Volk führt – ein Krieg im Übrigen, der nicht auch nur einen Deut besser wird, weil auf Seiten der Rebellen ebenfalls Massaker und Gräueltaten begangen werden.

Heute ist Syrien wieder Thema in den Nachrichten, die Assad-Regierung und die Rebellen werfen sich gegenseitig vor, Chemiewaffen einzusetzen. Der sich immer noch Innenminister nennende Oab al-Sorabi redet von einer mit chemischen Partikeln ausgerüsteten Rakete, die die Rebellen in den in der Nähe von Aleppo gelegenen Ort Khan al Assal gefeuert hätten. Dabei seien 16 Menschen getötet worden. Die staatliche Nachrichtenagentur – auch sie gibt es noch – spricht von 25 Menschen, die getötet wurden. Vertreter der Rebellen, die immer noch kein gemeinsames Oberkommando haben, bezichtigen dagegen die Regierung derselben

Tat. Ob es sich überhaupt um einen chemischen Angriff gehandelt hat, ist wohl unklar. «Einige Opfer sprachen von einem stechenden Geruch. Chemiewaffen sind normalerweise geruchlos», so zitiert der Korrespondent der FAZ den Arzt Siad Haddad aus Aleppo. Wenn es einen regelrechten Giftgaseinsatz gegeben hätte, so die Einschätzung des Experten, wären wesentlich mehr Menschen gestorben. Sollten sich die Gerüchte dennoch bewahrheiten, käme Obama in eine schwierige Lage, hat er doch Assad gewarnt, dass der Einsatz von Giftgas eine rote Linie sei, die nicht überschritten werden dürfe.

Troisdorf, 20. März 2013

Ich bin immer noch hier und noch nicht wieder in Syrien. Anfang April will ich hinfahren, um zu sehen, wie die Arbeiten in Harim vorangehen und ob dort für unsere Arbeit akzeptable Rahmenbedingungen herrschen. Fritz Pleitger spricht sich mir gegenüber deutlich gegen Waffenlieferungen an die Rebellen aus. Man könne einfach nicht wissen, bei wem die schließlich landen würden. Damit hat er nicht ganz Unrecht. Das Schwierige ist, dass wahrscheinlich niemand, mit Einschluss von Udo Steinbach, Kristin Helberg und Christoph Reuter, genauer weiß, welche von den bewaffneten Gruppen wirklich terroristisch oder salafistisch angehaucht sind und welche nicht.

Immerhin hat die syrische Opposition jetzt endlich einen Ministerpräsidenten für die Gebiete im Norden und Nordosten Syriens ernannt, also im Grunde für das Gebiet, in dem die Grünhelme tätig sind und das wir als liberated area ansehen. Die Wahl der Rebellen fiel auf Ghassan Hitto. Der 1963 in Damaskus geborene Hitto hat einen Werdegang, der dem des afghanischen Präsidenten Hamid Karzai gar nicht unähnlich ist. Er hat 35 Jahre in den USA gelebt und war in Texas in leitenden Positionen im Telekommunikationsbereich tätig. Vor vier Monaten erst hat er den Entschluss gefasst, Politiker zu werden und sich der syrischen Revolution anzuschließen. Hitto gab die Gründung einer «Regierung der Institutionen und des Rechts» bekannt. Politische Priorität habe nicht der Dialog mit dem Regime, sondern dessen Sturz und die Versorgung der Bevölkerung in den befreiten Gebieten. Der Geltungsanspruch dieser Regierung erstrecke sich auf ganz Syrien, nicht nur auf die aktuell befreiten Gebiete. Ich bin allerdings skeptisch, ob es ihm gelingen wird, auch nur Letztere unter seinen Einfluss zu bekommen.

Troisdorf, 31. März 2013

Bei mir liegt immer noch ein Exemplar des Economist auf dem Tisch mit dem Titel «The country formerly known as Syria». Tatsächlich zerfällt in Syrien der Staat in zunehmender Geschwindigkeit. Bald könnte es sich um einen failed state handeln, ähnlich wie in Somalia, wo sich seit Jahren regionale Warlords gegenüberstehen und es keine das Land kontrollierende Zentralgewalt mehr gibt. Der Bericht des Economist schließt verzweifelt: «Viele Syrer sind besorgt, dass der Krieg erst dann enden wird, wenn niemand mehr zu bekämpfen ist.» «Ich wünschte, dass das Kämpfen aufhören würde. Dann könnte ich mich verheiraten und mein Leben weiterführen», wird ein Rebellenführer zitiert. «Ich fürchte aber, wenn es so weit ist, dann wird es kein richtiges Land mehr geben.» In Syrien, einem Land, das sich rasant entvölkert, erleben wir gegenwärtig das Ringen um den Fortbestand eines Staates. Die Institutionen erodieren und auch die gemeinsame Basis der verschiedenen ethnischen und religiösen Gruppen wird immer weiter unterhöhlt. Vielleicht ist es bezeichnend, dass in der syrischen Bevölkerung weithin angenommen wird, der angebliche Staatschef, Baschar al-Assad, würde aus Angst vor Anschlägen gar nicht mehr in Damaskus residieren, sondern auf einem russischen Kriegsschiff im Hafen von Tartus und sich nur noch für einige wenige Auftritte zum Schein in die Hauptstadt begeben.

Das Land steht am Abgrund, doch anstatt dass die syrische Opposition jetzt zusammenhält, spaltet sie sich immer weiter auf. Und zudem kommen Busladungen ausländischer Gotteskrieger aus dem Irak, aber auch aus westlichen Ländern nach Syrien und verstärken die Al Nusra Front. Die Spirale der Gewalt dreht sich immer schneller. Wie gefährlich es in dem Land inzwischen ist, zeigte uns eine Nachricht, die gestern Abend in der Tagesschau gebracht wurde. Jörg Armbruster, der erfahrene Nahost-Korrespondent der ARD, der noch vor wenigen Tagen bei uns in Kaljibrin gedreht hatte, ist vorgestern in Aleppo angeschossen und schwer verletzt worden.

Troisdorf, 5. April 2013

Vor Ort in Syrien hat es jetzt einen Teamwechsel gegeben: Joachim Knauber hat drei Monate ausgehalten, er ist mein Held, wie Martin Mikat und Abdullah Allaoui, die ebenfalls heil nach Deutschland zurückgekehrt sind. Dafür haben wir nun Amr al-Mrayati, einen Cousin von Abdullah, der in Mönchen-Gladbach Bautechnik studiert, und Simon Sauer, einen Bautechniker aus Obersinn bei Würzburg, in Harim. Amr (gesprochen Amro) übernimmt von Abdullah die Rolle des Dolmetschers, ohne den wir in Syrien nicht arbeiten können. Auch Bernd Blechschmidt, der neue Teamleiter, ist inzwischen angekommen. Bernd ist von einem Wagen der FSA dorthin gebracht worden, der sowieso nach Harim sollte. Ob uns die FSA auch einen Fahrer zur Verfügung gestellt hätte, wenn das nicht so gewesen wäre – valde dubito. Als Vermittler für Taxis und sonstige Fragen steht uns aber natürlich auch Saru Murad zur Verfügung, der weiter für Cap Anamur im Krankenhaus von Azaz ist. Cap Anamur zahlt dort jetzt die Gehälter und besorgt Nachschub an Diesel für den Generator. Die saudische Organisation Youth for Syria hat das Krankenhaus inzwischen verlassen. Und mit ihr ist auch unser Dr. Anaz verschwunden, der Chefarzt mit dem usurpierten Doktortitel, so dass das Krankenhaus nun unter einer neuen Leitung steht.

Harim sei eine überschaubare, sehr schön gelegene Kleinstadt mit etwa 15 000 Einwohnern, so schreibt Bernd, in der man schnell vergessen könne, dass man sich in einem Bürgerkriegsgebiet befinde. Die Stadt füge sich sehr organisch in die bergige Landschaft ein und hätte kulturell einiges zu bieten, unter anderem eine jahrtausendealte Festung auf dem in der Stadtmitte gelegenen Hügel. Die FSA-Brigaden vor Ort und in der Umgebung scheinen sich relativ gut zu vertragen. Sie hören offenbar auf den gewählten und über große Autorität verfügenden Bürgermeister, so dass man die FSA-Kämpfer relativ selten im Stadtbild sieht und der Ort recht sicher ist. Auch mit Bombardierungen oder Raketen hat man hier – anders als in Richtung Aleppo und selbst in den

Nachbarorten Salquin oder Sarmada – kaum zu rechnen, weshalb 90 bis 95 Prozent der Bevölkerung vor Ort seien. Als noch die heftigen Kämpfe zwischen FSA und Assad-Truppen in der Stadt tobten, waren aber wohl viele geflohen. Umgekehrt hat nun Harim mit einer rapide anwachsenden Zahl an Flüchtlingen zu kämpfen, die hier Schutz suchen.

Die Unterbringung der Grünhelme ist hervorragend – eine schöne große Wohnung mit Küche und Bad, die uns der Bürgermeister kostenlos in einem seiner Häuser zur Verfügung gestellt hat. Auf der Baustelle läuft es gegenwärtig schleppend. Anders als in Azaz oder Tal Rifaat haben die Handwerker hier mehr als genug zu tun, so dass unsere Arbeiten etwas zu kurz kommen. Dummerweise haben Bernds Vorgänger vergessen, in den Verträgen auch die Termine für die Übergabe festzulegen. Unter den gegebenen Umständen möchte Bernd daher den Rest des Teams mehr in die praktischen Arbeiten einbeziehen, als das in Azaz und Tal Rifaat der Fall war.

Eine schlechte Nachricht hat Bernd leider: Eine unserer Schulen in Azaz wurde offenbar schwer getroffen. Der Schaden ist noch größer als vor unseren Arbeiten. Das ist eine Nachricht, die uns schmerzt, weil wir natürlich gehofft hatten, dass uns eine neu aufgebaute oder wieder hergerichtete Schule nicht kaputt geschossen würde.

Troisdorf, 6. April 2013

Heute kommt die Nachricht, dass vier italienische Journalisten in Syrien entführt oder als Geisel genommen worden sind. Ich hoffe, dass das nicht stimmt. Denn das hat uns bei allem Unglück, das die Syrer trifft, noch gefehlt. Wenn die Entführungen weiter zunehmen, dann ist es auch bald mit unserer Arbeit dort vorbei.

In der Rubrik «Fremde Federn» der FAZ ist mein Beitrag «In Syrien nicht nur den Christen helfen» erschienen. Er ist in gewisser Weise eine Antwort auf einen Text des CDU-Politikers Armin Laschet in derselben Rubrik, der vor einigen Tagen warnte, in Syrien drohe es den Christen an den Kragen zu gehen. «Die Christen nach Beirut, die Alawiten in den Sarg», könne man derzeit in den syrischen Gassen hören. Ich hoffe weiterhin, dass die verschiedenen ethnischen und religiösen Gruppen in Syrien, diesem wunderbaren Land, in dem die Wiegen der Religionen so dicht nebeneinander stehen wie in Palästina, auch in Zukunft friedlich nebeneinander existieren können. Sunniten, Alawiten, Christen, Drusen, Ismaeliten, es gibt in Syrien eine lange Tradition der religiösen Toleranz, die nun durch die Gewalt des Bürgerkriegs, die Angst der Minderheiten und die fanatischen ausländischen «Gotteskrieger» infrage gestellt wird. Worum es mir aber vor allem geht, ist, dass wir im Westen nicht einfach unseren Reflexen folgen und uns in erster Linie um die Christen sorgen. Aus meiner Sicht haben die Christen in Syrien auch Grund zur Selbstkritik und davon bemerke ich bis heute praktisch nichts. Die Christen sollten sich darüber im Klaren sein, dass sie die Nabelschnur zum Regime kappen müssen. Je eher, desto besser. «Gerade die Kirchenoberen sollten eindeutiger Stellung beziehen – gegen das Regime und für die Revolution. Wer sich bis heute hinter ein so mörderisches Regime stellt, bringt seine Gemeinde nur in Gefahr», schreibe ich in der FAZ. Mir kommt auch die Äußerung des syrischen Rechtsanwalts Hassan al-Aswat wieder in den Sinn, der mit US-Unterstützung zum Thema Übergangsjustiz in Syrien arbeitet: «Wir haben leider immer das gleiche Problem mit dem Westen. Er konzentriert sich nur auf die Minderheiten und ihren Schutz. Das löst bei der Mehrheit der Syrer Abwehrreaktionen aus. Wir werden seit zwei Jahren umgebracht und Ihr fragt nach den Minderheiten. Aus Angst um die Minderheiten vergisst der Westen, was seit zwei Jahren mit der Mehrheit passiert.»

Am 9. April geht es nun endlich wieder los nach Syrien. Bernd rief mich gestern Abend an und sagte, er sei bereit, mich in Kilis abzuholen. Er weiß noch nicht, ob wir den Grenzübergang bei Bab Al Hawa in der Nähe von Harim benutzen können. Das hätte den Vorteil, dass wir nur kurz über syrisches Gebiet fahren müssten und den Rest der Strecke in der Türkei zurücklegen könnten. Bisher mussten unsere Mitarbeiter über diesen Grenzübergang geschmuggelt werden, weil er nach einem Anschlag für Ausländer gesperrt war. Aber es könnte sein, dass er jetzt wieder offen ist. Bernd favorisiert dennoch den Weg nach Azaz und dann durch syrisches Gebiet nach Harim. Das hätte auch den Vorteil, dass ich unsere alten Bekannten dort wiedersehen und Saru Murad treffen kann.

Heute hat uns wegen meiner bevorstehenden Reise Abdullah besucht, der unglaublich begabte junge Deutsch-Syrer. Er hat das Team wirklich geliebt und die Arbeit sehr geschätzt. Aber aus dem, was Abdullah erzählt, wird mir nicht klar, ob wir weiter in Harim arbeiten können. Denn er ist ein Enthusiast, der die Entwicklung in Syrien als tief Gläubiger durchlebt und durchleidet. Ich brauche aber einen abwägenden Blick auf die Lage dort, der mir eine verlässliche Einschätzung erlaubt, ob es dort sicher ist und keine Entführungen stattfinden werden.

Harim, 10. April 2013

Ich bin um 2.40 Uhr nachts in Gaziantep angekommen und habe mich zum Istanbul Hotel in Kilis fahren lassen. Hidir hatte mir ein paar türkische Worte aufgeschrieben. Am Flughafen habe ich also gesagt: Merhaba ben Kilis de Istanbul Hoteli'ne gitmek istiyorum. Size seksen Lira verebilirim. Offenbar habe ich es richtig ausgesprochen, denn der Taxifahrer brachte mich tatsächlich für 80 Türkische Lira, etwa 40 Euro, ans richtige Ziel. Ich hätte mir allerdings von Hidir auch etwas für das Hotel aufschreiben lassen sollen. Denn als ich dort ankam, sagte mir der schlaftrunkene Portier: «No, no Zimmer.» Kein Zimmer frei. Dabei hatte Bernd Blechschmidt dort eines für mich reserviert. Ich versuchte Bernds Namen aufzuschreiben, auch das brachte kein Ergebnis. Über ein Schreibprogramm auf dem Laptop teilte der Portier mir immerhin mit, dass ich am nächsten Morgen ein Zimmer bekommen könne. Und ich sollte mich auf einen Stuhl oder Sessel setzen. Ich muss gut zwei Stunden geschlafen haben, denn plötzlich stand riesengroß der Bernd vor mir im frisch gebügelten und gewaschenen Grünhelme T-Shirt. Warum ich ihn denn nicht auf dem Handy angerufen hätte? Ja, darauf bin ich nicht gekommen.

Mit Bernd bin ich dann in das Gartenrestaurant gegangen, doch wegen der noch nicht erwärmten Luft am frühen Morgen haben wir uns in den Glaspavillon verkrochen und etwas zu essen sowie Kaffee bestellt. Wie aus den Rebellengebieten gewohnt, steckte sich Bernd eine Zigarette an und wurde prompt zum Opfer der EU-Aufnahmekriterien für die Türkei: Der Wirt wies ihn höflich darauf hin, dass wir im Garten rauchen dürften, aber nicht hier im gläsernen Pavillon. So viel wohlgeordnete Zivilisation wenige Kilometer entfernt von einem Bürgerkriegsgebiet!

Mit einem Taxi fuhren wir an die Grenze, wo uns Saru Murad abholte und zum Krankenhaus nach Azaz brachte. Dort trafen wir die alten Bekannten, die Krankenpfleger und Ärzte, wieder, die uns, aber besonders Bernd, mit einem großen Hallo und regelrechter Begeisterung begrüßten. Doch leider konnten wir nicht lange bleiben, da wir heute noch nach Tal Rifaat und anschließend weiter nach Harim wollten.

In Tal Rifaat herrschte eine ganz andere Stimmung als in der Zeit meines letzten Besuchs dort. Die Stadt ist wegen der dauernden Bombenangriffe fast schon zu einer Geisterstadt geworden. Wir schauten uns in den beiden fertig gewordenen Schulen und in der dritten Schule um, bei der immer noch das Schnurgerüst für das neue Gebäude zu sehen ist, das Martin Mikat gezogen hatte. Seitdem hat sich hier nichts getan. Doch im Moment können wir noch nicht wieder zurück. Bernd und ich spürten beide: Bis zur Einnahme des Militärflughafens sollten wir hier nicht arbeiten. Auch einige unserer damaligen Ansprechpartner sind in die Türkei gegangen, weil es im Februar unerträglich wurde. Die Menschen, die wir in Tal Rifaat sahen, gingen geduckt. Die furchtbaren Bombenattacken in der Zeit des konzentrierten Angriffs der FSA auf den nur sieben Kilometer von hier liegenden Flugplatz haben sie mürbe und wankend gemacht. Die große Widerstandskraft, die der Ort bei meinen ersten Besuchen ausgestrahlt hatte, ist verflogen.

Um noch am selben Tag in Harim sein zu können, waren wir allerdings bemüht, möglichst schnell wieder in die Innenstadt von Azaz zurückzukommen. Dort hatte uns Saru einen Wagen samt Fahrer besorgt. Um gut durch die Bürgerkriegszonen mit den jeweils unterschiedlichen FSA-Kommandos zu kommen, riet Saru, ich solle mir ein offizielles Dokument besorgen. Auf diesem sollte etwaigen Kontrolleuren versichert werden, dass ich mit Wissen der FSA und ihrer Billigung unterwegs sei und geschützt werden solle. Wir gingen also vor unserer Abfahrt noch einmal in das Gebäude, in dem die neue Polizei ihren Sitz hat. Das Verfahren war denkbar unbürokratisch. Der Chef der Polizei gab mir einen handschriftlichen Passepartout, das ich weiter in meinem Reisepass aufbewahren und in Ehren halten werde.

Mit diesem Dokument verlief die fast vier Stunden dauernde Fahrt ohne Komplikationen. Auch die Stellungen der kurdischen Miliz bei Afrin konnten wir ohne Probleme passieren. Das war sowieso die wichtigste und größte Nachricht hier in Azaz, in Tal Rifaat und dann auch in Afrin. Die kurdischen Kämpfer sind anscheinend auf die Seite des Befreiungskampfes übergetreten. Sie hatten sich lange nicht entscheiden wollen und wurden nach der Meinung Vieler von dem Regime des Baschar al-Assad mit Waffen unterstützt. Mehrfach lieferten sie sich Kämpfe mit der FSA.

Unterwegs hörten wir, dass Idlib immer noch in der Hand von etwa 8 bis 10 000 Soldaten der Regierungsarmee sei. Um Idlib herum sollen an die 30 000 Kämpfer der FSA Gewehr bei Fuß stehen. Einen Angriff auf die Stadt scheuen sie aber wohl, weil sie wissen, dass dann das Inferno eines erneuten Bombenangriffs losbrechen würde. Viele dieser FSA-Einheiten stehen zur Zeit in keinem guten Ruf, wie mir Bernd berichtet. Die anständigen Kämpfer verlieren offenbar an Einfluss, weil sie die Bevölkerung nicht bestehlen und somit an weniger Waffen kommen. Wegezoll, Erpressung und Diebstahl gehören laut unseren Quellen immer mehr zum Geschäftsmodell einiger Brigaden. Überhaupt soll es zwischen den angeblich für die gleiche Sache kämpfenden Einheiten im Raum Idlib kaum noch Absprachen geben.

Umso mehr muss man die Verhältnisse in Harim herausheben, wo sich wieder eine zivile, soziale Gesellschaft im Aufbau befindet. Dort angekommen gingen Bernd und ich zunächst in den Kindergarten, der mitten in dieser engbesiedelten Stadt liegt. Simon und Amr waren gerade beim Schreiner und brachten etwas zu essen mit. Ich konnte die Arbeiten in dem Kindergarten besichtigen. Dieser liegt über einer Textil- und Gerberfabrik, die aber schon lange nicht mehr in Betrieb ist. Eine etwas beleibtere Frau tauchte auf, die hier, wie Bernd mir sagte, jeden Tag vorbeikommt. Es ist die Direktorin des Kindergartens, die so gern wieder für die

Drei Grünhelme und ihre Helfer (2. von links: Rupert Neudeck, mit dem Rücken zum Betrachter: Simon Sauer, rechts neben ihm: Amr al-Mrayati).

Kinder arbeiten würde. Sie überbrachte uns Farbwünsche für die einzelnen Räume, denn gerade wegen der Traumatisierung der Kinder hätte sie es gerne bunt. Wir fanden diese Frau als Leiterin des Kindergartens wunderbar. Hoffentlich kann sie bald wieder zu ihrer wichtigen Arbeit zurückkehren.

Anschließend wurde ich dem gewählten Bürgermeister und dem Vizebürgermeister vorgestellt, die beide zu der wohlhabenden Oberschicht der Stadt gehören und von morgens bis abends unterwegs sind, um alles Menschenmögliche für ihre Bürger zu tun. Der Bürgermeister hatte seinen wichtigsten Kommandeur immer für uns zur Verfügung, mit dem wir am gleichen Tag noch nach Salquin fuhren, einer Ortschaft, die gleichfalls in unmittelbarer Grenznähe liegt und in der wir unsere Baumaterialien einkaufen. Es ging darum, ob sich auch hier ein Projekt für die Grünhelme ergeben könnte. Wir wurden deshalb zu der großen Berufsschule des Ortes gefahren, die an einem Abhang liegt und eventuell zu einem Hospital umgebaut werden soll. Aber da diese große Schule, die etwas erhöht über der Ortschaft liegt, immer wieder ausdrücklich unter Beschuss genommen wird und auch schon leicht beschädigt ist, haben die Bewohner bisher davon Abstand genommen. Und uns schien das Vorhaben ebenfalls verfrüht. Bernd bekam zudem von einigen zugeflüstert, dass man die Schule für diesen Zweck gar nicht hergeben wolle. Also ergab sich hier erst einmal nichts und wir fuhren wieder zurück nach Harim.

Dort führte uns der Bürgermeister in das prächtige, aber ausgebrannte Gebäude der Baath-Partei mit seinen 18 Räumen. Hier, so erklärte er uns, wolle der Ort für die gesamte Umgebung schon seit zwanzig Jahren ein Hospital einrichten, doch Damaskus habe nie zugestimmt. Jetzt fragte er, ob die Grünhelme dieses Gebäude umbauen könnten, zu dem auch noch eine große Versammlungshalle gehört mit einem Hof, wo man gut eine Rampe für Notfälle und Ambulanzen einrichten könnte. Wir äußerten uns vorsichtig optimistisch, ich bestand aber darauf, dass wir den einen Arzt, den es in Harim gibt, noch zu dem Unterfangen befragen. Dieser versorgt in einer Miniklinik, die ihm die Stadt zur Verfügung gestellt hat, die Bewohner des Ortes. Da seine Station aus allen Nähten platzt, ist er natürlich den Plänen des Bürgermeisters gegenüber sehr aufgeschlossen. Der Bürgermeister hat gute Ideen. Er weiß, dass er mit dem Krankenhaus einen Stein ins Rollen bringen könnte. Es würde dann nicht nur die Bevölkerung besser medizinisch versorgt, sondern es würde auch die Attraktivität des Ortes erhöht und es könnten vielleicht weitere Arbeitsplätze geschaffen werden. Wir werden das sehr ernsthaft prüfen.

Am Abend endlich konnten wir uns todmüde nach diesem langen Tag in unser Grünhelme-Haus zurückziehen, in dem jeder ein Zimmer zum Schlafen hat. Bernd hat sein Bett für mich freigemacht und sich selbst auf das Sofa gelegt. Morgen wollen wir in das Flüchtlingslager Atmeh fahren und uns ein Bild von der Lage dort machen.

Harim, 11. April 2013

Begleitet von zwei Kämpfern der FSA sind wir heute Morgen sicher bis nach Atmeh gelangt. Das Lager befindet sich direkt an der syrisch-türkischen Grenze, etwa vierzig Kilometer nördlich von Harim. Hier haben über 27 000 Menschen Zuflucht gefunden, die

134

Hälfte davon unter 15 Jahren. Sie hausen in Zelten sowohl des Türkischen Roten Halbmondes wie auch in solchen des UNHCR. Wir wurden in einem Containerbüro empfangen, und man erzählte uns, dass diese Zelte, auch die des UNHCR, vom Syrischen Roten Halbmond geliefert wurden. Als die Flüchtlinge dessen Lkws sahen, wurden sie angeblich so wütend darüber, dass einige die Zelte sogar verbrennen wollten.

Die innersyrischen Flüchtlingslager sind in der Regel wilde Lager. Der Bürgermeister eines Dorfes weist den Flüchtlingen einen Platz zu, auf dem sie sich niederlassen dürfen. Wenn sie Glück haben, bekommen die Menschen wie in Atmeh Zelte zur Verfügung gestellt. Die Versorgung mit Essen funktioniert hier einigermaßen. Händler mit Bauchläden ziehen durch das Lager. Aber die Menschen sind auf sich selbst angewiesen. Sie blicken neidisch auf die Flüchtlingslager in der Türkei. Dort haben die Leute Vollpension – Unterkunft, dreimal Essen am Tag und medizinische Versorgung. Das ist in den Lagern innerhalb Syriens nicht so. Die Menschen müssen hier andauernd improvisieren und sich um Geld bemühen. Die medizinische Versorgung ist unzureichend. Aber es ist ein gutes Zeichen, dass es diese Lager gibt. Sie zeigen, dass viele Syrer ihr Land nicht verlassen wollen.

Mir kommt im Flüchtlingslager Atmeh wieder der Satz in den Sinn, den ich im Februar auf dem Dach des Krankenhauses dem Deutschlandfunk gesagt habe: «Die Syrer sind das verlassenste Volk der Erde.» Die Menschen hier in den befreiten Gebieten erhalten nicht die humanitäre Hilfe, auf die sie nach dem Völkerrecht eigentlich Anspruch hätten. Es war eine große Errungenschaft der Zeit nach dem Zweiten Weltkrieg, dass Menschen, die solche Katastrophen durchleiden müssen, von der internationalen Gemeinschaft nicht mehr alleine gelassen werden. Für Syrien scheint das nicht zu gelten. Wenn die Bevölkerung der Rebellengebiete Hilfe erhält, dann kommt sie von einigen wenigen mutigen NGOs. Wir haben neben den Grünhelmen und Cap Anamur etwa noch die irische Organisation Goal und die tschechische People in Need gesehen und es gibt Hilfstransporte, die von Exilsyrern ins Land geschickt werden. Die großen UN-Organisationen und das Internationale Rote Kreuz sucht man hier jedoch vergeblich.

Der Westen hat in Syrien auf der ganzen Linie versagt. Seinen Worten sind keine Taten gefolgt. Und es gibt noch nicht einmal die gewohnte Empörung angesichts dessen, was ein Staatschef hier seinem Volk antut. Wie problematisch die Passivität des Westens ist, hat kürzlich Martin Durm vom SWR aus Aleppo berichtet. Er war dort zusammen mit Jörg Armbruster, als dieser angeschossen wurde. «Das Versagen des Westens ist der Triumph der Islamisten geworden», meint er. Und er hat Recht. Die Syrer sind enttäuscht vom Westen. Diese Sympathielücke füllen nun andere und sie füllen sie ganz konkret. Mit dem Geld aus Saudi-Arabien leistet die Al Nusra Front etwa in Aleppo die humanitäre Hilfe, zu der wir uns nicht aufraffen können. Und wir bekommen es auch hier in Harim gesagt: Die islamistisch angehauchten Brigaden gewinnen innerhalb der FSA an Gewicht, weil sie dank der Unterstützung durch Saudi-Arabien über mehr Geld und mehr Waffen verfügen. Und wer da an Gewicht gewinnt, hat Martin Durm sehr deutlich gemacht. Was nach dem Sturz Assads passieren werde, hat er einen der islamistischen Kämpfer in Aleppo gefragt, einen höflichen jungen Mann, der andauernd lächelte und Tee mit ihm trank: «Dann werden wir den Alawiten die Köpfe abschneiden, weil sie Ungläubige sind. Und dann machen wir unseren islamischen Staat.»

Ich setze aber nach wie vor große Hoffnung auf die Kräfte in der syrischen Gesellschaft, die sich nicht von den islamistischen Gruppen verdrängen lassen wollen. Die Clans, Moscheegemeinden oder Großfamilien haben starke Einflussmöglichkeiten. Wenn das Regime fallen sollte, hoffe ich auf einen gesamtsyrischen Aufbruch, der nicht in rückwärts gewandten Bewegungen erstickt. Nichtsdestotrotz bleibt die Gefahr, die von den Dschihadisten und ihren Unterstützern ausgeht, groß.

Als wir auf der Rückfahrt, etwa auf halber Strecke zwischen Atmeh und Harim, durch den Ort Sarmada kommen, halten wir an, weil es dort einen Laden gibt, in dem wir mit unseren beiden bewaffneten Begleitern einen großen Döner und eine Falafel essen wollen. Es kommt mir unwirklich vor, dass wir hier genauso problemlos etwas zu essen bestellen können wie in Deutschland. Die Syrer schaffen es irgendwie, ihre Wirtschaft rudimentär am

Noch herrscht kein Mangel: Rupert Neudeck vor einem Laden in Tal Rifaat, Februar 2013.

Laufen zu halten und die Felder zu bestellen. Es war für mich auf der vierstündigen Fahrt von Azaz nach Harim ein großartiges Erlebnis zu sehen, mit welcher Kraft die Menschen hier trotz ihrer verzweifelten Lage weiter zur Arbeit gehen. Auf den Märkten gibt es in der Regel noch genug zu kaufen, um eine Grundversorgung zu gewährleisten. Zudem ist es inzwischen auch wieder deutlich wärmer geworden, so dass der Engpass an Heizöl und die Stromsperren keine ganz so große Rolle mehr spielen. Die Wirtschaft basiert allerdings weitgehend auf einem genial organisierten Schmuggelsystem. Es ist die einzige Überlebensmöglichkeit. Deswegen ist die Versorgungslage in den von mir besuchten grenznahen Gebieten vermutlich auch deutlich besser als im Landesinneren. Benzin und Diesel werden in riesigen Mengen geschmuggelt. Deswegen können die Menschen hier immer noch mit ihren Motorrädern oder Traktoren herumfahren. Für uns als Hilfsorganisation gibt es praktisch keine andere Wahl, als bei dieser

Schmuggelökonomie mitzumachen. Zudem ist es trotz der erhöhten Preise immer noch billiger, Medizin und Medikamente im Land über solche Schmuggelringe einzukaufen, als sie von Deutschland aus einzuführen.

Die Frage, die wir uns hier dauernd stellen, ist: Wie lange müssen die Menschen noch durchhalten? Wie lange dauert es noch bis zum Sturz von Baschar al-Assad? Der Leiter des Flüchtlingslagers sagte mir so selbstbewusst, wie ich es zuvor noch nicht gehört hatte, das Regime werde in einem Monat fallen. Tatsächlich scheint es hier so, als würde die FSA weiterhin vorrücken und an Stärke gewinnen. Doch habe ich mich schon zu oft vertan, als dass ich mich noch auf derart optimistische Prognosen einlassen würde. Zudem ist die Lage in Syrien auch extrem unübersichtlich, so dass eigentlich niemand derzeit einen verlässlichen Gesamtüberblick haben kann. Man kann immer nur etwas sagen über die Region, in der man sich gerade befindet.

Gaziantep, 12. April 2013

Ich hatte gestern bereits beim Bürgermeister fragen lassen, wie ich am einfachsten wieder nach Gaziantep kommen könne. Denn von dort geht heute um 21.10 Uhr mein Rückflug. Es hieß, ich solle mir keine Sorgen machen. Heute Morgen zwischen 9.00 und 10.00 Uhr würde der Vizebürgermeister kommen, um mich mit dem Auto zum Grenzübergang zu bringen. Wie sich dann herausstellte, allerdings erst, nachdem Amr und ich bereits eingestiegen waren, lag jedoch ein Missverständnis vor. Ich hatte gedacht, man würde mich zum Grenzübergang bei Kilis bringen. Der Bürgermeister hatte jedoch Vorkehrungen getroffen, mich illegal über die Grenze nach Reyhanli zu schaffen. Da ich am Grenzübergang in Kilis einen regulären Ausreisestempel aus der Türkei in meinen Pass gedrückt bekommen habe, brauche ich aber nun einen Einreisestempel als Gegenstück. Sonst würde ich bei meiner nächsten Reise in die Türkei in große Schwierigkeiten kommen. Der Vizebürgermeister braust schon mit hohem Tempo in Richtung Grenze, als mir klar wird, was gerade geschieht. Also Kommando zurück. Wir müssen es stattdessen am offiziellen Grenzübergang Bab Al Hawa probieren. Im Vergleich mit Kilis wirkt dieser wie ein unübersichtlicher Wild-West-Übergang. Und es herrschen auch entsprechende Sitten. Doch da ich sonst meinen Flieger verpasse, muss ich hinüber. Für hundert Türkische Lira findet sich schließlich ein Weg. Immerhin fährt man mich für diesen Betrag auch noch zur Busstation von Reyhanli, so dass ich am Ende rechtzeitig am Flughafen ankomme.

Berlin, 15. April 2013

Ich bin heil wieder aus Syrien heraus und heute in aller Frühe nach Berlin gefahren. Wir Grünhelme geben in der Mendelssohn Remise am Gendarmenmarkt eine Pressekonferenz zusammen mit der Deutsch-Arabischen Gesellschaft, auf der ich über unseren Einsatz in Syrien berichte. Hintergrund sind Angriffe gegen uns, die unter anderem aus den Reihen des Deutschen Roten Kreuzes kommen. Am 28. März schon ist auf ZEIT online ein Artikel erschienen, in dem die Arbeit der Grünhelme in Syrien scharf kritisiert wurde. Die Autorin hatte ein Interview mit Martin Mikat geführt und warf uns vor, dass wir ihn auf seinen Einsatz nicht professionell vorbereitet hätten. Martin hat frei von der Leber weg von seinen Erlebnissen erzählt und auch deutlich gemacht, wie gern er dort unten war und wie viel ihm die Arbeit in Syrien bedeutet hat. Und er ist wohl auch ein bisschen stolz auf die Gefahren, die er überstanden hat. Der Journalistin standen bei so viel Wagemut die Haare zu Berge. Für ihre Kritik ließ sie allerdings einen Herrn Frederik Barkenhammar vom Deutschen Roten Kreuzes zu Wort kommen. «Wer hier ernsthafte humanitäre Hilfe leisten will, braucht ein Netzwerk aus Ansprechpartnern vor Ort», sagt dieser. «Das ist ein extrem wichtiger Sicherheitsaspekt, weil es oft verschiedene Konfliktparteien gibt.» In Syrien setze das DRK deshalb nur seine erfahrenen Leute ein und kooperiere eng mit der syrischen Schwesterorganisation Syrischer Roter Halbmond. Das Verhalten der Grünhelme findet er «verantwortungslos und extrem riskant».

Ich denke, dass es immer sehr schlecht ist, wenn sich humanitäre Organisationen in der Öffentlichkeit streiten. Jedenfalls haben wir diese Pressekonferenz angesetzt, um zu erklären, was wir in Syrien machen. Inzwischen hatte mir auch schon Rudolf

Seiters, der Präsident des Deutschen Roten Kreuzes, geschrieben und die Kritik relativiert. Die Äußerung von Herrn Barkenhammar über die Netzwerke vor Ort sei natürlich richtig. Den Begriff «verantwortungslos» halte er jedoch mit Blick auf unsere Arbeit für unangemessen und habe das auch intern klargestellt. Das habe ich akzeptiert, aber ich denke dennoch, dass ich besser dran bin, nicht mit dem Syrischen Roten Halbmond zusammenarbeiten zu müssen. Als ich einigen Flüchtlingen im Lager Atmeh von den Vorwürfen erzählte, haben sie die Welt nicht mehr verstanden. Für die Menschen in Syrien ist der Syrische Rote Halbmond ein Kollaborateur mit dem Regime von Baschar al-Assad.

Ob sich die fünfstündige Zugfahrt nach Berlin und die Pressekonferenz darüber hinaus rentieren werden? On verra. Man wird sehen. Auf jeden Fall konnte ich den Aufenthalt in der Hauptstadt nutzen, um mit Claus Kleber ein Interview für das heute journal zu führen, das heute Abend über den Sender lief und offenbar einiges bewegt hat. Ich habe die Verlassenheit des syrischen Volkes geschildert und darauf hingewiesen, wie dringend die Flüchtlinge im Grenzgebiet Hilfe benötigen. Wir Grünhelme haben allein in den ersten dreißig Minuten danach insgesamt 21 Spenden über das Internet bekommen. Und Thomas Gutschker von der FAS hat mich im Anschluss angerufen und um ein Hintergrundgespräch gebeten, weil er für nächsten Sonntag einen großen Artikel über die humanitäre Hilfe für Syrien vorbereitet. Er glaubt, dass sich nun viele NGOs dazu aufgerufen fühlen werden, etwas in Syrien zu tun, und zwar auch und gerade in den Rebellengebieten.

Troisdorf, 18. April 2013

Wir hoffen so sehr darauf, dass die Syrer schon bald wieder in Ruhe ihren Geschäften und ihrem Alltagsleben in Frieden nachgehen können, aber immer noch dürfen sie das nicht. Die beiden journalistischen Kollegen Martin Durm und Jörg Armbruster haben heute einen geharnischten Brief an das Auswärtige Amt geschrieben, in dem es um die Aufnahme von Flüchtlingen und die humanitäre Hilfe für Syrien geht. Sie fragen, wie viele Flüchtlinge inzwischen in Deutschland aufgenommen worden seien. Außerdem wollen sie wissen, ob es richtig sei, dass weder Deutschland noch die EU Hilfe für die Zivilisten im Kriegsgebiet leiste und wenn ja, warum nichts in diese Richtung geschehe, obgleich doch so viel möglich und nötig sei.

Ich bin sehr dankbar, dass einmal jemand diese Fragen in dieser Härte gestellt hat. Ich höre gleichzeitig, dass der schwerverletzte Kollege Armbruster am 19. April aus dem Krankenhaus in Stuttgart entlassen werden soll. Anschließend wird er wohl in eine Reha-Klinik gehen. Sein Arm brauchte nicht amputiert zu werden. Der Armknochen hat dafür gesorgt, dass die Kugel nicht in die Weichteile des Körpers gelangte. Sonst hätte sie wahrscheinlich zum Tode geführt.

Bereits vor drei Tagen ist in der New York Times ein flammender Appell erschienen, unterschrieben von den Leitern der wichtigsten UN-Hilfsorganisationen. Auch sie fordern die internationale Staatengemeinschaft auf, endlich ihre Passivität zu überwinden. Es müsse alles für eine politische Lösung und ein rasches Ende des Gemetzels getan werden. Interessant ist, was sie über ihre Hilfsanstrengungen schreiben. Die UN-Organisationen können wegen der Blockade im Sicherheitsrat in Syrien nur mit Genehmigung Assads und über Damaskus tätig werden, was ihre Wirkungsmöglichkeiten in den Rebellengebieten stark einschränkt. Dennoch haben sie in den Nachbarländern und in den für sie erreichbaren Gebieten offenbar alles versucht, was möglich war. Nun warnen sie: Innerhalb von Wochen könnten sie gezwungen sein, ihre Hilfe massiv einzuschränken, weil die Sicherheitslage immer schwieriger wird, die Einschränkungen seitens des Assad-Regimes immer mehr zunehmen und ihre finanziellen Spielräume schrumpfen. Dabei würde der Bedarf an Hilfe immer mehr zunehmen.

Heute hat Valerie Amos, die UN-Nothilfekoordinatorin, dem Sicherheitsrat die Hintergründe des Appells genauer erläutert. 6,8 Millionen Syrer seien derzeit auf humanitäre Hilfe angewiesen, 4,25 Millionen seien innerhalb Syriens auf der Flucht, 1,3 Millionen hätten sich in eines der Nachbarländer begeben. Wichtige Teile der Infrastruktur seien unbrauchbar, zahlreiche Städte bestünden nur noch aus Ruinen. Ein Drittel aller Häuser in Syrien sei zerstört oder beschädigt. Doch all diese Zahlen, so Frau Amos, reichten noch lange nicht aus, um die schrecklichen Geschehnisse zu beschreiben, die sich gegenwärtig in Syrien abspielen. Familien seien mit ihren Häusern verbrannt worden, Menschen, die für ein Stück Brot anstehen, würden aus der Luft bombardiert. Gleichzeitig erschwere das Regime in Damaskus immer mehr die Hilfe für die von den Rebellen kontrollierten Gebiete und mache sie faktisch unmöglich. So müssten beispielsweise für jeden einzelnen Lkw mit Hilfsgütern Passierscheine für die Regierungscheckpoints beantragt werden, die von zwei Ministern zu unterschreiben seien. Von Damaskus bis Aleppo gebe es aber fünfzig solcher Checkpoints. De facto sei Hilfe für diese Region damit unmöglich, so Frau Amos. Das würde auch erklären, warum ich die UN-Organisationen in Nordsyrien bisher nicht gesehen habe. Die Syrer, mit denen sie spreche, so Frau Amos, fragten sie, warum die Welt sie verlassen habe. Und sie könne darauf nichts antworten.

Troisdorf, 23. April 2013

In der Nähe von Damaskus sollen regimetreue Soldaten ein Massaker angerichtet und sechzig Menschen ermordet haben. Unter den Ermordeten sollen auch 19 bewaffnete Oppositionelle sein. Die Nationale Koalition, der Verband der syrischen Opposition, verurteilte das Massaker und fügte dem hinzu: «Die betäubende Stille der internationalen Gemeinschaft zu diesen Verbrechen gegen die Menschheit ist eine Schande.» Der Ort heißt Dscheidat al Fadl. In Videos sind blutüberströmte Leichname zu sehen, die auf dem Boden liegen. Manche der Ermordeten haben verstümmelte Gesichter.

Die EU-Außenminister machen das, was der Westen seit zwei Jahren betreibt. An Stelle von Entscheidungen und Taten, halten sie Konferenzen ab an verschiedenen Orten. Sie können gewiss die Zahl der Konferenzen nicht mehr zählen, mit denen sie die eigene Passivität und Untätigkeit verschleiern wollen. Sie haben jetzt die Wirtschaftssanktionen zugunsten der Opposition ein wenig gelockert. Es darf wieder Öl in die EU fließen. Weshalb das zugunsten der Opposition ausfallen soll, ist mir schleierhaft. Bei einem Treffen am 21. April hatte die syrische Opposition noch einmal klargemacht, dass Luftangriffe auf Stellungen des Regimes und die Einrichtung einer Flugverbotszone an den Grenzen zu Jordanien und der Türkei notwendig seien, um den Krieg zu stoppen. Aus Protest gegen die enttäuschende westliche Politik hat der Vorsitzende der Nationalen Koalition, Moaz al-Khatib, nun endgültig seinen Rückzug erklärt, nachdem ein erster Rücktrittsversuch vor einem Monat gescheitert war. Im Mai soll ein Nachfolger für ihn gewählt werden. Moaz al-Khatib schrieb, er habe den «Käfig der Enttäuschung» verlassen, in dem er gefangen war.

Troisdorf, 27. April 2013

Heute Morgen um 8.40 Uhr wird Michael Lüders, einer der besten Nahostexperten in Deutschland, auf WDR 5 interviewt. Er glaubt, dass Baschar al-Assad weiter über eine große Anhängerschaft verfüge und dass die syrische Armee nach einer Phase von durchgängigen und flächendeckenden Niederlagen wieder an mehreren Stellen auf dem Vormarsch sei. Vor einem Jahr hätte man noch eingreifen können, jetzt sei es ein reiner Stellvertreterkrieg geworden zwischen Russland, China und dem Iran auf der einen Seite, den USA plus Israel sowie Saudi-Arabien auf der anderen. Michael Lüders, mit dem ich mich immer wieder über Syrien unterhalten habe, hat es schon länger vermutet: Assad hat sich in den letzten Monaten auf seine Kerngebiete zurückgezogen und versucht den Küstenstreifen zu sichern, während er den von den Rebellen gehaltenen Teil des Landes aus der Luft bombardiert und damit destabilisiert hat. Assad hat damit nicht den Fehler Ghaddafis begangen und seine Kräfte in einem impulsiven Angriff überdehnt. Nun fühlt er sich offenbar stark genug, um in die Offensive zu gehen und nach und nach Teile des Landes wieder unter seine Kontrolle zu bringen. Ich habe Lüders bisher nicht geglaubt und Assad schon für schwächer gehalten, als er offenbar war. Nun könnte es doch so kommen, wie Lüders vorausgesagt hat.

Bis Februar schien die Lage klar. Sogar der BND-Präsident Schindler, der eigentlich nur geheim wirken soll, verkündete öffentlich das baldige Ende des Assad-Regimes. Diese Einschätzung war Gemeingut unter den Beobachtern, den Journalisten, den Geheimdiensten. Doch seit April ist die Lage weitaus unübersichtlicher: Assad wird wieder mit Raketen und anderen schweren Waffen direkt aus Russland beliefert. Anfang des Jahres war Moskau noch dabei, behutsam von Assad abzurücken. Nun scheint sich Putin wieder voll hinter die Geheimdienstdiktatur der Familie Assad zu stellen. Bernd berichtet, dass es als Teil der geplanten Frühjahrsoffensive der Assad-Truppen für den 7. Mai einen großen Angriff geben soll auf Idlib, vorbereitet mit Bombenangriffen in der ganzen Region. Nach einem Jahr Vormarsch der FSA scheint jetzt die Initiative wieder an die Assad-Truppen überzugehen. Bedrohliche Wolken ziehen auf über dem Himmel Syriens.

Troisdorf, 5. Mai 2013

Ich höre erst jetzt von der wichtigen Rede, die der Chef der Syrischen Nationalen Koalition, Moaz al-Khatib, am 15. April in Istanbul bei einer Konferenz verschiedener syrischer Oppositionsgruppen gehalten hat. Liest man diese Rede einen knappen Monat später, so wird einem die Tragik der westlichen Politik, auch unserer deutschen, klar. Alle Welt spricht über die zunehmende Gefahr der Fundamentalismen und der fundamentalistisch-terroristischen Milizen in Syrien. Aber keiner nimmt wahr, dass hier ein religiöser politischer Führer spricht, der sich ganz klar von Al Qaida und der mit dem Terrornetzwerk verbundenen Al Nusra Front abgrenzt. «Wir lehnen alle von außen kommenden Ideologien ab, wir verwerfen besonders die Ideologie von Al Qaida», sagt Moaz al-Khatib in dieser Rede. «Diese Ideologie ist nichts für uns in Syrien. Wir waren in Syrien zu allen Zeiten die Quelle eines moderaten Islam.» Aber wahrscheinlich haben wir in den westlichen Gesellschaften inzwischen verlernt, zwischen Religiosität und Fanatismus zu unterscheiden – vor allem, wenn es um den Islam geht. Denn in traditionellen Gesellschaften wie in Syrien durchdringt die Religion das gesamte soziale Gefüge. Das war auch unter dem säkularen Regime der Assads so. Die ausgeprägte Religiosität ging jedoch einher mit einer ebenso großen Toleranz.

Ganz in dieser Tradition will al-Khatib alles daran setzen zu verhindern, dass sich nach einem Sturz Assads die Konflikte zwischen den einzelnen Volksgruppen verschärfen. Denn sonst drohe Syrien in einer Welle unkontrollierter Zerstörung zu versinken.

«Wir müssen die Fähigkeit entwickeln, vielen zu vergeben – ausgenommen nur die, die selbst gefoltert, Frauen vergewaltigt oder Kinder missbraucht haben. Ich bin selbst unfähig, diesen drei Gruppen zu vergeben. Aber da gibt es keinen Zweifel, wir müssen ein faires Gesetz formulieren. Da darf es keine Rache geben und keine unverantwortlichen Reaktionen gegenüber denen, gegen die wir Ärger und Zorn hegen.»

Mit einem Politiker wie al-Khatib an der Spitze gäbe es eine gute Chance, dass die verschiedenen Volksgruppen in Syrien nach dem Sturz Assads nicht übereinander herfallen. Er steht für das eigentliche Syrien, das gastfreundliche, offene, tolerante, das ich bei meinen ersten Besuchen letztes Jahr so eindrucksvoll kennen gelernt habe. Doch statt alles zu tun, um diesen weitsichtigen Mann zu stützen, hat der Westen ihn zwar von Konferenz zu Konferenz herumgereicht, aber ihn letztlich doch allein gelassen. Auch damit hat er die Dschihadisten gestärkt, die den Syrern einen ihnen völlig fremden religiösen Fundamentalismus aufzwingen wollen. Noch kämpfen die «Gotteskrieger» und die normalen FSA-Brigaden gemeinsam gegen Assad. Doch ihre Ziele scheinen mir unvereinbar zu sein.

Troisdorf, 6. Mai 2013

Israel hat in den letzten Tagen Ziele in Syrien bombardiert. Was genau getroffen wurde und wann, ist den Berichten nicht sicher zu entnehmen. Am Freitag (3. Mai) könnte ein Militärtransport angegriffen worden sein. In der Nacht zum Sonntag gab es einen massiven Schlag in der Nähe von Damaskus. Augenzeugen werden mit der Bemerkung zitiert, es habe sich um die stärkste Explosion seit Beginn der Kämpfe gehandelt und es habe sich wie ein Erdbeben angefühlt. Videos im Internet zeigen gewaltige Brände, wohl am Berg Kassioun, nordwestlich von Damaskus, wo sich wichtige militärische Einrichtungen befinden. Der Angriff könnte den regimetreuen Brigaden Nr. 104 und 105 der Republikanischen Garde gegolten haben, die dort angeblich stationiert sind. Ein anderes mögliches Ziel wäre die wichtige militärische Forschungseinrichtung Jamraya, wie es heute das syrische Staatsfernsehen behauptet.

Von israelischer Seite gibt es, wie in solchen Fällen üblich, keine offizielle Bestätigung der Angriffe. Auf inoffiziellen Kanälen wird aus Tel Aviv die Version verbreitet, es hätten Angriffe stattgefunden, um zu verhindern, dass iranische Fateh-Raketen in die Hände der Hisbollah gelangten, die über Syrien geliefert werden sollten. Selbst wenn das stimmen sollte, rechtfertigt das den Angriff auf einen Nachbarstaat? Der syrische Außenminister, den es formell natürlich weiterhin gibt, hat von einer Kriegserklärung Israels gesprochen, wobei streng genommen beide Staaten seit 1967 nie offiziell Frieden geschlossen haben. Schon Ende Januar hat Israel einen Waffentransport angegriffen, der angeblich an die Hisbollah gehen sollte. Damals reagierte Syrien nicht. Nun aber könnte es anders sein, denn die Attacke war eine auf Damaskus, sie war für alle sichtbar und sie hat auch zu einer Demarche der Arabischen Liga beim UN-Sicherheitsrat geführt.

München, 11. Mai 2013

Heute in der Tagesschau sehe ich zu meinem Entsetzen Bilder einer grässlichen Zerstörung. Im türkischen Reyhanli, direkt an der türkisch-syrischen Grenze, sind zwei Autobomben in einem Wohngebiet mit Flüchtlingen hochgegangen. Vierzig Menschen sollen tot sein, viel mehr verletzt. Ich vermute sofort, dass der syrische Geheimdienst dahintersteckt, der die syrischen Flüchtlinge verunsichern will.

Der Anschlag zeigt erneut, wie sehr die Gefahren in unserem Einsatzgebiet jetzt zunehmen. Denn bevor der Grenzübergang Bab al Hawa wieder aufgemacht wurde, blieben unsere Leute zunächst in Reyhanli, um von dort über die Grenze nach Harim geschmuggelt zu werden. Aber auch mehrere internationale NGOs sind dort präsent. Die Deutsche Welthungerhilfe hat hier ihr Quartier aufgeschlagen, um Nahrung in die Rebellengebiete zu liefern. Thomas Gutschker sprach in seinem nun vor ein paar Tagen erschienenen Artikel in der FAS davon, dass schon 15 internationale Organisationen in der Gegend aktiv seien, die meisten gehen aber wohl nicht nach Syrien hinein, so wie wir es tun. Thomas Gebauer von Medico International wird in dem Artikel mit den Worten zitiert, seine Organisation prüfe derzeit, auch eigene Mitarbeiter zu entsenden. Bisher unterstützt sie ein kurdisches Bürgerkomitee in Ras al Ain. Thomas Gutschker berichtet auch von einem Mitarbeiter der Gesellschaft für Internationale Zusammenarbeit (GIZ), der in Gaziantep stationiert sein und aus einem üppig ausgestatteten Etat humanitäre Hilfe in den Rebellengebieten leisten soll. Er dürfe zwar aus Sicherheiterwägungen nicht nach Syrien hinein. Aber er helfe beim Wiederaufbau von Krankenhäusern, Schulen und der Wasserversorgung. Ich habe von seinem Wirken in Syrien selbst zwar noch nichts mitbekommen, aber wenn die Angaben stimmen, dann bewegt sich wohl endlich etwas in die Richtung, die ich in meinem Brief an das Auswärtige Amt gefordert habe.

Troisdorf, 14. Mai 2013

Heute – ausgerechnet, es ist mein Geburtstag – habe ich im Namen des Grünhelme-Vorstands eine Mail an Bernd Blechschmidt geschrieben, die ihm den Abbruch der Arbeiten nahelegt. Aiman Mazyek hatte aufgrund neuer Informationen über die Zunahme der ausländischen Dschihadisten den «geordneten Rückzug» empfohlen. Seiner Meinung nach sollten wir das auch öffentlich offensiv vertreten und deutlich machen, dass die arabische und die westliche Welt wegen der unterlassenen Hilfe für die syrischen Rebellen eine Mitschuld an dieser Entwicklung trifft.

Dem vorausgegangen waren Berichte Bernd Blechschmidts aus der Gegend um Azaz, wohin er gefahren war, um unseren neuen Mitarbeiter Ziad Nouri an der türkisch-syrischen Grenze abzuholen. Ziad Nouri haben wir geschickt, obwohl er schon 72 Jahre alt ist. Er verfügt über eine herausragende Erfahrung im Bauingenieursbereich, insbesondere beim Neuaufbau von Krankenhäusern, und kann deshalb für unsere Arbeit in Harim sehr wertvoll werden. Er hat sich erst am 22. April bei uns gemeldet, aber wir waren von ihm sofort überzeugt.

Bernd hatte die Fahrt genutzt, um unser Krankenhaus in Azaz zu besuchen und mit unseren Freunden dort zu sprechen. Raphael Veicht, ein Mitarbeiter von Cap Anamur, der dort seit zwei Wochen neben Saru Murad im Krankenpflegebereich arbeitet, erzählte ihm, es seien in den letzten Wochen vermehrt radikale

Dschihadisten aufgetaucht, die Azaz unsicher machen würden. Sie kämen aus Russland, Bosnien und auch aus Deutschland. Sie würden schwer bewaffnet im Krankenhaus herumlaufen. Es habe schon einen ersten Zwischenfall zwischen einer solchen radikalen Gruppe und lokalen syrischen Mitarbeitern der französischen NGO Solidarités International gegeben. Dann erlebte Bernd es am eigenen Leib. Er und Raphael wurden in der Apotheke des Krankenhauses von deutschsprachigen Dschihadisten bedrängt. Sie wurden aufgefordert, ihre Namen aufzuschreiben und ihre Pässe zu zeigen. Nach mehrmaligem Verweigern wurden die beiden dann de facto dazu erpresst.

Am nächsten Tag wurde Bernd erneut vor dem Hospital von einem Dschihadisten angesprochen und es wurde ihm gesagt, «Ungläubige» seien hier nicht erwünscht. Von allem Anfang an im Plural. Und Raphael wurde von einem bosnischen Dschihadisten aufgefordert, das Land zu verlassen, denn westliche Organisationen und Christen hätten hier nichts zu suchen. Auch solle er aufpassen, was er tue und wohin er sich bewege. Das zeigte uns deutlich: Die Lage hat sich drastisch verschlechtert und die Gefährdung hat eine neue Qualität bekommen.

Bernd Blechschmidt schrieb zwei Stunden später: «Ein klares NEIN zum Rückzug! Zumindest nicht in Harim, denn hier sind wir nicht von Dschihadisten umgeben – noch nicht!?»

Die Entführung

Ein tief verhangener Tag, er beginnt mitten in der Nacht. Ich wache gegen drei Uhr auf und höre aus dem Flur, wie unser Anrufbeantworter rasselt. Wir hatten ihn gestern angestellt, weil Geburtstagsgäste da waren und wir nicht die ganze Zeit zum Telefon gehen wollten. Um 5.45 Uhr wache ich erneut auf und sehe auf dem Display meines Mobiltelefons eine Mitteilung: «Notfall!!! Bitte sofort anrufen. Amr.» Das kommt von Amr al-Mrayati aus Harim im befreiten Syrien. Ich wasche mich und gehe herunter in unseren Wohnbereich, um Christel nicht beim Schlafen zu stören.

Kaum habe ich die Nummer gewählt, ist Amr auch schon dran. Es ist etwas Fürchterliches passiert. Bernd Blechschmidt, Simon Sauer und Ziad Nouri sind entführt worden und zwar schon um drei Uhr morgens. Amr hat sich zum Glück verbergen können, so dass die Entführer ihn nicht bemerkt haben. Jetzt ist er immer noch in unserem Grünhelme-Haus, in das die Unbekannten eingebrochen sind und unsere Mitarbeiter herausgezerrt haben. Niemand in Harim scheint zu wissen, wer das gewesen sein könnte. Und wer weiß, ob die noch einmal wiederkommen, wenn sie merken, dass sie nicht alle erwischt haben?! Noch am Telefon befehle ich Amr geradezu, sich möglichst sofort auf den Weg in die Türkei zu machen. Er sagt mir, dass der für uns zuständige Sicherheitsmann in Harim, Abu Saddam, sich schon bereitmache, ihn an die Grenze zu bringen.

Was tun? Man muss in solchen Situationen zum Wohle der entführten Mitarbeiter versuchen, nüchtern und besonnen zu bleiben: Ich informiere Kristin Helberg, Udo Steinbach, Bernd Goeken von Cap Anamur und Saru Murad über das, was geschehen ist. Ich kündige allen an, dass wir die Nachricht nicht öffentlich machen, sondern zunächst auf die Ankunft von Amr al-Mrayati in der Türkei warten. Erst dann werden wir überlegen, wie wir weiter verfahren. Ich informiere auch die Deutsche Botschaft in Ankara, in der Hoffnung, dass sie die Nachricht an ihre Zweigstelle in Gaziantep weitergibt. Anschließend schreibe ich einen Brief an den außenpolitischen Berater der Bundeskanzlerin, Dr. Christoph Heusgen, damit er und Angela Merkel im Bilde sind. Schließlich verständige ich unseren jungen Mitarbeiter Abdullah Allaoui, der versuchen soll, die Leute in Harim telefonisch zu befragen, um herauszubekommen, was wirklich geschehen ist.

11.45 Uhr. Wir haben immer noch nichts von Amr al-Mrayati gehört, hoffen aber inständig, dass er schon in der Türkei ist. Alles andere ist nebensächlich. Ich halte die Geburtstagsanrufe, die einen Tag später kommen, kaum aus, und muss so tun, als ob alles in Ordnung wäre, obwohl mir wegen der drei entführten Grünhelme zum Heulen elend zumute ist.

12.03 Uhr. Das Telefon klingelt und bringt die erste gute Nachricht heute Morgen: Amr ist in der Türkei. Das klingt so wie: Amr ist im Paradies und im Reich der Freiheit. Er erzählt mir, dass er die Entführer gar nicht gesehen hat, also nicht weiß, ob sie schwerbewaffnet waren, ob es sich um Syrer handelte oder um ausländische Extremisten. Er hat nur in dem Raum, in dem er schlief, die Geräusche des Einbruchs und das Abführen der drei gehört. Er hatte sich vor Angst fast nicht mehr getraut, noch zu atmen. Dann sind die Entführer verschwunden und haben unsere Mitarbeiter mitgenommen. Amr hat noch versucht, das Mobiltelefon von Bernd anzurufen, er kam auch durch, aber niemand nahm ab. Dann hat er es nach einer Stunde noch einmal versucht, aber das Handy war nun nicht mehr erreichbar. Das könnte allerdings, nach Einschätzung von Amr, auch daran liegen, dass es am aktuellen Aufenthaltsort von Bernd kein Netz gibt. Amr hat seine Angehörigen bereits informiert. Er begibt sich jetzt nach Kilis in das Istanbul Hotel.

16.35 Uhr. Das Lagezentrum ruft an, die Botschaft in Ankara hat meine Nachricht über die Entführung der drei Grünhelme nach Berlin weitergegeben. Ich werde von einem Beamten höflich und sehr sorgfältig ausgefragt. Aber das macht den Rechts- und Sozialstaat aus. Man hat dieses erhebende Gefühl, dass der Staat sich um seine Bürger kümmert, wenn sie in einer Notlage sind. So erzähle ich dem Beamten alles, was ich weiß. Er kündigt mir am Ende des Gesprächs an, dass er das an das BKA übermitteln wird, dieses würde mich im Laufe der nächsten Stunden auch noch kontaktieren. Wenn ich irgendetwas Neues erfahre, soll ich das Lagezentrum sofort unterrichten.

17.00 Uhr. Das BKA meldet sich. Ein Beamter hat eine Karte vor sich und kann meine Berichterstattung über die drei Orte im befreiten Syrien genau verfolgen. Da gab es erst die Arbeit in Azaz, dann in Tal Rifaat, dann gingen wir in den Süden über Afrin immer entlang der Grenze nach Harim, das an die vierzig Kilometer nördlich von Idlib liegt.

18.00 Uhr. Abdullah hat den Bürgermeister von Harim erreicht. Der will in die Berge gehen, um die Leute zu suchen, die unsere Drei entführt haben. Der Sicherheitsmann Abu Saddam war am Handy so wütend, dass er sich kaum eingekriegt hat. Der überaus beliebte Bernd ist aus der Stadt einfach herausgefischt worden. Wahrscheinlich von Kriminellen, also solchen, die wissen, dass man mit der Entführung von westlichen Ausländern Geld machen kann. Auch Saru, der heute Raphael Veicht von Azaz nach Kilis gebracht hat, hält an der Behauptung, die Entführung sei von Assads Leuten durchgeführt worden, nicht mehr fest. Diesen kriminell motivierten Entführungen wird im arabisch-islamischen Raum oft ein religiöses Mäntelchen umgehängt. Aus dem Irak kennt man das zur Genüge. Und in den westlichen Nachrichten funktioniert es fast immer, ein Verbrecher, der radikal islamisch ist, ist für die Tagesschau immer eindrucksvoller als ein ordinärer Verbrecher. Dabei kann ein Verbrecher nicht radikal islamisch sein, denn der Islam verbietet Kriminalität mehr als Alkohol und Weintrinken.

Die Dämmerung kommt, ohne dass wir etwas erfahren haben. Wir ahnen nicht einmal, wie es den Dreien geht, ich fürchte, ich werde heute Nacht nur Alpträume haben, denn ich stelle mir vor, wie sie von Kriminellen gefesselt und an einen Ort gefahren werden, wo man sie nicht entdecken kann. Besonders besorgt bin ich natürlich um Ziad Nouri, der mit dem Geburtsjahr 1941 wieder einmal belegt, dass ältere Menschen mit großer Lebens- und Berufserfahrung für unsere Arbeit von großer Bedeutung sind. Hoffentlich hält er durch, hoffentlich halten unsere Drei durch. Ich würde sie gerne eigenhändig heraushauen. Wenn ich nur wüsste, wo!

«Du musst Dich darauf vorbereiten, dass die Bild-Zeitung sich meldet und nach der Entführung der drei Grünhelme fragt.» Aiman Mazyek hat mich angerufen und drängt darauf, dass wir uns auf den Fall einstellen, dass etwas an die Presse durchsickert. Ich werde der Wahrheit entsprechend sagen, dass wir, wie auch Cap Anamur, uns schon zu einem geordneten Rückzug entschlossen hatten. Wenn wir nur geahnt hätten, dass wir unbedingt schon vorgestern auf den Abzug hätten drängen müssen! Grundsätzlich werden wir im Falle von Presseanfragen die Entführung bestätigen und gleichzeitig darum bitten, die Information noch unter Verschluss zu halten, um die Entführten nicht zu gefährden.

Anschließend telefoniere ich mit Ziad Nouris Tochter, Sarah Nouri, die sich gerade in England aufhält. Sie ist wohl die erste aus der Familie, die etwas erfährt. Sie ist natürlich furchtbar erschrocken und entsetzt. «Wissen Sie, dass das ein 72-jähriger Mann ist?» Ich muss ihr sagen, dass es bisher keine Neuigkeiten gibt und wir nichts wissen über den Aufenthaltsort der Entführten und die Motive der Entführer. Kaum habe ich aufgelegt, kommt ein Anruf von ihrer Halbschwester, deren Fragen ich auch nicht beantworten kann. Dann meldet sich der Bruder der beiden. Er erzählt, dass er mit seinem Vater noch am Tag vor der Entführung gesprochen hat. Es fällt mir sehr schwer, den Angehörigen diese furchtbare Nachricht zu überbringen. Aber das ist etwas, das ich nicht delegieren kann und nicht delegieren will. Schließlich tragen wir als Grünhelme die Verantwortung dafür, dass die Drei überhaupt in Syrien waren.

12.17 Uhr. Abdullah Allaoui schickt eine SMS: «Habe mit dem Bürgermeister telefoniert. Nichts Neues. Die fahren gerade suchend herum. Ich soll ihn um 18 Uhr noch mal anrufen.»

14.30 Uhr. Das BKA ruft an. Sie haben Amr ausfindig gemacht und werden ihn morgen am Flughafen «einvernehmen». Wir sind dankbar für jede Unterstützung. Denn im Moment fühlen wir uns hilflos und niedergeschlagen. Was, wenn den Dreien wirklich etwas zustößt, sie krank werden oder schon nicht mehr am Leben sind? Leider muss man in solchen Situationen mit dem Furchtbarsten rechnen.

Am Abend spreche ich noch lange mit dem Vater von Bernd Blechschmidt. Ein beeindruckender Mann, der versucht die Fassung zu bewahren und stark zu bleiben. Wir können an nichts anderes denken als an unsere Entführten. Wir fragen uns, ob sie etwas zu essen haben, ob sie ihre Notdurft verrichten dürfen, ob sie ein Nachtlager hatten. Wenn wir nur ein Lebenszeichen von ihnen hätten!

Troisdorf, 17. Mai 2013

Heute ist es mir endlich gelungen, die Mutter von Simon Sauer zu erreichen. Zu ihr hatten wir trotz aller Anstrengungen keinen Kontakt, ich hatte ihr aber einen Brief geschrieben, der ganz offenbar nicht angekommen ist. Sie hat von der Entführung gestern durch das BKA erfahren, hätte es aber, wie sie mir sagt, lieber erst von mir gehört. Darüber sind wir uns schnell einig.

In Syrien hat sich die militärische Lage in den letzten Wochen zugunsten Assads entwickelt. Die Frühjahrsoffensive des Regimes, bei der offenbar auch starke Verbände der libanesischen Hisbollah zum Einsatz kommen, hat etwa im Raum Damaskus und in der Umgebung der strategisch wichtigen Stadt Al Kusair zu Geländegewinnen geführt. Die Rebellen kompensieren ihre Niederlagen mit einer unbeschreiblichen Grausamkeit. «Ich schwöre zu Allah, wir werden eure Herzen verschlingen, ihr Soldaten von Assad, diesem Hund», schreit ein Rebellenkommandeur in die Kamera. Er beugt sich in diesem Video über die Leiche eines Regierungssoldaten, schneidet mit dem Dolch Herz und Leber aus dem Rumpf. Als er die bluttropfende Leber unter dem Ruf «Allahu Akbar» zum eigenen Mund führen will, bricht die Aufnahme ab.

Es gibt Videos mit ähnlichen Grausamkeiten und unmenschlichen Bestialitäten von beiden Seiten. Es gibt Videos, die zeigen, wie die gefürchteten Shabiha-Milizen gefangene Rebellen tot prügeln, sie bei lebendigem Leib anzünden oder sie zwingen, Baschar al-Assad als Gott anzubeten. Bei den jüngsten Kämpfen der Regierungsarmee im Alawitengebiet in den sunnitischen Dörfern Bayda und Ras al Nabeh wurden in zwei Tagen mehr als 300 Menschen massakriert − erschossen, erstochen oder gesteinigt. Das 27 Sekunden lange Video mit den herausgerissenen Organen im Ort

Al Kusair nahe der libanesischen Grenze war aber der bisher entsetzlichste Beweis einer unglaublichen Verrohung und Bestialität. Der mittlerweile unter dem Namen Abu Sakkar bekannte Rebellenchef erklärte, er habe auf dem Mobiltelefon des Getöteten Bilder gefunden, wie der Soldat eine nackte Frau und ihre beiden Töchter gequält habe, so als sei das eine Begründung. Abu Sakkar hatte sich in einem Gespräch mit Time Magazine damit gebrüstet, er habe einen Milizionär der Regierung mit einer Säge in kleine Stücke zerteilt. Andere Videos der Vergangenheit zeigen diesen grauenhaften Schlächter bei Kämpfen in Homs, in Triumphpose über Leichen getöteter Hisbollah-Kämpfer oder beim Abschießen von Raketen in Richtung von Schiitendörfern im Libanon. Human Rights Watch gibt in ihren Publikationen an, dass er ein Kommandeur der Farouq-Brigaden aus Homs sei, zu denen etwa 20 000 Rekruten der Rebellen gehören sollen. Auch diese Farouq-Brigaden firmieren als Einheiten der FSA, der «Freien Syrischen Armee». Wir hören, dass sich die FSA von Abu Sakkar distanziert haben soll. Aber, wie Human Rights Watch zu Recht betont: Der Verantwortliche ist nicht nur zu kritisieren, er muss für diese abnormen Verbrechen bestraft werden. Doch könnte die FSA-Führung dies wahrscheinlich noch nicht einmal dann durchsetzen, wenn sie es tatsächlich wollte.

Was, wenn unsere Drei in die Hände solcher Verbrecher gefallen sind? Bisher haben wir keinerlei Anhaltspunkte dafür, wer hinter der Entführung steckt und was die Motive sind. Man muss fast hoffen, dass es um Lösegeld geht, denn dann werden wir bald von den Entführern hören. Oder soll vielleicht Ausrüstung und Munition erpresst werden? Schlimmer wäre, wenn es sich um fanatische Dschihadisten handelt, denen die westlichen Helfer ein Dorn im Auge sind. Schließlich hatten die deutschen «Gotteskrieger» im Krankenhaus von Azaz Bernd gewarnt: Ungläubige hätten dort nichts zu suchen.

Wir wissen nichts. Wo sollen wir suchen? Wie Informationen bekommen? Soll ich selbst nach Syrien gehen? Wenn niemand vor Ort ist und die lokalen Kräfte zur Suche anhält, dann geraten unsere Drei dort womöglich bald in Vergessenheit.

Ich habe die dritte Nacht mit Alpträumen hinter mir und der Tag bringt keine Neuigkeiten. Abdullah sagt mir, dass er heute mit einem ihm bekannten Muslimbruder aus der Gegend von Harim skypen werde. Wir haben sonst nichts, worauf wir unsere Hoffnungen legen können. Ich muss mich in den nächsten Tagen entscheiden, ob ich selbst runter gehe, um die Suche aufzunehmen. Abdullah könnte mich begleiten, um zu dolmetschen. Es ist nicht ungefährlich. Schließlich fühlten sich auch unsere drei Entführten in Harim in Sicherheit, da sie vom Wohlwollen der Bevölkerung getragen wurden. Doch in der Nacht des Überfalls ist das Makulatur gewesen. Ich muss also sehr aufpassen, dass ich nicht auch entführt werde. Aber ich kann doch in dieser Situation nicht untätig zuhause sitzen!

Um 18.27 Uhr kommt eine bewegende Mail von Issam al-Mrayati, dem Bruder von Amr, der Zahnarzt ist. Er war Anfang des Jahres mit Amr in Idlib, um sich ein besseres Bild von der Revolution zu machen. Er habe die Aktivitäten der Grünhelme verfolgt und auch die Beteiligung seines Cousins Abdullah Allaoui sowie seines Bruders. «Ich finde ihre Arbeit unglaublich menschlich und sie gibt mir das Vertrauen in die menschliche Solidarität und die Sicherheit, dass wir Menschen, alle Menschen weltweit, eine Einheit bilden.» Das tragische Ereignis am letzten Mittwoch habe ihn sehr schockiert. Anfangs habe er gedacht, dem syrischen Volk könne man nicht mehr helfen und es wolle sich auch nicht mehr helfen lassen. Aber Amr erzählte ihm, wie gastfreundlich und dankbar er von den Bewohnern Harims aufgenommen worden war, und wie sehr der Vorfall von ihnen bedauert wurde. Als Amr in die Türkei auswich, herrschte im Ort eine große Trauer – auch deswegen, weil die Menschen spürten, welche Enttäuschung das für uns bedeutete. Da erst, so Issam al-Mrayati, habe er erkannt, dass man nicht eine ganze Bevölkerung verurteilen und kollektiv verantwortlich machen dürfe. Die Kidnapper könnten nur einen von zwei Beweggründen haben, entweder sie wollen die Grünhelme einschüchtern oder sie wollen sie einfach nur berauben. «Beide Beweggründe müssen gegen eine Wand stoßen, die Wand der Beharrlichkeit zum Guten. Das Gute muss überwiegen und wenn das Böse größere Brocken in die Waagschale legt, fließt unendlich Gutes einfach unermüdlich weiter.» Issam appelliert daher an uns, nicht an einen Stopp der Projekte zu denken, ganz gleich wie der Ausgang der Tragödie sein wird. Eine wunderbare Rückenstärkung in dieser Situation. Issam schreibt das auch nicht nur einfach so. Er erklärt sich bereit, ein ganzes Jahr lang mit einigen Kollegen die zahnärztliche Versorgung in Harim zu übernehmen.

Troisdorf, 22. Mai 2013

Die Truppen Assads haben am Pfingstsonntag gemeinsam mit libanesischen Hisbollah-Kämpfern eine konzertierte Offensive zur Rückeroberung der Stadt Al Kusair gestartet. Es sieht nicht so aus, als hätten die Rebellen ihr viel entgegen zu setzen. Al Kusair liegt direkt an der Grenze zum Libanon und kontrolliert die wichtige Verbindungsstraße zwischen Damaskus und Homs sowie der Region um Latakia, dem alawitischen Kerngebiet des Regimes. Für die Rebellen ist sie von großer Bedeutung bei ihrem Versuch, die Region um Latakia vom Rest des Landes und der Hauptstadt Damaskus abzuschneiden. Für Assad wiederum könnte ihre Eroberung entscheidend sein für eine vermutlich bevorstehende Offensive auf Homs. Offenbar, so berichtet Spiegel Online heute, ist auch BND-Präsident Schindler zu einer neuen Einschätzung der Lage gekommen. Proklamierte er noch vor fünf Monaten die «Endphase des Regimes», so sieht er jetzt Assad im Vormarsch. Die Rebellenbewegung zerfasere, während die Regierungsarmee so stabil sei wie lange nicht und wieder über funktionierende Nachschubwege verfüge. Assad könne die Rebellen zwar nicht besiegen, sie aber sehr wohl in Schach halten. Man mag sich darüber belustigen, dass der BND seine Einschätzung wechselt wie andere Leute ihre Hemden. Nur fürchte ich, dass Schindler diesmal richtig liegt. Entscheidend scheinen mir die Waffenlieferungen aus Russland und die Einbeziehung der Hisbollah-Kämpfer. Gleichzeitig gewinnen auf Seiten der Rebellen die Fanatiker an Gewicht. Die Bewegung zerfasert nicht nur, sie radikalisiert und brutalisiert sich auch. Was wird nun aus dem Traum vom freien Syrien, der im September 2012 zum Greifen nahe schien?

Von unseren drei Leuten nicht die geringste Spur. Wir halten uns wie Gefangene in unserem Haus auf, Christel geht nicht heraus und auch ich verlasse es nur einmal kurz, um etwas frische Luft zu tanken. Wir wagen es nicht, das Telefon allein zu lassen, falls es Nachrichten über den Verbleib der Entführten geben sollte. Ich telefoniere mit Amr, der wieder in Deutschland ist. Er meint, es gäbe Hinweise dafür, dass die Entführung auf das Konto des Regimes gehe. Sehr belastbar sind die aber nicht. Sicherlich könnte Assad daran gelegen sein, die internationalen Hilfsorganisationen einzuschüchtern, die sich gerade an der türkisch-syrischen Grenze für größere Operationen im Bürgerkriegsgebiet bereit machen. Aber mir scheint es doch wahrscheinlicher, dass eine der lose mit der FSA verbundenen bewaffneten Gruppen dahinter steckt, die sich in den Rebellengebieten eingenistet haben, seien es Dschihadisten oder einfach nur Kriminelle.

Das Auswärtige Amt beschwört uns, die Mediensperre noch nicht leichtfertig aufzugeben. Doch wie lange wird sich die Entführung aus den Zeitungen und den elektronischen Medien heraus halten lassen? Eigentlich ist es erstaunlich, dass noch nichts durchgesickert ist. Immerhin ist heute schon der vierte Tag nach der Entführung.

Das BKA und das Auswärtige Amt versuchen uns aufzumuntern, indem sie uns sagen: Wir sollten uns nicht unnötig beunruhigen, es dauere bei solchen Entführungen immer zehn Tage, bis sich jemand melde. Aber was werden sie sagen, wenn die zehn Tage abgelaufen sind? Werden sie dann auf die Beispiele verweisen, bei denen es vier Wochen gedauert hat? Niemand von unseren Diensten, niemand vom Auswärtigen Amt, niemand vom BND ist in Syrien. Aber es muss sich jemand vor Ort um die Nachforschungen kümmern und Druck ausüben auf die lokalen Rebellenbehörden, die alle anderes zu tun haben, als nach unseren entführten Grünhelmen zu suchen. Und wenn jetzt nicht bald etwas geschieht, wird es immer schwieriger, noch Spuren von ihnen zu finden. Ich befürchte, dass unsere Behörden uns nur von eigenen Aktionen abhalten wollen, aber selber vor Ort gar nicht aktiv werden können. Deshalb muss ich jetzt einfach mit Abdullah nach Syrien. Wir fliegen am 25. Mai um 10.50 Uhr von Köln/Bonn und haben zwei Tage, um uns umzusehen. Saru schreibt mir, ich soll gleich am Abend nach Azaz fahren, dann hätte ich die Unterkunft im Krankenhaus. Ich will aber keine Nacht in Syrien verbringen. Das scheint mir zu unsicher zu sein. Saru schreibt, dass die Menschen in Azaz sich die Entführung sehr zu Herzen nähmen. Er sagt mir auf mein Vorhaben, mit der Zivilverwaltung zu sprechen: «Die Zivilverwaltung kann nichts und wird auch nichts unternehmen. Sie haben keine Macht und auch keinen Einfluss.»

Das Schlimmstmögliche ist leider nicht ausgeschlossen, nämlich, dass unsere drei Entführen längst ermordet sind und man in dem Chaos und der Anarchie bereits zur Tagesordnung übergeht. Kristin Helberg macht mich zu Recht darauf aufmerksam, dass das so sein kann. Wir halten uns immer noch an dünnen Strohhalmen fest. Mein Gott, was ist das für eine furchtbare Lage, in der wir uns befinden!

Reyhanli, 27. Mai 2013

Wir haben uns in einer der schwersten Situationen meines Lebens auf den Weg gemacht, um etwas über den Verbleib der drei Grünhelme, ihre Entführer und deren Forderungen herauszubekommen. Wir, das heißt der 22-jährige Abdullah Allaoui und ich, sind vorgestern losgeflogen, um in der Höhle des Löwen nach Informationen zu suchen. Die erste Station war Gaziantep, dann weiter in die türkische Grenzstadt Kilis. Dort bekamen wir ein Zimmer im gewohnten Istanbul Hotel. Wir machten uns am nächsten Morgen auf den Weg zur Grenze, weil dort Saru Murad um 08.30 Uhr auf uns warten wollte. Wir kamen pünktlich durch die Passkontrolle und waren nach etwa einem Kilometer an dem Platz, an dem noch auf türkischem Boden die Syrer uns hinfahren und abholen können.

Saru ist da. Er steht neben seinem Auto. Als erstes teilt er uns mit – und ich erschrecke –, Soldaten könnten nicht abgezogen werden für unsere Suche, weil es neue Kämpfe gäbe um zwei Kurdendörfer. Wir beschließen, uns erst zum Hospital zu begeben. Saru fährt überraschenderweise um Azaz herum, einen Schleichweg geradezu, um an den Checkpoints vorbei direkt vor das Hospital zu kommen. Dort werden wir freudig begrüßt und wir frühstücken an einem großen langen Tisch in der ersten Etage mit den vielen Bekannten, die wir hier haben.

Als ich das letzte Mal das Hospital besuchte, war es noch einigermaßen sicher, hier zu arbeiten. Es gab den Beschuss durch die Luftwaffe von Baschar al-Assad, aber es fanden keine Entführungen statt – oder zumindest erfuhren wir damals nichts davon. Doch jetzt ist das anders, auch wenn ich den Dschihadisten, die Bernd und Raphael so zugesetzt haben, nicht begegne. Deswegen bin ich sehr erleichtert, dass wir doch noch zwei Kämpfer der FSA zugeteilt bekommen, die uns auf unserer Suche begleiten und schützen sollen. Wir beschließen loszufahren. Ido, inzwischen Sicherheitschef des Krankenhauses, gibt den beiden eine Handgranate mit. Er hatte sie gefragt, ob sie irgendeine Waffe mit sich führen würden. Und sie hatten geantwortet, sie hätten nur Pistolen. Unsere Begleiter werden sich noch als sehr hilfreich erweisen. Denn mit ihren FSA-Ausweisen haben sie die Möglichkeit, bei den verschiedenen Brigaden Einlass zu begehren.

Nachdem wir Afrin, Bablif, Jahabah, Jineiress, Tallef und Reddadye hinter uns gelassen haben, fahren wir zum Hauptquartier einer der größten Brigaden in der Region um Harim. «Männer Gottes» nennen sie sich, sie haben sich hinter gut bewachten Mauern verschanzt und lassen weiß Gott nicht jeden, der hier vorbeikommt, herein. Aber unsere Begleiter erstreiten sich den Zugang. Als wir das aufgeräumte, saubere Gebäude der «Männer Gottes» betreten, bin ich der festen Überzeugung, ich müsse in das Hauptquartier der Al Nusra Front geraten sein. Doch ich werde eines Besseren belehrt. Es gebe viele islamisch ausgerichtete Brigaden, die in dem Zweckverband der FSA unter einem nur notdürftigen Dach zusammenarbeiten würden, aber jeweils ihr eigenes Süppchen kochten. In dem Büro des Leiters der Proviant- und Transportabteilung treffen wir den sehr lebendigen Chef der Brigade. Saru und Abdullah informieren ihn über unseren Fall und er wundert sich, dass der Bürgermeister von Harim, den er gut kennt, ihn noch nicht über die Entführung informiert hat. Ob das stimmt, können wir natürlich nicht nachprüfen. Aber wenn es so sein sollte, dann würde das nur verdeutlichen, wie wichtig es ist, dass wir hierher gekommen sind.

Der Chef der Brigade schlägt vor, sofort zum Grenzposten Bab al Hawa zu fahren, um dort zu erkunden, ob die drei dort gesehen worden sind. Wir rasen in zwei Autos zur Grenze und erleben wieder diesen mächtigen Schmuggelwirtschaftsverkehr. Es kommen auf diesem Weg weiterhin Baumaterialien, Mehl, Nahrungsmittel usw. aus der Türkei nach Syrien. Wir gehen in einen Sitzungsraum in der ersten Etage. Alle haben eine Zigarette an, ich rauche auch, es ist ein gutes Mittel gegen die Nervosität, die hier alle erfasst hat. Der Grenzstellenleiter ruft einzelne Leute herein, schickt andere wieder heraus, spricht am Telefon noch einmal mit dem Bürgermeister von Harim. Ergebnis: Hier hat keiner unsere Grünhelme gesehen und sie hätten die Grenzsperren auch nicht so einfach passieren können, falls die Entführer Aleviten aus Antakya oder türkische Kriminelle gewesen wären.

Doch eine Spur ergibt sich, als plötzlich der Brigadechef Abdullah fragt, wen er denn in Harim kenne. Abdullah nennt den Bruder des Kommandanten einer anderen Brigade, der «Märtyrer Idlibs». Den kennt der Brigadechef auch. Wenig später ist er aus Harim herbeigeschafft und sitzt mit einem Begleiter in unserem Sitzungsraum. Als wir von unseren entführten Grünhelmen berichten, erzählen sie etwas, das uns elektrisiert: Sie hätten vor einigen Tagen einen Ausländer gefunden. Der sei in Unterhose in den Bergen herum gelaufen, habe Getreidekörner gesammelt und sie aus Verzweiflung gegessen. Wir bitten sie, den Ausländer zu beschreiben: Es sei ein mittelgroßer blonder Mann gewesen. Abdullah hat, hilfreich wie immer, sein iPhone dabei und kann in wenigen Sekunden den beiden aus Harim ein Foto von Simon Sauer zeigen. Ja, sagen sie, das könnte er sein. Sollte Simon es geschafft haben, den Entführern zu entfliehen? Abdullah bittet die beiden Männer, ihn zu dem Ausländer zu bringen. Saru und Ich bleiben an der Grenze. Im Gehen legt mir Abdullah seinen Arm auf die Schulter: Inschallah, das hat Gott gewollt.

Während wir anderthalb Stunden warten, malen Saru und ich uns die Geschichte immer weiter aus: Simon Sauer wird einen unbewachten Moment ausgenutzt haben und getürmt sein. Ich bereite mit meinem Handy schon eine SMS vor, um Christel mitzuteilen: Wir haben Simon Sauer gefunden, vielleicht gelingt es, die anderen beiden auch zu retten. Wir machen schon Pläne, ich überlege, welche Flüge ich für die Rückreise besorgen kann. Kurz Euphorie.

Dann kommt um 15 Uhr ein tieftrauriger Abdullah zurück, nein, alles falscher Alarm, es war nicht Simon, es war jemand anderes, wohl ein Skandinavier. Nicht alle Blonden sind gleich Deutsche ... Wir gehen nach dieser tiefen Enttäuschung, die ich niemandem erklären kann, weil mir die Worte für dieses Gefühl fehlen, mit unseren FSA-Begleitern zu einer Wiese, auf der einige Flüchtlinge mit Kindern sitzen. Wir besorgen uns etwas zu essen, bevor wir zur nächsten Brigade weiter fahren. Das sind die Ahrar al Sham, «Die Freien von Damaskus». Doch hier haben wir noch weniger Erfolg. Wir treffen den Chef der Brigade in einem hochherrschaftlichen großen Raum. Wir erzählen ihm von der Entführung, fragen, ob er etwas gehört hat, doch er verneint. Aber er nimmt unsere Telefonnummern auf und verspricht sich zu melden, falls er etwas hört.

Dann geht es weiter nach Harim, durch ein zwei Checkpoints hindurch. An manchen wird mein alter Brief des Polizeichefs von Azaz sorgfältig studiert, dann dürfen wir nach einer winkenden Handbewegung, manchmal verbunden mit einer freundlichen Gesichtsmiene, durchfahren. In Harim gehen wir gleich zum Rathaus. Dort begrüßen wir etwas beklommen den Bürgermeister. Wir sind misstrauisch, da uns seine Rolle bei der Entführung und der Suche nach unseren Grünhelmen nicht ganz klar ist. Abdullah umarmt ihn nach arabischer Art, ich bin nur in der Lage, ihm die Hand zu geben Wir sitzen an der einen Stirnwand des Saales, Saru, die beiden Sicherheitsleute von Azaz, Abdullah und ich. Auf der anderen Seite befinden sich drei vergleichsweise junge Leute, von denen der ganz rechts sitzende sich später bei mir zu erkennen gibt: Er ist ein freier Journalist und Informant, den Christoph Reuter, der Nahost- und Syrien-Korrespondent des Spiegel, hierhergeschickt hat. Ich hatte Christoph gemailt, dass wir am 26. Mai nach Harim fahren würden.

Der Bürgermeister ist in einer schrecklichen Verfassung. Er weiß, wir erwarten alle von ihm, dass er uns unsere Drei zurückbringt. Wir sind noch nicht einmal sicher, ob sie nicht noch in

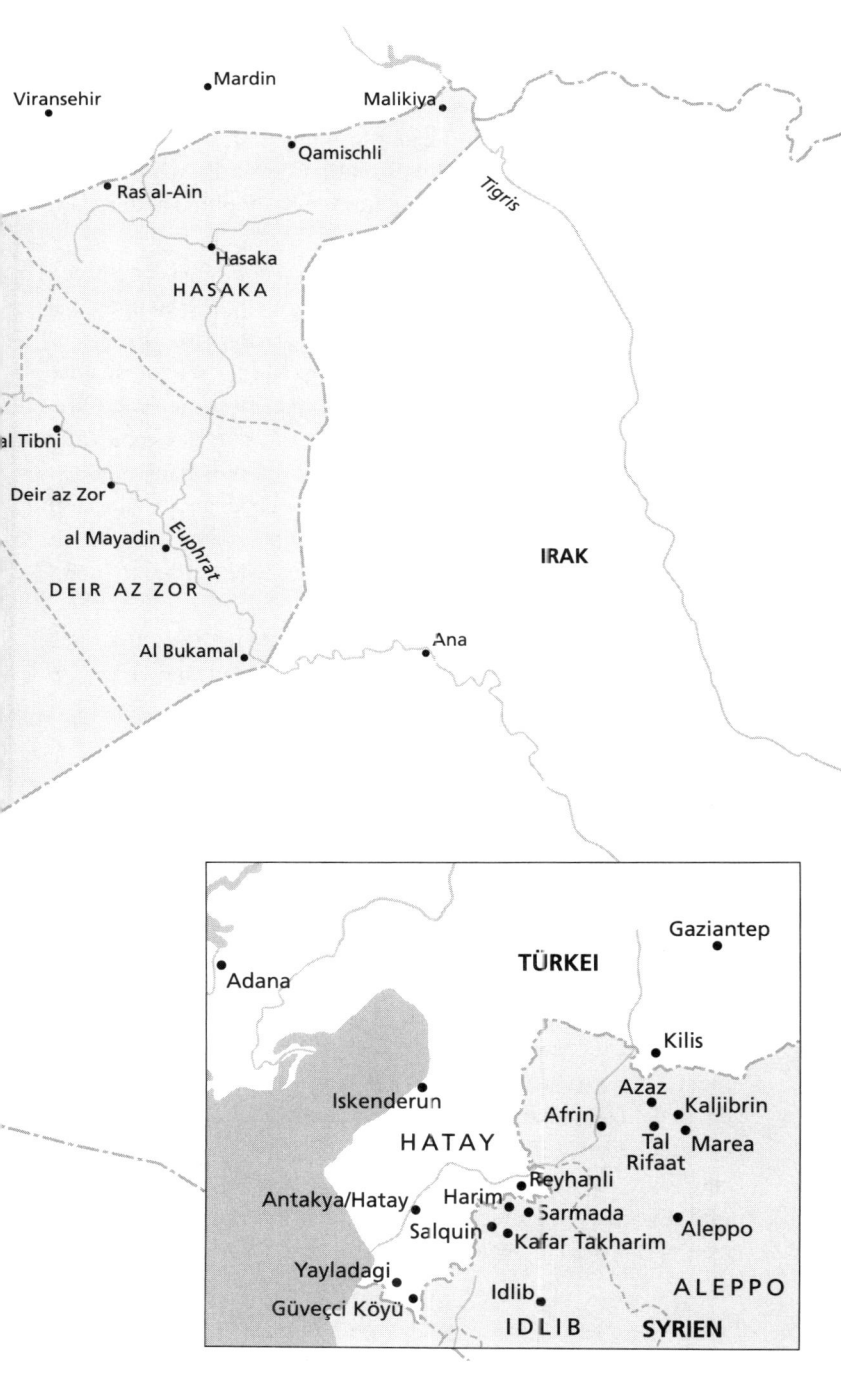

Harim sind, festgenommen von Gegnern des Bürgermeisters zum Beispiel. Bernd hatte mir einmal berichtet, dass der Bürgermeister in Harim nicht nur Freunde habe. Er hat angeblich sowohl dem alten als auch dem neuen Regime gedient und sich dabei bereichert. Abdullah hatte das damals relativiert: Da sei schlicht Neid im Spiel, weil dem Bürgermeister zu viele Immobilien in der Stadt gehören.

Als wollte er die Flucht nach vorn antreten, hebt der Bürgermeister seine Stimme und setzt zu einer lauten Erklärung an, bei der er vier Mal mit der Hand auf den metallenen Tisch haut. Später übersetzt mir Abdullah, was er gesagt hat: Er sei vor uns der erste Betroffene der Entführung, denn man sei gegen die Ehre, den Stolz und den Moralkodex eines Syrers in sein Haus eingebrochen und habe Gäste, die er dort aufgenommen habe, einfach willkürlich entführt. Es sei eine Frage der Ehre, dass er die drei findet und zurückbringt. Das hört sich gut an, doch wird er auch tatsächlich etwas tun? Und weiß er nicht vielleicht sogar mehr, als er uns preisgibt?

Wir gehen anschließend zu unserem ehemaligen Grünhelme-Haus, dem Ort der Entführung. Der für uns zuständige Sicherheitsmann von Harim ist mittlerweile zu uns gestoßen. Es ist ein bedrückendes Gefühl durch die Räume zu gehen, in denen ich noch vor ein paar Wochen mit Bernd und Simon zusammen übernachtet habe. Irgendwelche Spuren, die uns weiterhelfen könnten, finden wir aber auch hier nicht. Wir nehmen die Kamera von Bernd, den Laptop, ein Palästinensertuch von Simon und eine Taschenlampe mit nach Deutschland. Ich bin, als wir uns verabschieden, fix und fertig. Jetzt fahren wir hier los aus Harim, aber es gibt keine Lebenszeichen von unseren drei Grünhelmen, von Bernd, Simon und Ziad, der sich in Syrien einen Helfernamen zugelegt hat: Abu Nur. Sie könnten hier in Harim sein, vielleicht in einem Keller. Vielleicht sind wir sogar an dem Haus vorbei gegangen, in dem sie gefangen gehalten werden? Oder sind sie in einem der Nachbarorte? In einem Lager in den Bergen? In Damaskus? Oder sollte das passiert sein, an das ich hier in Syrien nicht zu denken wage? Wie soll ich, frage ich mich innerlich, den Angehörigen in Deutschland wieder unter die Augen treten?

Von Harim aus sind wir noch am Abend wieder über die Grenze in die Türkei gefahren nach Reyhanli, wo ich heute mit einer ganzen Reihe von Organisationen und Helfern gesprochen habe, um unseren Fall bekannt zu machen und um Hilfe zu bitten. Vielleicht kann sich daraus etwas entwickeln, aber zunächst einmal werde ich ohne Ergebnis, ohne einen einzigen Anhaltspunkt wieder nach Deutschland zurückkehren müssen.

Troisdorf, 31. Mai 2013

Heute ist der 16. Tag, an dem wir noch immer nichts von unseren Entführten wissen. Was ist das für ein Verbrechen, wenn man Menschen einfach ohne jedes Lebenszeichen verschwinden lässt? Warum verursachen die Entführer so viel Schmerz und Leid? Und wieso melden sie sich nicht, wenn es denn um einen politischen Preis oder um Lösegeld gehen sollte? Wie gern würden wir heute darauf eingehen!

Unsere ganze Arbeit in Syrien seit Sommer 2012 ist durch diese Entführung infrage gestellt. Alles, was wir dort aufgebaut und geschaffen haben, wird jetzt vielleicht nutzlos gewesen sein. Wir waren ein positives Beispiel für andere Hilfsorganisationen. Unsere Arbeit dort zeigte, dass man in Syrien selbst schon tätig werden kann, damit auch die Zivilbevölkerung der Rebellengebiete Hilfe bekommt und nicht nur die Regionen, die noch von Assad kontrolliert werden. Das hat sich jetzt durch die Entführung ins Gegenteil verkehrt. Auch ob wir noch einmal zurückgehen können, steht gegenwärtig in den Sternen. Unsere Arbeit war natürlich an die Voraussetzung gebunden, dass sich unsere Mitarbeiter dort frei und sicher bewegen können.

Um 14 Uhr ruft mich ein Journalist vom Spiegel an. Aus seinen Fragen höre ich heraus, dass die Nachricht durchgesickert ist und die Medien anfangen, nachzuforschen. Christoph Reuter ist wild entschlossen, seine Zeitschrift von einer Publikation abzuhalten und wird versuchen, auf die Chefredaktion entsprechend einzuwirken. Er hofft auch, dass die anderen Medien noch stillhalten. Die Ausgangsnachricht, die zu weiteren Nachforschungen führte, war, dass in Idlib drei Ausländer tot aufgefunden wurden, ein Amerikaner ein Brite und noch einer, aber nicht unsere drei Entführten.

Wenn die Entführung nicht gut ausgeht, werden wir beide, Christel und ich, nie mehr glücklich sein können. Die Vorstellung, dass wir Schuld sind, beherrscht uns. Auch wenn wir im säkularen Sinn nicht schuld sind. Wir müssen die Verantwortung schultern. Es gibt niemanden, der sie so tragen muss, wie wir.

Troisdorf, 4. Juni 2013

Heute ist der 20. Entführungstag. Gestern erhielten wir die erste Nachricht, die eine Spur unserer drei Grünhelme enthalten könnte. Sarah Nouri hat einen Onkel in Saudi-Arabien, der seine Kontakte in Syrien hat spielen lassen. Nun will er herausgefunden haben, dass es Ziad Nouri gut geht. Er soll mit den beiden anderen in dem Ort Kafar Takharim sein, der 12,4 km von Harim entfernt liegt. Wenn das stimmen sollte, könnten wir zum ersten Mal seit Wochen wieder aufatmen. Wir sind aber natürlich realistisch genug, um abzuwarten, ob die Quelle sich als glaubwürdig erweist und sich die Angaben bestätigen lassen.

Saru hatte gestern geschrieben, dass er heute versuchen wollte, nach Harim und Kafar Takharim zu fahren, um vor Ort nachzusehen, ob etwas an der Nachricht dran ist. Die FSA hätte die Verbindung wieder aufgemacht, nachdem die Straße in den letzten Tagen gesperrt gewesen sei. Er wollte mit ein paar Begleitern aus Azaz losziehen. Das Warten spannt uns auf die Folter, doch dann folgt die Enttäuschung: Saru konnte nicht fahren, weil seine Begleiter einen Rückzieher machten. Er will es morgen wieder versuchen. So schweben wir weiter in Ungewissheit.

Laut Christoph Reuter würden alle Ortskundigen vermuten, dass es keine kleine Gruppe sein wird, die unsere Drei in ihrer Gewalt hat. Und alle würden davon ausgehen, dass wir bezahlen müssen, um sie frei zu bekommen. Insofern, sagt er uns, wäre es sehr wichtig zu wissen, wer die Entführer sind, bevor sich jemand von uns nach Kafar Takharim aufmacht. Sein freier Mitarbeiter, den ich in Harim kennen gelernt habe, war in den letzten Tagen im Dorf Hazzano, wo er der FSA-Brigade des Scheich Saleh von unseren Grünhelmen erzählt hat. Die haben wohl versprochen, sich ebenfalls umzusehen und von einer weiteren möglichen Spur berichtet. Es gäbe eine sehr undurchsichtige, ziemlich gefährliche

Extremistentruppe unter einem Abu al-Banat in einem Dorf mit dem Namen Mashad Rohin. Die Gruppe sei so brutal, dass sich keiner an sie herantraue. Und auch Christoph Reuter weiß nicht, wo das Dorf liegt. Jedenfalls steht diese Gruppe im Verdacht, etwas mit der Entführung der beiden Bischöfe zu tun zu haben. Der syrisch-orthodoxe Erzbischof von Aleppo, Gregorios Yohanna Ibrahim, der im Dezember noch in Deutschland war, ist zusammen mit seinem griechisch-orthodoxen Amtsbruder, Bulos Jasidschi, schon am 22. April auf dem Rückweg nach Aleppo verschwunden. So liegt der Verdacht nahe, Abu al-Banat könne auch etwas mit der Entführung unserer drei Grünhelme zu tun haben. Aber niemand weiß etwas Genaues.

Troisdorf, 7. Juni 2013

Der 23. Tag der Entführung. Wir sind am Rand der Verzweiflung. Was uns hindert, uns in sie hineinfallen zu lassen, ist allein die Tatsache, dass damit unseren drei Entführten nicht gedient wäre. Alle Spuren haben sich wieder in Luft aufgelöst. Wir haben Unterstützung bekommen von der Familie Khoury. Marwan Khoury und seine Tochter Dunja Khoury leisten Hilfe für Syrien und haben ihre Bekannten in der Grenzregion auf unsere Grünhelme angesetzt. Ich habe Dunja Khoury bei meinem Aufenthalt im Lager Atmeh kennengelernt, wo sie sich um die traumatisierten Bürgerkriegskinder kümmerte. Die Khourys haben Leute mobilisiert, die mit Fotos unserer drei Entführten nach Kafar Takharim gegangen sind, um nach Spuren zu suchen. Dunja Khoury hat nun per Skype vom Ergebnis dieser Erkundungen erfahren. Niemand hat einen der drei gesehen und sie haben nichts gefunden, was darauf hindeuten könnte, dass sie dort festgehalten werden. Dafür haben sie einen neuen Hinweis bekommen. In dem Ort Sarmada soll es eine kriminelle Gruppe geben, die Ausländer in ihrer Gewalt hat und die allgemeine Rechts- und Gesetzlosigkeit in den Rebellengebieten brutal ausnutzt. So haben wir wieder nichts Konkretes, sondern nur weitere vage Hinweise. Immerhin will sich der freie Mitarbeiter von Christoph Reuter jetzt wohl an die Extremisten von Abu al-Banat in Mashad Rohin heranwagen und dieser Spur nachgehen. Und die Bekannten von Dunja

Khoury wollen nach Sarmada gehen und dort weiter nachforschen.

Wolfgang Bauer meldet sich: Syrien gehe zugrunde und werde allmählich zu einem Sammelbecken von Al Qaida. Von Kollegen habe er gehört, dass man sich im Norden so gut wie nicht mehr bewegen könne. Selbst die Hartgesottensten überlegten, ihre Berichterstattung einzustellen. Gestern seien bei einem Rebellencheckpoint im bisher so sicheren Marea zwei französische Kollegen entführt worden. Ebenfalls gestern hat die Al Nusra Front wohl das Gericht in Azaz übernommen. Sein Kontaktmann, der ihn im Mai 2012 sicher durch Syrien geführt habe, rate ihm mittlerweile, nicht mehr nach Azaz zu fahren. Auch Michael Lüders zeichnet ein düsteres Bild der Lage. Die nächste Schlacht werde um Aleppo geschlagen. Dort stünden sich schiitische und sunnitische Extremisten gegenüber: Hisbollah und Al Nusra. Die Hisbollah hat nach Einschätzung von Michael Lüders gute Chancen, auch hier zu gewinnen. Wir sind uns einig, dass die FSA ihre Möglichkeiten schlecht genutzt hat. Sie hat es nicht geschafft, funktionierende Kommandostrukturen aufzubauen und die verschiedenen Brigaden und Gruppen wirkungsvoll zu koordinieren. Sie ist allerdings auch vom Westen im Stich gelassen worden. In Aleppo sind die Kämpfer der FSA mangels Waffen und Munition von der Al Nusra Front abhängig, deren Einheiten dank der Unterstützung aus Saudi-Arabien und Katar viel schlagkräftiger sind. Wir haben beide die große Sorge, dass sich aus dem Konfliktherd Syrien ein großer Krieg in der Region ergibt, dessen Folgen überhaupt nicht absehbar wären.

Troisdorf, 12. Juni 2013

Heute ist der 28. Tag der Entführung. Wir haben eine weitere Spur, die auf Sarmada hinweist. Amr al-Mrayati hat sich bei mir gemeldet: Er habe mit Abu Saddam gesprochen und der habe ihm gesagt, er wisse nun, wo sich die drei Entführten befänden. Sie würden in Sarmada von einer bewaffneten Gruppe festgehalten, die sie für Spione gehalten habe. Und sie könnten freikommen, sogar ohne Geld. Ich bleibe erst einmal skeptisch, vor allem, was das Geld angeht.

Till Gröner ist von unserer Seite vorgestern nach Hatay geflogen und dann nach Reyhanli gefahren. Er hatte gehofft, von dort jeweils für einen Tag über die Grenze nach Harim gehen zu können, um die Suche weiter voran zu treiben. Doch jetzt stellt sich heraus, dass er nicht mehr nach Syrien hinein kommt. Es bleibt ihm daher nichts anderes übrig, als von Reyhanli aus Erkundigungen einzuziehen. Sehr aussichtsreich ist das nicht. Offenbar hat aber jemand mehrfach auf seinem türkischen Handy angerufen. Nachdem er abgenommen hatte, schien es ihm so, als sei derjenige am anderen Ende der Leitung nicht in der Lage zu sprechen. Sind das unsere Entführten gewesen? Till kann leider nicht zurückrufen, weil die Nummer unterdrückt ist. Diese Ungewissheit ist kaum zu ertragen. Wie geht es unseren Drei? Hat Bernd genug zu rauchen? Bekommt Ziad die Tabletten, auf die er angewiesen ist? Oder sind Bernd, Simon und Ziad schon längst irgendwo in syrischer Erde verscharrt? Bis jetzt haben wir kein Lebenszeichen von ihnen.

Rainer Hermann berichtet heute in der FAZ aus dem von den Truppen Assads eroberten Al Kusair, in das er sich unter dem Schutz des Regimes begeben hat. Sein Artikel muss all diejenigen bestätigen, die glauben, dass sich die Syrer ohne die harte Hand der Assads selber zerfleischen. Er beschreibt die gespenstische Szenerie der Stadt, die noch widerhallt von den aufgehetzten Parolen der Dschihadisten. Der Ort hatte einmal 35 Prozent christliche Einwohner. Und Rainer Hermann hat noch einige von ihnen angetroffen, die ihm viele schreckliche Geschichten erzählt haben. Wie die von dem Mann, der all sein Erspartes in ein Auto gesteckt hatte, dann entführt und in seinem Wagen verbrannt wurde. Von den Minaretten herab seien die missliebigen Minderheiten zum Verlassen des Landes aufgefordert worden. Auf Kundgebungen sei gerufen worden: «Die Christen nach Beirut, die Alawiten ins Grab.» Selbst einstige Anhänger der Revolution scheinen nun ihre Haltung zu Assad zu überdenken. Rainer Hermann zitiert einen Ingenieur, der ihm gesagt hat, er glaube immer noch an die Revolution, doch fänden heute Wahlen statt, würde er seine Stimme Assad geben. Denn der Präsident sei der Einzige, der den Krieg gegen den religiösen Extremismus gewinnen, den Irrsinn beenden und das Land zusammen halten könne. Dass er heute so denken würde, so der Ingenieur, hätte er noch vor wenigen Monaten nicht gedacht. In Syrien spielt sich eine Tragödie ab. Free Syria, mit dem sich noch vor Kurzem so große Hoffnungen verbanden, droht zwischen dem Terror des Assad-Clans und der brutalen Gewalt der fanatischen Islamisten zerrieben zu werden.

Troisdorf, 13. Juni 2013

Heute ist der 29. Tag der Entführung. Mit Raphael Veicht, dem Krankenpfleger von Cap Anamur, der einen Monat im Krankenhaus von Azaz gearbeitet hat, habe ich mich zu einem Telefonat verabredet. Ich wollte herausbekommen, was genau dort zwischen Bernd und den wild gewordenen Dschihadisten abgelaufen ist.

Bernd, so Raphael Veicht, sei bereits drei Tage in Azaz gewesen, als am 9. Mai drei Männer ins Kellergewölbe gekommen seien, direkt in die Apotheke des Krankenhauses, in die eigentlich nur das Personal darf. Es waren drei Bewaffnete im Dschihadisten-Outfit mit langem Obergewand. Einer hatte eine Videokamera dabei. Es seien alles Deutsche gewesen, einer vielleicht mit einem arabischen oder syrischen Hintergrund. Sie seien sehr überlegen und unfreundlich aufgetreten und hätten die beiden gefragt, ob sie Deutsche seien. Als nächstes hätten sie ihre Namen sagen sollen. Als Bernd sich weigerte, wollten sie die Ausweise sehen. Bernd hat seinen gezeigt, den haben sie mit der Videokamera gefilmt. Raphael ist dann abgehauen, um Saru zu holen. Bernd hat wohl auch noch gesagt, er wäre nur zu Besuch in Azaz. Ob er aber preisgegeben hat, dass er in Harem stationiert sei, wusste Raphael nicht mehr so genau. Saru war erst eine Stunde später zurück und ist gleich zum Kommando der FSA gegangen. Am nächsten Tag ist eine Delegation der deutschen Dschihadisten ins Hospital gekommen, um den Vorfall öffentlich herunterzuspielen. Sie erklärten, sie wären eine Organisation, die sich für die Straßenreinigung zuständig fühle. Raphael versichert mir noch einmal, dass die Dschihadisten, unter ihnen Deutsche, Tschetschenen und sehr viele Bosnier, erst in den letzten Tagen des April nach Azaz gekommen sind. Mit ihnen hätte sich die Atmosphäre im Ort verändert.

Sie seien nicht nur anders gekleidet gewesen als die Soldaten der FSA, sie hätten sich auch anders benommen. Die FSA-Kämpfer hätten alle eine Uniform getragen, unseren Mitarbeitern freundlich zugewinkt und ihnen die Hand gegeben, wenn sie ihnen begegnet seien. Sie hätten immer im gebrochenen Englisch gesagt: «Welcome to free Syria.» Den Dschihadisten waren die Grünhelme als Angehörige einer westlichen, christlichen Organisation dagegen sichtbar ein Dorn im Auge. Es wäre eine schwer zu begreifende Ironie der Geschichte, wenn nun ausgerechnet deutsche Extremisten mit der Entführung unserer Drei in Verbindung stehen sollten. Auszuschließen ist das nicht, auch wenn Harim natürlich recht weit von Azaz entfernt liegt.

Troisdorf, 14. Juni 2013

Heute ist der 30. Tag der Entführung. Amr hat mich angerufen, mit seiner immer etwas zaghaften, aber eindringlichen und überzeugenden Stimme. Er hat Abu Saddam erreicht, der nun endlich jemanden nach Sarmada geschickt hat, um den Hinweisen nachzugehen, nach denen unsere Entführten dort festgehalten werden. Sein Vertrauensmann hat herausbekommen, dass es in der Stadt eine brutale, jederzeit gewaltbereite Extremistengruppe gibt. Ich habe diese Extremisten in meinem Tagebuch bisher immer als Dschihadisten bezeichnet, was vielleicht etwas leichtfertig ist. Denn wie hört sich das in den Ohren unserer muslimischen Mitbürger an? Für sie ist der Dschihad eine Art spiritueller Kampf gegen Eigensinn und Egoismus und der Islam die Barmherzigkeitsbotschaft. Ich denke, dass sich diese «Gotteskrieger», die in Syrien jetzt verstärkt ihr Unwesen treiben, oftmals bloß ein religiöses Mäntelchen umhängen, um Aufmerksamkeit zu bekommen und ihre Taten vor sich selbst und anderen zu legitimieren. Wir sollten ihnen den Bezug zum Islam – und sei es in seiner politisch-fundamentalistischen Variante, dem Islamismus – nicht vorschnell zuerkennen. Ich werde sie daher in meinem Tagebuch in Zukunft als Extremisten bezeichnen oder schlicht als das, was sie in ihrem Kern sind: Verbrecher und Kriminelle.

Es ist also eine islamistisch auftretende Gruppe, die sich in Sarmada eingenistet hat und dort angeblich zwanzig Ausländer festhält, weil sie westliche Spione seien. Jetzt hat sich der Vertrauensmann von Abu Saddam erkundigt, ob es unter den zwanzig Ausländern auch drei Deutsche gäbe. Und ihm wurde ein Blonder beschrieben mit Ohrringen und ein weiterer Blonder mit Tätowierungen am Körper. Das könnten die ersten Hinweise auf Bernd und Simon sein! Es könnte aber auch sein, dass es sich bloß um eine weitere Illusion handelt, die uns Täter oder Mitwisser vorspielen, um ihre Spuren zu verwischen.

Abu Saddam hat Amr versprochen, man werde in den nächsten Tagen die FSA-Brigade in Sarmada verständigen, um eine friedliche Möglichkeit zu finden, die drei dort herauszubekommen. Er wolle das so arrangieren, dass der Anführer der Gruppe mit Amr telefoniert, damit er ihm versichern könne, dass sie keine Spione sind. Dass sie vielmehr zu einer deutschen Hilfsorganisation gehören, die ausdrücklich auch mit Muslimen zusammenarbeitet. Amr will dann verlangen, dass er mit den drei sprechen kann, um ein direktes Lebenszeichen zu bekommen. Können wir anfangen zu hoffen?

Troisdorf, 15. Juni 2013

Der 31. Tag der Entführung. Amr ruft an und sagt, plötzlich tue Abu Saddam so, als habe er gar nichts gesagt und nichts versprochen. Wieder scheint sich eine Spur in Luft aufzulösen. Was da los ist und was die Hintergründe sind, ist für uns aus der Ferne praktisch nicht zu beurteilen. Es müsste jemand vor Ort sein, doch wir kommen nicht mehr hinein nach Syrien. Und auch Saru Murad ist nicht mehr vor Ort, sondern gegenwärtig wieder in Deutschland. Ich bin mir nicht mehr sicher, ob ich mein Leben jemals wieder so unbeschwert führen kann wie vor der Entführung. Ich fürchte, es bleibt etwas wie eine Wunde oder eine Beschädigung hängen, selbst wenn alles gut ausgehen sollte.

Ob wir in Syrien weiterarbeiten werden? Der junge Zahnarzt Issam al-Mrayati hat uns beschworen, unsere Arbeit nicht aufzugeben aus Enttäuschung über «die Syrer» und damit das ganze Volk für die Taten einiger weniger zu bestrafen – zumal ja noch gar nicht klar ist, ob die Entführung überhaupt auf das Konto von Syrern geht oder ob ausländische Fanatiker, vielleicht sogar Deutsche, in sie verwickelt sind. Bernd Blechschmidt wird das entscheiden, wenn wir ihn wieder zurückhaben. Er kann die Verhältnisse in Syrien am besten einschätzen. Allenfalls wird es wohl möglich sein, die Arbeit mit syrischen Mitarbeitern fortzuführen. Deutsche werden wir auf absehbare Zeit erst einmal nicht mehr schicken können. Ich will versuchen, mir meinen Optimismus und meinen Glauben an das Gute zu bewahren. Dunja Khoury hat mir dafür einen Bibelspruch geschickt. Es ist Römer 12,21: «Lass dich vom Bösen nicht überwinden, sondern überwinde das Böse durch das Gute!» Das soll mein Motto werden für all die Prüfungen, die diese Entführung uns noch auferlegen wird.

Troisdorf, 16. Juni 2013

Der 32. Tag der Entführung. Was müssen wir jetzt tun? Sollen wir mit der Entführung nun doch an die Öffentlichkeit gehen? Ich weiß es nicht, ich darf nur der alltäglichen Trägheit nicht nachgeben, die mich dazu bringen will, das Schicksal der Entführung zu akzeptieren. Ich schreibe noch einmal Wolfgang Bauer, Michael Lüders, dem unbestechlichen journalistischen Zeitzeugen, Kristin Helberg, der erfahrenen Syrienkennerin und Christoph Reuter, der uns so fantastisch bei der Suche unterstützt. Ich bin innerlich ausgehöhlt. So wenig wie in den letzten 32 Tagen wusste ich mir noch nie zu helfen. Es ist eine Ohnmacht, die ich in allen Gliedern spüre. Wenn es mir schon so geht, was werden dann erst die Angehörigen fühlen? Und ich kann ihnen jeden Tag nur wieder sagen: Ich weiß immer noch nichts.

17.48 Uhr. Das Telefon klingelt. Gehst du?, fragt Christel eher rhetorisch, weil ich jetzt seit 32 Tagen möglichst immer dran gehe. Marwan Khoury, der Vater der famosen Dunja Khoury, ist am Apparat und sagt: Ich habe gute Nachrichten. Er hat einen seiner Bekannten nach Sarmada geschickt. Dieser hat sich nun gemeldet und gesagt – ich kann es kaum fassen –, er habe unsere Entführten dort angetroffen! Ob sie tatsächlich in Sarmada sind, frage ich Marwan Khoury. Unmittelbar in der Nähe von Sarmada in den Bergen, sagt dieser. Und ich müsse wissen, das seien Verbrecher. Die Regierung habe viele Kriminelle aus den Gefängnissen entlassen, die jetzt im Land ihr Unwesen trieben. Es soll unseren

Drei aber den Umständen entsprechend gut gehen. Morgen werden die Verhandlungen für ihre Freilassung beginnen.

Als ich Christel von dem Gespräch berichte, sind wir beide den Tränen nahe: Sie leben, der Beweis ist erbracht, ein Vermittler von Marwan Khoury hat sie gesehen! Wir haben plötzlich wieder Pläne, können atmen, können vielleicht eine Zukunft sehen. Aber wir können das erst, wenn ich die drei an der Grenze in den Armen gehalten und mit ihnen zusammen ein Flugzeug nach Deutschland bestiegen habe. Ich werde nun gewiss noch einmal runtergehen müssen. Till Gröner muss ich fragen, wie das Hotel in Reyhanli heißt, in dem er gewesen ist.

Troisdorf, 18. Juni 2013

Je 25 000 Euro wollen die Entführer haben, also 75 000 Euro. Der Vermittler von Marwan Khoury hat mich angerufen und von dem Gespräch mit den Entführern berichtet. Ich bin überrascht, wie wenig mich die Summe stört. Angesichts der Aussicht, unsere Mitarbeiter bald wieder freizubekommen, erscheint sie mir wie Peanuts. Wir werden diese Summe zusammen bekommen, darüber habe ich nicht einen Moment Zweifel. Aber, weil man immer handeln muss auf dem arabischen Markt, sage ich dem Vermittler, er soll zunächst 30 000 Euro anbieten, also für jeden 10 000 Euro. Bis 15 000 Euro pro Person kann er sich dann hoch handeln lassen. Wir besprechen ein wenig die Modalitäten. Mit 45 000 Euro könnte ich gleich dorthin fliegen und an die Grenze kommen.

Als ich aufgelegt habe und nach dem ersten Schub Euphorie wieder anfange, klar zu denken, kommen mir Zweifel, ob ich mich von meiner Erleichterung nicht etwas zu schnell habe mitreißen lassen. Muss ich nicht auf einem direkten Lebenszeichen bestehe, bevor ich das Geld einpacke? Bin ich vielleicht zu blauäugig gewesen, dass ich der Nachricht von Marwan Khoury sofort Glauben geschenkt habe? Ich muss eine Bedingung stellen, wenn der Vermittler sich wieder meldet: dass ich mit den Entführten telefonieren kann, bevor ich mit dem Geld hier los fliege.

Der 35. Tag der Entführung. Das Angebot, 30 000 Euro, also für jeden 10 000 Euro, ist ergangen. Wir warten auf den Fortgang der Verhandlungen. Es gibt nichts, was ich lieber sähe, als die Befreiung der Entführten noch heute! Christoph Reuter beschwört mich aber noch einmal: «Glaube erst einmal niemandem.» Ich solle unbedingt ein Lebenszeichen verlangen, etwas, was nur die Eltern von Simon und Bernd sowie die Kinder von Ziad wissen. Es seien Trittbrettfahrer unterwegs, die alles Mögliche behaupten würden, um an Geld zu kommen. Selbst in Harim habe ihn jemand angesprochen und gesagt, er könne vermitteln. Er wollte fünf Millionen Dollar, aber er wusste nichts über die drei Entführten. Die Spur, die nach Mashad Rohin zu der Gruppe von Abu al-Banat wies, war wohl eine falsche Fährte. Christoph Reuters Informant hat mit einem Überläufer der Gruppe gesprochen, der vor vier Tagen das Camp verlassen hat. Es werde dort überhaupt niemand festgehalten. Der erste Informant, für den ich Christoph Reuter Fotos geschickt hatte von unseren drei Entführten, ist auch nicht mehr sicher. Damit bleibt uns die Spur in Sarmada.

Heute ist der 37. Tag der Entführung. Auch Marwan Khoury wird unsicher. Sein Vermittler hat jetzt von vier Entführten gesprochen und davon, dass die vier bei einem Checkpoint verschleppt wurden. Dunja und er haben sich meinem Drängen angeschlossen, dass wir unbedingt ein sicheres Lebenszeichen brauchen, bevor wir irgendwelche Zahlungen leisten. Marwan Khoury hat einen weiteren Mittelsmann eingeschaltet, den er aus dem türkischen Grenzgebiet zurück nach Syrien beordert hat und der übermorgen wohl vor Ort sein kann. Dem haben Dunja und er die Fragen auf Arabisch geschickt, die wir von den Angehörigen zur sicheren Identifizierung unserer Entführten bekommen haben.

Die Angehörigen bitten mich, mit den deutschen Behörden noch enger als bisher zusammenzuarbeiten. Ich werde das natürlich tun, weil es mir viel bedeutet, dass der Staat sich um seine verschwundenen Bürger überhaupt kümmert. Ich habe aber auch meine Schwierigkeiten mit den Behörden. Schrecklich ist für mich die Sprache des BKA: Die Mitarbeiter haben nicht etwa eine Telefonnummer, sondern eine Erreichbarkeit. Wir sprechen nicht etwa mit ihnen, sondern werden «verhört» oder «vernommen». Aber ich werde mich daran gewöhnen, denn wichtiger ist, dass wir endlich Bernd, Simon und Ziad herausbekommen. Allerdings habe ich nicht das Gefühl, dass mit den Mitteln unserer Behörden im Moment viel zu erreichen ist. Es scheint nicht so, dass sie über Möglichkeiten verfügen, in Syrien selbst aktiv zu werden. Und über offizielle Stellen ist in diesem Fall kaum etwas zu bewirken. Was uns bisher an konkreter Hilfe zuteil geworden ist, kam auf anderen Wegen zustande. Und noch größere Sorgen als das Schicksal unserer Entführten scheinen den Behörden unsere eigenen Aktivitäten in der Sache zu bereiten. Ich habe manchmal das Gefühl, ihnen wäre es am liebsten, wir würden einfach nur zuhause sitzen und auf die Fähigkeiten unserer Beamten vertrauen. Aber würde dann überhaupt noch etwas geschehen?

Die Stimmung in Bezug auf Syrien schlägt um in Deutschland. Auch die FAZ hat vor ein paar Tagen Baschar al-Assad eine ganze Seite eingeräumt. Rainer Herrmann hat ihn in seinem Palast in Damaskus interviewt. Gegenüber der deutschen Öffentlichkeit präsentiert sich Assad als der einzige Garant dafür, dass Syrien nicht den Extremisten in die Hände fällt. Er nennt alle Rebellen Terroristen und warnt die Europäer davor, ihnen Waffen zu liefern, wie es Obama am 15. Juni für die USA angekündigt hat. Sie würden damit in ihrem eigenen Hinterhof ein Experimentierfeld für Islamisten schaffen, die dann den Terror gut ausgebildet nach Europa zurücktragen würden. Leider beschreibt er damit eine tatsächliche Gefahr und immer mehr Menschen nehmen ihm seine Verteidigungsstrategie ab. Nicht wenige in Deutschland scheinen inzwischen der Meinung zu sein, ein schneller Sieg Assads wäre das beste für Syrien. Sie scheinen über den Gräueltaten der islamistisch auftretenden Kriminellen die Verbrechen des Regimes zu vergessen. Diese treten in der öffentlichen Wahrnehmung zunehmend in den Hintergrund. Doch es ist das syrische Regime, das für über 100 000 Tote und fast sechs Millionen Flüchtlinge verantwortlich ist, für Verhaftungen, Folter und Mord. Das sollte nicht vergessen werden, wenn über die Perspektiven für Syrien geredet wird. Doch machen es Gräueltaten wie die des Abu Sakkar den Unterstützern der Rebellen natürlich auch nicht gerade einfacher. Auf dem vor drei Tagen zu Ende gegangenen G8-Gipfel im nordirischen Enniskillen hat Putin das in dem Satz verdichtet: «Man sollte kaum jene unterstützen, die ihre Gegner umbringen und deren Organe essen.»

Troisdorf, 24. Juni 2013

Heute ist der 40. Tag der Entführung. Ich wage gar nicht mehr, in den Spiegel zu schauen, so sehr nimmt es mich mit, dass wir diese drei wunderbaren Menschen immer noch nicht gefunden haben. Der erste Vermittler der Khourys hat aufgegeben. Wir hatten für heute ein Ultimatum gestellt bekommen: Wir sollten das Geld abliefern, dann würden unsere Drei freigelassen. Doch wir haben bis heute kein Lebenszeichen erhalten. Der Vermittler hatte wohl Angst, dass sich die Entführer an ihm schadlos halten würden, wenn es nicht zur Geldübergabe käme. Und er hat offenbar darunter gelitten, dass man ihm nicht vertraut hat. Aber bei einer Summe von 75 000 Euro kann ich nicht nur vertrauen. Ich muss ganz sicher wissen, dass wir mit den Richtigen verhandeln und die Entführten dann auch wirklich freikommen. Anders geht es nicht. Kürzlich sind bei einer anderen Entführung 200 000 Euro bezahlt worden und danach hat man nichts mehr von den angeblichen Entführern gehört. Heute will Marwan Khoury noch einmal seinen zweiten Vermittler mobilisieren, um unseren Verhandlungspartnern ganz klar zu machen: Ohne ein Lebenszeichen wird es keine Geldübergabe geben.

Troisdorf, 27. Juni 2013

Heute ist der 43. Tag der Entführung und wir können immer noch nicht sagen, ob wir die Entführer kennen oder den Ort der Entführung. Unsere Verhandlungspartner in Sarmada haben sich nicht mehr gerührt. Vermutlich waren es also tatsächlich Trittbrettfahrer, wie Christoph Reuter von Anfang an vermutet hat. Das würde aber bedeuten, dass sich die eigentlichen Entführer bis heute nicht gemeldet haben. Alles in uns Deutschen sträubt sich dagegen, das zu verstehen. Wie kann jemand, der Geld haben will, drei

Leute 43 Tage lang festhalten, beköstigen und versorgen, ohne Kontakt zu denen aufzunehmen, die er erpressen will. Ökonomisch sinnvoll wäre das nicht. Oder geht es vielleicht doch nicht um Geld? Wir rätseln alle und tappen weiter im Dunkeln. Vielleicht sollten wir unsere Aufmerksamkeit noch einmal stärker auf Harim richten. Die Entführer müssen dort einen Informanten haben, der ihnen über die Grünhelme berichtet hat. Wenn wir den finden, könnte uns das auf die richtige Spur führen.

Da bisher alle Bemühungen vergeblich waren, stehen wir jetzt kurz davor, die Nachricht von der Entführung zu veröffentlichen. Christoph Reuter wird im Spiegel darüber berichten und wir werden am Samstag, also in zwei Tagen, eine Presseerklärung herausgeben. Vielleicht ergibt dieser Schritt neue Hinweise. Er kann natürlich auch weitere Trittbrettfahrer auf den Plan rufen. Auf jeden Fall aber erhöht er den Druck auf die Behörden, weswegen die vehement dagegen sind.

13.00 Uhr. Marwan Khoury ruft an. Es hat eine interessante Wendung der Dinge gegeben. Sein Vermittler habe sich gestern in Sarmada mit einem geistlich-weltlichen Oberhaupt, einem in der Region sehr einflussreichen Mann getroffen. Dieser habe ihn, Khoury, am Telefon nach der Herkunft der drei Deutschen gefragt: «Was sind die Grünhelme?» Und: «Ist das ein Geheimdienst?» Marwan Khoury hat den Mann ausführlich aufgeklärt über die Tätigkeitsfelder unserer Organisation und ihren Einsatz für Syrien. Daraufhin habe dieser erklärt, er würde am nächsten Tag zu dem Versteck der Entführer gehen, die Herausgabe gebieterisch verlangen und mit unseren Mitarbeitern gleich an die Grenze kommen. Heute morgen sei nun eine Gruppe zu dem Versteck der Entführer in den Bergen aufgebrochen. Mein Puls steigt auf die doppelte Frequenz. Wieder beginnt diese Phase des Wartens, in der man auf das Telefon starrt und jeden Moment auf die erlösende Nachricht hofft.

18.00 Uhr. Wir haben bis jetzt keine Neuigkeiten aus Syrien erfahren. Heute Abend habe ich einen Flug nach Dresden, ich soll in einem Doktoranden-Kolloquium der Technischen Hochschule in Chemnitz über den Sinn und Nutzen von humanitärer Hilfe und Entwicklungshilfe berichten. Christel und ich sind aber so aufgeregt wegen der neuen, Hoffnung spendenden Nachricht aus Sarmada, dass ich schon überlegte, den Flug abzusagen. Wir haben nun stattdessen Flüge heraus gesucht, die morgen von Leipzig oder Dresden nach Hatay gehen, damit ich im Notfall schnell an die Grenze kommen kann.

Troisdorf, 29. Juni 2013

Heute ist der 45. Tag der Entführung. Wir haben wieder umsonst gehofft. Die Delegation aus Sarmada ist tatsächlich in die Berge gegangen, hat an dem Ort, an dem sie die Entführer vermuteten, aber nur eine leere Höhle vorgefunden, in der Essensreste und Medikamentenschachteln herumlagen. Marwan Khoury wird wohl heute die genauen Medikamente genannt bekommen und sie dann abgleichen mit Sarah Nouri, die ja weiß, welche Medikamente ihr Vater braucht. Aber die Höhle war leer. Wenn sie mit unseren drei Grünhelmen dort waren, sind die Entführer mit ihnen schon weitergezogen oder sie haben sie weiterverkauft. Jedenfalls ist auch diese Spur nun erkaltet. Wir stehen jetzt vor dem Nichts. Wir haben keinerlei Anhaltspunkte, wo wir suchen sollen und mit wem wir verhandeln können. Wir haben daher heute eine Pressemitteilung auf unsere Homepage gestellt. Am Montag wird die Geschichte im Spiegel stehen und es werden vermutlich auch zahlreiche andere Medien berichten. Das ist jetzt das Letzte, was uns im Moment noch bleibt. Ob dieser Schritt richtig ist, wird man erst im Nachhinein sagen können.

Troisdorf, 1. Juli 2013

Heute ist der 47. Tag der Entführung. Ich bete natürlich, dass unsere Grünhelme noch am Leben sind. Aber bei der Brutalität, die den syrischen Bürger- und Religionskrieg inzwischen auszeichnet, in dem ausländische Extremisten Ungläubigen bei lebendigem Leib den Kopf abschneiden, kann ich meine Zweifel inzwischen kaum noch verdrängen. Heute ist die Geschichte der Entführung im Spiegel und in zahlreichen Zeitungen zu lesen. Wir haben uns entschlossen, die Meldung nicht in weiteren Interviews zu kommentieren, sondern nur auf die Pressemitteilung zu verweisen, die wir auf unserer Grünhelme-Webseite haben.

Einer unserer engen Mitarbeiter hat uns gekündigt, nachdem die Nachricht in der Presse war. Er hat gesagt: «Ich kann nicht mehr mit Euch mittun, nicht mal mehr meinen Namen nennen.» Sein Onkel und seine Familie in Syrien hätten ihm nahe gelegt, unter keinen Umständen seine Verbindung zu den Grünhelmen und ihrer Syrienhilfe offen zu legen. Deswegen bittet mich der Mitarbeiter, seinen Namen und alle Informationen, die auf ihn schließen lassen, nicht mehr an Journalisten weiter zu geben. Die Nachricht ist einerseits enttäuschend, andererseits deutet sie eine Wende an. Die Rebellen schaffen es nicht, die Regierung aus dem Sattel zu heben und die Menschen in Syrien fangen wieder an, mit einer möglichen Zukunft unter Assad zu rechnen. Die Rebellen haben den Moment verpasst, den Diktator zu stürzen. Dafür hätten sie sich einigen, ein gemeinsames Oberkommando bilden müssen. Sie hätten vor ein paar Monaten vereint auf Aleppo und Damaskus marschieren müssen. Doch so ein gemeinsames Oberkommando, das sagen uns Syrer im Scherz, aber auch mit bitterer Ironie, wird es nie geben. Ein Syrer ist Präsident oder Vizepräsident, tertium non datur. Die Furcht vor den Geheimdiensten des Regimes ist jedenfalls wieder da und das Ergebnis sehen wir selbst in unserer eigenen Organisation: Die Syrer fürchten sich, ihren Namen zu nennen.

Troisdorf, 4. Juli 2013

Heute ist der 50. Tag der Entführung. Wir haben immer noch kein Lebenszeichen und auch keine neuen Spuren. Ich sehe sie manchmal wie eine Fata Morgana vor mir, den rauchenden Bernd, den schelmisch dreinblickenden Simon, den weisen, erfahrenen Ziad Nouri. Wie es ihnen wohl geht? Ob sie noch am Leben sind?

11.15 Uhr. Der Krisenstab des Auswärtigen Amtes ruft an. Vielleicht die erlösende Nachricht: Simon Sauer und Bernd Blechschmidt sind frei. Sie sollen bereits in der Türkei sein, teilt man mir mit. Freude, unendliche Freude! Offenbar sind sie aus dem Quartier der Verbrecher ausgebrochen und an die Grenze geflohen. Die beiden sind echte Helden! Es ist wohl jemand von der Botschaft in Ankara unterwegs zu ihnen, man sagt uns aber nicht, wo sie sich jetzt aufhalten. Ziad Nouri soll es gut gehen, hätten die beiden berichtet. Er ist aber wohl noch in der Hand der Entführer. Warum er nicht mit in der Türkei ist, weiß im Moment niemand. Darf ich diesen Informationen trauen, die uns aus zweiter Hand erreichen? Ganz sicher kann ich erst sein, wenn ich mit den beiden gesprochen habe.

15.30 Uhr. Christoph Reuter, den ich gleich kontaktiert habe, hat Nachforschungen angestellt. Er ist in Gaziantep und hat herausgefunden, dass die Polizei in Reyhanli Bernd und Simon in ihrer Gewalt hat. Wieso das so ist, können wir im Moment nicht absehen, aber immerhin bestätigt sich die Meldung, dass sie es aus Syrien heraus geschafft haben. Das Auswärtige Amt ist mit Informationen leider sehr zurückhaltend und offenbar dürfen die beiden im Polizeirevier in Reyhanli auch nicht bei uns oder ihren Angehörigen anrufen. So tappen wir weiter im Dunkeln, wie es zu dieser überraschenden, für uns so glücklichen Wendung kommen konnte.

Zum ersten Mal seit Wochen kann ich wieder etwas freier durchatmen. Doch noch ist es nicht überstanden. Die große Erleichterung, die ich eigentlich erwartet hätte, will sich noch nicht recht einstellen. Erst müssen die beiden wieder hier sein. Und es reicht auch nicht, dass wir wissen, dem dritten geht es gut. Wir, das habe ich gerade mit dem Vater von Bernd Blechschmidt besprochen, können uns erst dann richtig freuen, wenn alle drei frei sind, auch Ziad Nouri.

Troisdorf, 5. Juli 2013

Heute ist der erste Tag, an dem zwei der Entführten wieder in Sicherheit sind. Inzwischen gibt es daran keinen Zweifel mehr. Mit Sarah Nouri habe ich heute lange gesprochen. Die drei wurden offenbar vor anderthalb Wochen getrennt, hat sie erfahren. Ziad Nouri sei wegen seines Alters in ein besseres Quartier gekommen. Die Geschwister bangen alle weiterhin um den Vater. Er soll von den Entführern für einen Spion gehalten werden, weil er sich für seinen Grünhelme-Einsatz einen Decknamen zugelegt hatte: Abu Nur. Wir müssen alles dafür tun, dass Ziad Nuri nicht in Vergessenheit gerät. Ob das Auswärtige Amt und das BKA wirklich aktiv werden? Sie wissen jetzt, wo sich die Entführer aufhalten oder zumindest, wo sie bis zur Flucht von Bernd und Simon gewesen sind. Aber man muss schnell vor Ort sein, um etwas zu erreichen. Der einzige, der das im Moment versucht, ist der Spiegel-Korrespondent Christoph Reuter.

Der erste Teil der Entführung geht heute zuende. Um 21.30 Uhr landet ein Flugzeug aus Ankara mit unseren beiden so lange schmerzlich Vermissten. Begleitet werden sie vom BKA. Die Angehörigen werden sie in den Arm nehmen können. Ich wäre auch gerne dabei, aber dazu fehlen mir die Informationen seitens der Behörden. Bis heute um 15 Uhr haben wir die beiden wunderbaren Menschen noch nicht gesprochen, die sich durch ihren Mut ein weiteres Mal ausgezeichnet haben.

Troisdorf, 6. Juli 2013

Heute sind die beiden endlich richtig in Freiheit, Bernd bei seinem Vater und Simon bei seiner Mutter. Die Behörden geben sich weiterhin zugeknöpft. Die Nachricht von der Befreiung unserer zwei Grünhelme lief gestern durch alle Nachrichten. Es wurde allerdings nichts bekannt gegeben über die Umstände. Fast hat man den Eindruck, Auswärtiges Amt und BKA wollen den Erfolg für sich reklamieren, dabei haben sie gar nichts dazu beigetragen. Wenn Bernd und Simon ihr Schicksal nicht in die eigenen Hände genommen hätten, wären sie immer noch in der Gewalt der Entführer. Jedenfalls sind die Beamten sehr besorgt, dass wir nichts erfahren über den Ort der Entführung und die Identität der Täter.

Bernd Blechschmidt hat sich gemeldet. Seine Stimme klingt am Telefon so vertrauenerweckend wie immer. Er hält sich aber an die Anweisung, selbst mir als Verantwortlichem der Grünhelme noch keine Details zu erzählen. Es gibt, so berichte ich ihm, ganz viele erleichterte Reaktionen, Mut machenden Zuspruch von Bürgern, Freunden und ehemaligen Mitarbeitern.

Kurz darauf hat Simon angerufen und wir haben lange gesprochen. Von ihm erfahre ich endlich etwas genauer, was eigentlich passiert ist. Sie wurden in Kafar Takharim festgehalten. So ist also die allererste Spur, die wir über Saudi-Arabien erhielten, richtig gewesen. Doch die Bekannten der Khourys hatten keine Hinweise entdecken können. Aber wie hätten sie auch? Die Entführer haben

Bernd, Simon und Ziad in ein abseits gelegenes Gebäude gebracht, wo sie in einen kleinen Raum eingepfercht waren. Diesen durften sie nur ab und an verlassen, um ihre Notdurft zu verrichten, gelegentlich auch einmal, um zu duschen. In ihrer Zelle hatten sie Nachttöpfe. Nur alle zwei, drei Tage durften sie eine richtige Toilette benutzen. Selbst den täglichen Hofgang, der in Gefängnissen normalerweise üblich ist, gab es nicht. Wie hätten die Bewohner des Ortes also etwas von ihrer Anwesenheit mitbekommen sollen?

Der Raum, in dem sie festgehalten wurden, war so klein, dass sie sich nicht richtig bewegen konnten. Liegestütze waren, wie Simon so locker sagt, die einzige Möglichkeit, wenigstens ein bisschen fit zu bleiben. Simon bestätigt, dass Ziad irgendwann von ihnen getrennt und in ein besseres Quartier gebracht wurde. Das konnten sie sehen, weil sie dort zum Duschen hingebracht wurden. Ihre Entführer haben sie nicht erkennen können. Sie waren immer vermummt, wenn sie Kontakt mit ihnen hatten und gesprochen haben sie mit ihnen auch nur das Allernötigste. Ich habe Simon gefragt, ob sie befürchtet haben, dass die Entführer sie umbringen könnten. Einmal, berichtet er mir daraufhin, habe einer der Bewacher ihnen gesagt, wenn sie herausfänden, dass sie Spione seien, würden sie ihnen die Kehle durchschneiden. Er habe nicht das Gefühl gehabt, dass die Entführer das fest geplant hätten, aber es gab diese Option. Und deshalb hat Simon immer wieder darüber nachgedacht, wie sie fliehen könnten.

Die Gelegenheit dazu ergab sich jedoch lange Zeit nicht. Wenn sie einmal draußen waren, wurden sie streng bewacht und ansonsten wurde die Tür ihres Verlieses nur geöffnet, um ihnen etwas zu essen zu bringen. Am 3. Juli um 14 Uhr jedoch machten die Entführer einen Fehler, den Bernd und Simon sofort ausgenutzt haben. Das Essen wurde hereingestellt, die Tür schloss sich wieder – doch die Bewacher vergaßen, abzuschließen! Da haben sie nicht gezögert und sind losgelaufen. Ich kann den Mut dieser beiden gar nicht genug preisen. In dieser Situation, nach 50 Tagen Geiselhaft in der Hand von gewalttätigen Entführern, die Initiative zu dieser Tat aufzubringen, ist wahrhaft bewundernswert! Wenn die Entführer sie erwischt hätten, wer weiß, ob sie nicht kurzen Prozess gemacht hätten.

Bernd und Simon sind dann ohne Kompass der Sonne gefolgt, um zur Grenze zu kommen. Es war ein langer und beschwerlicher Weg. Sie hatten keine richtigen Schuhe, sondern nur abgelaufene Sandalen und waren durch die lange Zeit in der kleinen Zelle entkräftet. Körperliche Anstrengungen waren sie nicht mehr gewohnt. Um fünf Uhr morgens erst betraten sie türkischen Boden. Simon hatte, wie er mir sagte, einen furchtbaren Muskelkater nach den 15 Stunden Fußmarsch.

Am Abend des 3. Juli fanden in Köln zwei muslimisch-christliche Bittgottesdienste für unsere entführten Grünhelme statt. Zunächst in der Bosnischen Moschee, anschließend in der Franziskanerkirche. Es berührt mich sehr, dass wir also gerade zu dem Zeitpunkt für sie beteten und in Gedanken bei ihnen waren, als die beiden sich mit all ihren verbliebenen Kräften bemühten, die rettende türkische Grenze zu erreichen.

Kaum in der Türkei wurden Bernd und Simon allerdings schon wieder in Haft genommen. Da sie keine Pässe mehr hatten, konnten sie nicht über den Grenzübergang in Bab al Hawa gehen, sondern mussten illegal über die Berge in die Türkei. So wurden sie von der türkischen Polizei wegen eines Grenzvergehens festgenommen. Sie bekamen eine Geldstrafe von tausend Türkischen Lira und ein Einreiseverbot in die Türkei für zwei Jahre. Das zu verstehen, sträubt sich alles in mir. Was hätten die beiden denn anderes machen sollen, nachdem ihnen ihre Pässe von den Entführern abgenommen wurden! Die Türkei steht doch politisch zu Syrien wie die Bundesrepublik. Sie ist doch auch kein feindliches Land. Und wieso hat sich die deutsche Botschaft nicht darum gekümmert, dass die Namen der drei entführten Bundesbürger bei den türkischen Grenzübergängen und allen Polizeidienststellen gespeichert sind? Die türkische Polizei ist sehr bürokratisch und kennt weder eine Ausnahme noch den gesunden Menschenverstand. Es mussten dann erst Angehörige der deutschen Botschaft von Ankara herunter fahren nach Reyhanli, um die beiden wenigstens im Schnellverfahren aus der türkischen Haft heraus zu holen.

Ich bin heute nach Frankenthal gefahren, ein beschaulicher Ort an der Bahnstrecke direkt hinter Ludwigshafen-Oggersheim. Dort wohnt Wilhelm Blechschmidt, bei dem sich Bernd im Moment noch aufhält. Nach unserer dreistündigen Begegnung bin ich tief erschüttert. Bis ins Innerste geht der Schmerz, einen so furchtbar zugerichteten Menschen zu erleben. Dabei habe ich äußerlich schon die modifizierte, frisierte und rasierte Form erlebt. Bernds Schwester, die mich am Bahnhof abholte, sagte mir, sie hätten ihn nicht wiedererkannt, er hatte einen dichten Vollbart und einen wilden Haarschopf. Das ist nun alles abrasiert, doch die inneren Spuren des Durchlittenen werden sich nicht so leicht beseitigen lassen. Ich fürchte, die seelischen Qualen werden Bernd noch eine ganze Weile begleiten. Er steht wackelig in der Landschaft, hat stark abgenommen. Er hat nun einen fast asketischen Mönchskopf. Gewiss ist er in der Lage, sich über die eigene Leistung zu freuen, aber er lebt noch unter Angstvorstellungen und Panikattacken. Wie heute morgen. Er sei aufgewacht, ein Spalt in der Fensterjalousie habe ein bestimmtes Schattenmuster geworfen und da fühlte er sich wieder zurückversetzt nach Kafar Takharim. Bernd spricht leise, so als wenn die Entführer noch da wären. Und er erzählt mir auch noch einmal die Geschichte, die ich schon von Simon gehört habe.

Schon die Entführung selbst, in der Nacht zum 15. Mai in Harim, war entwürdigend und demütigend. Die Täter haben allen drei die Augen verbunden, die Münder verklebt und sie in ein Auto geschleift. Dann ging es zunächst in ein erstes Quartier, anschließend in das Gebäude in Kafar Takharim, das Bernd nur das Gefängnis nennt. Auch dort sind sie von ihren Bewachern nicht gut behandelt und schlecht versorgt worden. Sie wussten nie, ob und wann an einem Tag die Tür aufging und sie etwas zu essen bekamen. Manchmal gab es zweimal am Tag etwas, manchmal nur einmal, gelegentlich wurden sie auch ganz vergessen. Was sie bekamen, empfanden sie oft als nahezu ungenießbar. Zudem vermittelten ihnen die Entführer bewusst das Gefühl: Wir haben keine Eile. Bernd, Simon und Ziad mussten also befürchten, dass sich ihre Qualen lange hinziehen könnten. Am 40. Tag, sagt Bernd, also am 24. Juni, wurden sie getrennt und Ziad bekam sein eigenes Quartier. Vorher bereits, wohl etwa vier Wochen nach der Verschleppung, zerrten die Entführer unsere Grünhelme aus ihrem Verlies, um ein Video mit ihnen zu drehen. Das zog sich einen ganzen Tag lang hin, da sie sich in immer neuen Positionen präsentieren mussten. Bernd stöhnt heute immer noch in Erinnerung an diesen Tag. Aber die Aktion ließ sie gleichwohl auch Hoffnung schöpfen. Denn sie legte nahe, dass es um Vorbereitungen für die Lösegeldverhandlungen ging. Doch dann passierte erst einmal wieder lange nichts und dieser kleine Hoffnungsschimmer wurde immer irrealer. Also setzten die beiden alles auf eine Karte, als sich endlich die Möglichkeit dazu ergab und entflohen ihren Peinigern.

Bernd vermutet, dass es tatsächlich einen Zusammenhang gibt zwischen der Entführung und seinem Zusammenstoß mit den deutschen Extremisten in Azaz. Er glaubt, dass einer von ihnen auch bei seiner Verschleppung dabei war. Er hat auf jeden Fall einen der Entführer Deutsch sprechen hören und er hat einmal einen deutschsprachigen Koran herumliegen sehen. Befinden sich die Wurzeln der Entführung am Ende hier in Deutschland? Bei Youtube ist ein Video aufgetaucht, in dem Angehörige einer in Nordrhein-Westfalen beheimateten deutschen extremistischen Hilfsorganisation zu Spenden in Syrien auffordern. Die beiden «Gotteskrieger», die in diesem Video auf den Trümmern vor der zerstörten Moschee von Azaz stehen, sind nicht vermummt. Sie tragen zwar Sonnenbrillen, aber ihre Gesichter kann man erkennen. Als ich das Video Saru Murad zeigte, war er ganz sicher, dass der Linke der beiden Deutsch sprechenden Uniformierten einer von denen ist, die Bernd im Keller des Krankenhauses mit vorgehaltener Waffe gezwungen haben, sich vor eine Kamera zu stellen und seinen Reisepass zu zeigen. Das lässt bei uns den bösen Verdacht aufkommen, dass die Entführung eventuell von Deutschland aus, vielleicht ganz in unserer Nähe, geplant worden sein könnte. Aber noch sind das alles bloß Indizien, die auch ganz andere Hintergründe haben können. Es zeigt jedenfalls, wie kompliziert die Verhältnisse in Syrien inzwischen sind. Wer nach einfachen Antworten sucht und an ein simples Schwarz-Weiß-Denken gewöhnt ist, der wird die Realität dieses Konflikts zwangsläufig verfehlen.

Ich habe gedacht, ich hätte schon viel mitgemacht. Meine humanitäre Arbeit hat mich in den letzten Jahrzehnten oft in schwierige Situationen gebracht. Häufig war ich in Krisengebieten unterwegs, habe mich selbst in Gefahr begeben und musste entscheiden, ob ich Mitarbeiter in heikle Einsätze schicke. Aber mit dieser Entführung ist eine völlig neue Ebene erreicht. Ich fühle mich heute nach dieser Begegnung mit einem Gespenst wie gelähmt. Ich weiß nicht mehr, ob ich meine Arbeit noch so fortsetzen kann, wie ich es bisher gemacht habe. Wenn überhaupt, dann kann ich es wohl nur, wenn es gelingt, auch Ziad aus den Fängen der Entführer zu befreien, worauf wir alle sehnlichst hoffen. Ich fühle mich so, als wenn mir, im übertragenen Sinne, Bernd, Simon und Ziad die Absolution erteilen müssten, damit auch ich in mein altes Leben zurückkehren kann.

Schluss

Vor ziemlich genau einem Jahr habe ich mit diesem Tagebuch begonnen. Dass ich es in einer Situation beenden muss, in der einer unserer Mitarbeiter sich seit nunmehr über siebzig Tagen in der Hand brutaler Entführer befindet, gehört zu den schlimmsten Erfahrungen meines Lebens.

Wir hatten uns zu dem Einsatz in Syrien entschlossen, weil wir denen helfen wollten, die vom Rest der Welt allein gelassen wurden. Es ist eine der großen Errungenschaften der Zeit nach dem Zweiten Weltkrieg, dass die Weltgemeinschaft sich aufgerufen fühlt, Menschen in Not humanitäre Hilfe zu leisten. Dieses Prinzip schien im Norden Syriens, der Hochburg der Rebellen, nicht zu gelten. Bei unserem Einsatz ging es deshalb auch darum, ein Zeichen zu setzen. Wir wollten zumindest einigen wenigen Menschen in der Region um Aleppo und Idlib das Gefühl geben, dass sie nicht völlig allein und verlassen sind. Und wir wollten dazu beitragen, ihnen Hoffnung zu geben für ein Leben nach Assad.

Als wir nach Syrien hineingingen, in die Gegend um Azaz, hatten die Rebellen erstmals größere zusammenhängende Gebiete unter ihre Kontrolle gebracht. Es schien, als wenn das Regime nun schnell an Boden verlieren und sein Sturz nur eine Frage von Wochen sein würde. Doch die Lage entwickelte sich anders, als es mir, aber auch den meisten anderen Beobachtern schien und als ich es mir vielleicht auch erhoffte und erträumte. Assad stürzte nicht. Er zerstörte durch seinen Terror aus der Luft vielmehr systematisch die Ansätze zu neuem zivilen Leben in den Rebellengebieten, wodurch unsere Arbeit erschwert wurde. Zwar konnten wir als Arbeitgeber und Investoren dazu beitragen, die Wirtschaft zumindest zeitweise anzukurbeln. Doch für unsere Schulprojekte war es, wie sich im Nachhinein zeigte, in dieser Gegend im Grunde noch zu früh.

Die syrische Opposition, die Rebellen und die Exilpolitiker, verpassten den Moment sich zu einen und gemeinsam alle Kräfte auf den Kampf gegen Assad zu konzentrieren. In meinen Hoffnungen auf einen Sieg der Rebellen und leider auch in meiner Sympathie für den Freiheitskampf der Syrer wurde ich daher bitter enttäuscht. Aber auch der Westen hat versagt. Er hat es nicht geschafft, die Zivilbevölkerung zu schützen. Über 100 000 Tote hat der syrische Bürgerkrieg bereits gekostet, insgesamt knapp sechs Millionen Menschen sind auf der Flucht, innerhalb und außerhalb Syriens. Das ist mehr als ein Viertel der Bevölkerung. Ein Drittel der Häuser soll zerstört sein. Es ist eine der großen humanitären Katastrophen seit 1945, die sich vor unseren Augen abspielt, und wir schauen zu ohne zu handeln.

Hätte es eine Alternative gegeben? Von Anfang an überkreuzten sich in Syrien die Interessen verschiedener ausländischer Mächte. Der Aufstand der Syrer war daher immer mehr als der Freiheitskampf eines Volkes. Er wurde zum Instrument im regionalen und internationalen Spiel um Einfluss und Hegemonie. Darin liegt vielleicht seine größte Tragik und auch der entscheidende Unterschied zur Situation in Libyen. Die Schlüssel zur Lösung des Konflikts lagen in Moskau und Teheran sowie in Riad und Dohar. Ist wirklich alles versucht worden, um Russland und Iran, Saudi-Arabien und Katar von ihrem Eingreifen in den Konflikt abzuhalten? Mir scheint, dass die westliche Politik zunehmend die alten Regeln der Realpolitik aus dem Blick verliert – vor allem das Prinzip «do ut des», ich gebe, damit du gibst. Wenn der Westen die geostrategischen Interessen seiner Kontrahenten nicht mehr als legitim anerkennt, wie kann er diesen dann attraktive Angebote unterbreiten? Hätte es wirklich nichts gegeben, womit man Moskau und Teheran dazu hätte bewegen können, Assad rechtzeitig fallen zu lassen? Entgegenkommen im Atomstreit etwa oder Garantien für Militärstützpunkte in Syrien?

Da eine politische Lösung nicht möglich war, stellte sich bald die Frage, ob der Westen die Rebellen militärisch unterstützen sollte. Hier gibt es keine einfachen Antworten. Aber die inkonsequente Haltung Europas und der USA hatte ebenfalls gravierende Konsequenzen. Die Einrichtung einer Flugverbotszone ohne UN-Mandat hätte in dieselben völkerrechtlichen Probleme geführt wie 1999 der NATO-Einsatz im Kosovo. Für ein UN-Mandat bräuchte es jedoch die Zustimmung Russlands. Unproblematischer wäre eine direkte Unterstützung der Rebellen gewesen. Waffenlieferungen sind kein ungefährliches Instrument. Aber auch Untätigkeit kann fatale Folgen haben. Assad erhielt Waffenlieferungen aus Moskau und wurde von Teheran und seinem libanesischen Verbündeten, der Hisbollah, unterstützt. Saudi-Arabien und Katar griffen auf Seiten der Rebellen in den Konflikt ein, halfen aber vor allem den Brigaden, die einen islamischen Staat in Syrien anstrebten. Damit blieben genau jene Gruppen nahezu ohne Unterstützung von außen, die politisch dem Westen nahe stehen – die syrischen Freiheitskämpfer und die liberalen Kräfte der Opposition. Dementsprechend verschoben sich die Kräfteverhältnisse innerhalb der Rebellion. Die Untätigkeit des Westens hat die sogenannten «Islamisten» in Syrien erst stark werden lassen. Syrien wurde zum Mekka des internationalen Dschihad-Tourismus.

Bei Redaktionsschluss dieses Tagebuchs ist Assad noch immer an der Macht. Seit April 2013 hat er seine Stellungen durch eine Frühjahrsoffensive seiner Streitkräfte weiter gefestigt. Gleichzeitig hat die Brutalität beider Seiten dramatisch zugenommen. Die Konfliktlinien verschwimmen immer mehr, teilweise gehen bereits säkulare FSA-Einheiten gegen die ausländischen Extremisten vor, mit denen sie noch vor Kurzem Seite an Seite kämpften. Unter dem Banner der Rebellen firmieren inzwischen auch nicht wenige Gruppen, die schlicht kriminell sind und den Bürgerkrieg für ihre illegalen Geschäfte nutzen. In Syrien droht die Gewalt endemisch zu werden.

Es gibt daher inzwischen nicht wenige in Deutschland, die einen schnellen Sieg Assads für das kleinere Übel halten. Als im Mai deutlich wurde, dass die meisten Beobachter Assad unterschätzt hatten, schwang das Pendel der öffentlichen Meinung rasant in die entgegengesetzte Richtung. Nun schien das Regime unaufhaltsam auf dem Vormarsch, die Niederlage der Rebellen nur eine Frage der Zeit. Doch auch diese Einschätzung ist unrealistisch. Assad wird sich vorerst behaupten, aber er wird Syrien nicht wieder in seine Gewalt bekommen. Dazu sind die Rebellengruppen zu stark, vor allem auch dank der Unterstützung aus Saudi-Arabien und Katar, die – wie jüngste Meldungen nahe legen – neuerdings auch den gemäßigten, oftmals aus lokalen Kämpfern bestehenden Gruppen zugute kommen. Vor allem aber wird die sunnitische Mehrheit der Syrer ihn nie wieder als legitimen Herrscher akzeptieren. Ein Regime, das in einem brutalen Bürgerkrieg die eigene Bevölkerung terrorisiert, viele Städte dem Erdboden gleich gemacht und unendliches Leid produziert hat, wird sich auf Dauer nicht halten können. Es kann sein, dass Assad dank der Unterstützung aus Russland und Iran seinen Sturz noch eine Weile, eventuell sogar ein paar Jahre hinauszögern kann. Eine Zukunft jedoch hat er nicht mehr.

Was wird nun aus Syrien, diesem wunderbaren Land mit seinen großen kulturellen und religiösen Reichtümern und seinen Hoffnungen auf ein freies Leben nach Assad? Wenn man sich die aktuelle Lage im Land vergegenwärtigt, fällt es schwer optimistisch zu sein. Ein schnelles Ende des Bürgerkriegs ist nicht absehbar. Mit jedem Tag, an dem neues Leid produziert wird, setzt sich die Gewalt weiter fest, lösen sich die zivilen Ordnungen auf, dreht sich die Abwärtsspirale, die das Land immer tiefer hinein zieht in Chaos und Anarchie. Auch wenn Assad stürzt, wird es lange dauern, bis die Wunden verheilt sind, die die Kämpfe dem syrischen Volk geschlagen haben, bis die verschiedenen Volksgruppen wieder friedlich nebeneinander leben können. Auch droht ein bewaffneter Konflikt zwischen den sogenannten «Dschihadisten» und den syrischen Freiheitskämpfern um die Zukunft Syriens. Denn die Vorstellungen dieser Gruppen sind unvereinbar. Es kann viele Jahre dauern, bis ein neues Syrien entsteht. Aber ich habe in den Rebellengebieten im Norden so viel Kraft und Begeisterung kennen gelernt, dass ich ihn nicht aufgeben will, den Traum von einem Leben nach Assad.

Auch heute, wo ich dieses Schlusswort schreibe, am 29. Juli 2013, ist Ziad Nouri noch in der Hand der Entführer. Alle Versuche, ihn zu befreien, sind bisher gescheitert. Ich bin vom 25. bis zum 28. Juli noch einmal in Syrien gewesen und habe mit Kämpfern der FSA das Haus untersucht, in dem unsere Drei gefangen gehalten wurden. Doch die Entführer haben das Gebäude inzwischen verlassen und Ziad an einen anderen Ort verschleppt. Wieder einmal bleibt uns nur die Hoffnung. Ob wir nach diesem Trauma, das die Entführung für uns Grünhelme und für mich persönlich bedeutet, unseren Einsatz in Syrien in absehbarer Zeit werden fortsetzen können, ist gegenwärtig noch nicht absehbar. Wir werden unsere für Syrien gesammelten Spendengelder nun vor allem für die Flüchtlingslager an der türkisch-syrischen Grenze verwenden. Im Land selber werden wir auf absehbare Zeit höchstens mit syrischen Mitarbeitern tätig werden können, aber auch das ist nicht sicher. Wenn die Lage im Land wieder übersichtlicher geworden ist, wenn dieser furchtbare Bürgerkrieg vorüber sein wird, dann werden wir sofort wieder hineingehen und beim Wiederaufbau von Hospitälern und Schulen helfen.

Ich spüre zeitlebens einen Stachel in meiner Seele. Es ist das Gleichnis des barmherzigen Samariters aus dem Lukas-Evangelium. Insofern ist mein Antrieb bei meinen humanitären Einsätzen ein radikal christlicher. Daher fällt es mir besonders schwer, den sogenannten «Dschihadisten», den kriminellen Verbrechern, die im Namen der Religion ihre Mitmenschen terrorisieren, entführen und unterjochen, das Prädikat «radikal islamisch» zuzugestehen. Ich würde mir wünschen, dass wir mit diesen Bezeichnungen kritischer umgehen würden. Dass wir denen, die andere Menschen quälen und sich dafür auf die Religion berufen, diese Legitimationsstrategie nicht mehr unhinterfragt zugestehen. Die Entführer von Ziad Nouri sind keine Islamisten, sondern schlicht Verbrecher. Ich könnte mich nicht mehr bemühen, radikal christlich zu leben und mich am Gleichnis des barmherzigen Samariters zu orientieren, wenn ich ihnen diesen Deckmantel belassen würde. Viele kennen das Evangelium nicht mehr, für mich jedoch gilt es.

Das Gleichnis des barmherzigen Samariters geht, in leichter Aktualisierung, so: Ein Schriftgelehrter fragt Jesus, wer denn sein Nächster sei. Darauf erzählt Jesus das besagte Gleichnis. Ein Mann ging von Jerusalem nach Jericho und fiel unter Räuber. Sie zogen ihn aus, schlugen ihn wund und ließen ihn halbtot liegen. Zufällig zog ein UN-Beamter des Weges, sah ihn und ging vorüber: Nicht mein Mandat. Ebenso kam ein Blauhelm vorbei, erkannte, dass seine Richtlinien ihm nicht befahlen zu helfen und ging vorüber. Ein Samariter aber hatte, als er ihn erblickte, Mitleid mit ihm. Er trat hinzu, versorgte seine Wunden, hob ihn auf sein Reittier und führte ihn in eine Herberge. Am anderen Tag nahm er einige Syrische Lira, gab sie dem Wirt und sprach: «Sorge für ihn, und so du etwas darüber verwendest, will ich bei meinem Wiederkommen bezahlen.» Wer von den Dreien war also dem, der unter die Räuber gefallen war, der nächste? Antwort: «Der, der ihm geholfen hat.»